SHARP 샤프

SHARP 샤프

단순하지만 강력한
14가지 두뇌 활용법

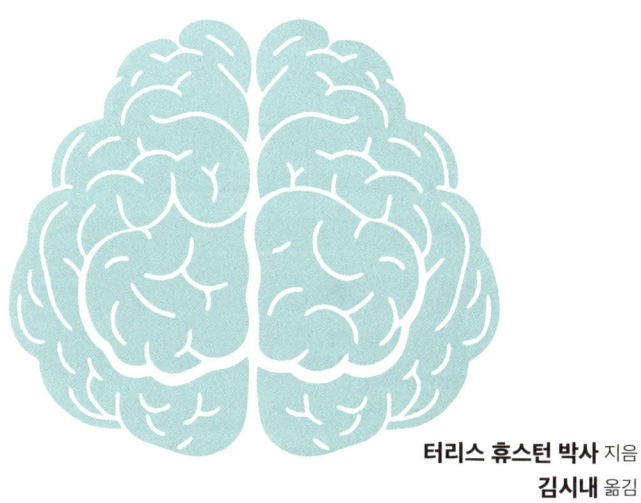

터리스 휴스턴 박사 지음
김시내 옮김

21세기북스

Sharp: 14 Simple Ways to Improve Your Life with Brain Science
by Therese Huston

Published in English language by Mayo Clinic Press
Copyright © 2025 by Therese Huston.
MAYO, MAYO CLINIC and the Mayo triple-shield logo are marks of Mayo Foundation for Medical
Education and Research.

Korean Translation Copyright © 2025 by Book21 Publishing Group
Korean edition is arranged with Mayo Clinic Press through BC Agency, Seoul

같은 관심사를 가지고 함께 더 재미있게 지내고 싶은

우리 남편 조너선에게

목차

인생 제대로 사는 법

서문

인생은 한 치 앞도 알 수 없다던데, 그 이야기 좀 한번 해 보자. 이런 광경이 익숙할지도 모르겠다. 가끔은 재치에 총명함까지 넘치고, 모든 게 훤히 들여다보이는 것 같은 기분이 들 때가 있다. 가만히 있어도 아이디어가 '솟아나는' 날이다. 그러나 어떤 날은 뒤처지지 않으려 애를 써도 머릿속에 안개라도 낀 듯 몽롱하고, 이해도 더디다. 이럴 때는 몇 번이든 좋으니 알아서들 여러 번 말해 줬으면 좋겠다. 머리가 좋아도, 연봉이 많아도 상관없다. 모두 이런 나날을 보낸다.

아니면 얼마나 생산적으로 지내는지 생각해 보자. 자리에 앉은 순간부터 우선순위가 착착 정리되고, 키보드 위에 얹은 손이 춤추듯 움직이고, 휴대전화가 (거의) 눈에 들어오지 않는 상태로 막히는 것 하나 없이 매끄럽게 일을 끝마치는 날이 있다. 그런가 하면, 시작조차 못 하면서 왜 그런지 이유마저 모르는 날도 있다. 굼뜨고 비효율적인 것 같은 기분이 드는 날이다. 시간은 하염없이 흐르는데, 진전 없이 꽉 막힌 채 의욕이 나지를 않는다.

관계에서도 차이를 느낄 수 있다. 사랑하는 이와 마음이 딱 맞는 날이면 상대가 스트레스를 받을 때 무엇을 하면 좋을지 정확히 파악한다. 그러나 내뱉는 족족 심기에 거슬리는 말만 해서 뭐라고 말해야 좋을지 머리를 굴리며 까치발로 살금살금 걷는 날도 있다.

다행히 하루도 빠짐없이 완벽할 필요는 없지만, 그래도 어느 정도 상황을 마음대로 지휘하며 능력을 더 펼칠 수 있다면 분명 좋을 것이다.

이 책과 함께라면 할 수 있다. 책장을 넘길 때마다 어느 때보다도 또렷한 정신이 절실할 때 '켜짐' 상태가 될 수 있도록 도와줄 도구를 만나게 될 것이다. 직장이든, 집이든, 아니면 어디에서든 적용할 수 있다.

앞으로 여러분에게 가장 강력한 도구는 뇌일 것이다. 뇌는 어디를 가나 함께하지만, 안타깝게도 사용자 설명서가 따로 없었다.

지금까지는 말이다.

이 책을 펼쳐 들고 어떻게 하면 뇌를 최대한 활용할 수 있는지 살펴보자.

지금껏 놓친 사용자 설명서

나는 기본적으로 뇌를 두 가지 방식으로 바라본다.

① 뇌는 제 역할을 놀라울 정도로 잘 해낸다.

② 뇌는 아직 더 잘할 수 있다(어떤 경우에는 이 말마저도 점잖은 표현처럼 느껴질 수 있다).

나와 지인들은 대체로 두 번째에 속한다. 우리는 뇌가 더 잘 작동했으면 한다. 알고 지내는 젊은 여성들 중에는 출산 전 기억 손실과 브레인 포그(Brain fog; 머릿속에 안개가 긴 것처럼 멍한 느낌이 지속되어 생각과 표현을 분명하게 하지 못하는 상태—옮긴이)를 유발하는 '임신부 건망증(Pregnancy brain; 임신 중 여성들이 겪는 기억력 감소, 집중력 저하, 멍한 느낌 등을 뜻함—옮긴이)'에 관해 불만을 토로하는 사람들이 있다.[1] 연배가 높은 사람들은 성별에 상관없이 고개를 가로저으며 예전만큼 총명하지 않다는 사실에 한탄한다. 다들 귀에 딱지가 앉을 정도로 말하기를, 볼일이 있어서 방에 들어갔다가는 멈춰서서 '잠깐, 내가 왜 여기 또 왔지?'라고 생각한단다.

출산 경험이 없거나 나이 탓을 할 수 없는 사람들조차 뇌가 작동하는 방식에 관해서는 꼭 이루고 싶은 작은 소망을 품는다. 집중을 더 잘하고, 어려운 결정을 보다 자신 있게 내리고, 또는 살면서 마주하는 작은 문제에 짜증을 덜 낼 수 있기를 바란다. 만약 열일곱이나 열여덟 살이고 기회만 주어진다면, 이 세상 문제들을 해결할 수 있을 것만 같을지도 모르겠다. 그러나 그 시기를 지나 버린다면 어떨까? 우리도 어쨌든 몇몇 문제를 해결할 기회를 얻었고, 다행히도 잘해내고 있지만, 내심 더 잘할 수 있다는 사실을 안다. 무언가 '놓치고' 있다는, 진정한 잠재력이 아직 세상 빛을 못 봤다는 느낌이 쉬이 사라지지 않는다.

그래서 진정한 잠재력을 일깨우기 위해 내가 나섰다.

뭐, 겸손하게 진실을 말하자면 여러분이 잠재력을 온전히 발휘하도록 돕는 것은 신경과학이고, 나는 길잡이가 되려 한다. 나는 논문을 정독하면서 발견한 가장 유망한 결과를 가지고, 여러분이 들었을 때 이해하기 쉽고 기대감에 눈을 반짝일 만한 방식으로 설명할 것이다.

아마 여러분 중에는 신경과학에 관심이 많아서 구체적인 내용 하나까지 더 알고 싶어하는 사람도 있을 것이다. 그렇다면 나와 같은 부류다.

그러나 너무 깊이 파고들면 무슨 소리인가 하고 흥미를 잃고 말 것이다. 그래서 책에서 마주하는 내용을 실생활에 바로 적용할 수 있도록 과학을 알기 쉽게 전달할 것이며, 동시에 너무하다 싶을 정도로 깊이 파고들지 않게 조심할 것이다. (하지만 하루에 단 5분에서 20분만 투자해서 더 똑똑해지고 생산적인 사람이 될 수 있다면, 깊이 파고들 만하다고 생각한다!)

나는 또한 뇌가 어떻게 작동하는지 알려줄 것이다. 내용이 명확하고 접근하기 쉬우며 유용하기만 하다면, 뇌과학 중에서도 흥미진진한 부분을 배울 때 사람들이 대체로 귀를 쫑긋 세운다는 사실을 알기 때문이다.

정말 흥분되는 사실은 아무리 재능 있는 신경외과 의사더라도 현재로서는 못 하는 일을 여러분은 해낼 수 있다는 것이다. 여러분의 뇌는 더 나아질 수 있다. 이 책에서 등장하는 몇 가지 실습과 함께라면, 실제로 회백질을 '더할' 수 있을 것이다.

이 책 전반에 걸쳐 정밀한 연구 결과를 실질적인 전략으로 바꿔 소개하겠지만, (아마 가끔) 회의적인 기분이 들 것 같은 구절이 있더라도 최선을 다해 설득할 것이다. 미니스커트 차림에 확성기를 들고 치어리더처럼 힘내라고 할 생각은 없다. 그러나 공감할 수 있으며, 공감할 것이다. 나 역시 소개하려는 전략을 살피며 여러 번 회의를 느꼈다. 그래도 나는 너무 이상해 보여서 효과가 없을 것 같은 방법도 시도해 봤다. 만약 그런 방법이 이 책에 실려 있다면, 내가 직접 효과를 경험했다는 뜻이다.

만약 신경과학개론을 찾고 있다면…

나는 광고도 사실을 말하는 것을 좋아하기 때문에 분명히 말하자면

이 책은 신경과학개론이 아니다. 그러면 지금 당장 책을 덮을지도 모르지만, 괜찮다. 그럴 수 있다.

차이가 무엇일까? 무엇보다도, 신경과학개론 수업에서는 뇌 부위 명칭만 최소 50개를 배운다. (정말이다. 나는 인지신경과학입문을 가르쳤는데, 모든 내용을 정확히 정리하려면 학습용 카드가 '많이' 필요하다.) 그러나 이 책에서는 재기 넘치고 효과적으로 살아가는 '동시에' 배려심 넘치고 품위 있는 인간이 되는 데 중요한 역할을 하는 매력적인 10여 개 영역에 집중할 예정이다. 이러한 뇌 영역을 알게 된다면, 한층 더 총명해졌다는 기분을 느낄 뿐만 아니라 학습하고, 기억하고, 결정하고, 주의를 기울이고, 공감하고, 편견을 피하고, 스트레스에 대처하는 방법에 관해 지적으로 이야기할 수 있을 것이다.

나는 또한 전달하려는 내용을 간결하게 제시할 것이다. 신경과학개론 수업이 여러 뇌 부위를 주인공으로 삼은 두툼한 '고전 소설'이라면, 이 책은 그 '요약본'이다. 불안감을 예로 들어보자. 불안감을 느끼고 그 감정에 대처하려고 할 때, 관여하는 뇌 부위는 최소 11개다.[2] 모두 설명하면 책장을 넘기고 또 넘겨도 끝이 없을 것이다. (게다가 읽는 도중에 불안에 민감한 영역을 무심코 자극할지도 모른다.) 각 장과 주제를 간단히 풀어내기 위해, 뇌에서 특히 중요한 역할을 하는 한두 영역에 집중할 것이다. 신경과학을 짧고 간결하게 설명하는 것을 목표로, 예전에 배웠나 하고 궁금해할 용어로 과부하를 겪게 하지 않을 거라 약속한다.

또한, 대부분의 수업에서 얻지 못할 것을 제공할 것이다. 도구 모음(Toolkits)이다. 각 장이 끝날 때마다, 재미있으면서도 과학자들이 인정한 실질적인 전략들로 구성된 '추천 실습'이라는 목록이 등장한다. 전략은 대부분 무료이지만, 자기 계발을 도와줄 앱을 사용하고 싶은 사람들을 위해 적절한 앱을 찾는 방법도 실려 있다. 이 책에서 내 목표는 신경과학 본체에서 필요한 것만 쏙쏙 뽑아 실용적인 과학을 알려 주는 것이다.

곧 보겠지만, (창의성 향상 전략이 5개 등장하는 2장처럼) 전략이 여러 개인 장이 있는 반면, (공감력 향상 전략이 단 2개뿐인 8장처럼) 몇 개만 있는 장도 있다. 공감이 창의성보다 덜 중요해서가 아니다. 오히려 공감이 더 미묘한 주제인 데다가 온갖 오해가 널리 퍼져 있어서, 효과적인 행동을 구별하고 그 이유를 밝히는 데 책장을 더 할애할 것이다. 나는 여러분이 더 지적인 면모를 내보이기를 바라며, 생산성 없는 전략을 추구하거나 순진하게도 유행하는 요령이 최고라고 생각하지 않았으면 좋겠다.

나는 강의할 때는 거의 언급한 적 없지만 개인적으로 좋아하는 두 가지 내용을 이 책에 담았다. 첫째, 속설을 깨부수려 한다. 그래서 널리 퍼졌어도 과학이 뒷받침하지 않는 전략의 진실을 밝히기 위해 '알고 보면 효과 없는 행동'이라는 단락을 곳곳에 실었다. 둘째, 최대한 많은 사람을 도우려 한다. 그래서 일부 장에는 '나이가 문제일까?'라는 제목을 붙여 관련 내용을 짤막하게 덧붙였다. 60세 이상 성인을 위한 더 나은 전략을 보여주는 과학 내용을 담았다.

마지막으로, 이 책이 신경과학개론과 다른 중요한 점이 하나 더 있다. 대학 강의라면 여러분이 매주 몇 시간씩 학습 자료를 읽고 공부한다고 가정할 것이다. 그러나 여기서는 아니다. 내가 바라는 게 있다면 15분 정도 여러분 스스로 조사해 보는 것이지만, 필수는 아니다. 나는 여러분이 일정에 딱 맞는 새로운 전략을 찾기 바라면서 버스에서, 점심시간에, 잠들기 직전, 바쁜 일상 중 언제든 가능할 때 이 책을 틈틈이 읽을 거라 생각한다. 그래서 가장 바쁜 상황을 염두에 두고 실행하는 데 하루 10분이 넘지 않는 전략을 각 장에 최소 하나씩 담으려고 노력했다. 많이 준비했다. 만약 여유시간이 10분도 없다면, 부록을 확인하면 된다. 가장 빠른 전략이 어디에 실려 있는지 알 수 있을 것이다.

아직도?

모든 책에 기원이 있듯, 내가 이 책을 쓰려고 했던 것은 30년도 더 전의 일이었다.

1990년대 초에 대학원 생활을 시작했을 때, 내 목표는 신경과학을 실생활 문제에 적용하는 것이었다. 특히 사람들이 연습을 통해 멀티태스킹에 더 능숙해질 수 있는지 알고 싶었다. [멀티태스킹 연구는 당시 매우 새로운 분야였고, 멀티태스킹이라는 명칭조차 없었다. 멋없이 '업무 전환(Task switching)'이라고 했지만, 결국 더 정확한 표현이었다.] 나는 뇌에서 어떤 부위가 멀티태스킹에 관여하는지도 궁금했다. 누군가 멀티태스킹을 더 잘한다면, 다른 뇌 영역을 사용하고 있는 걸까, 아니면 항상 사용하던 동일한 영역을 더 효율적으로 사용하는 것일까?

과학은 아직이었다. 근접하지도 못한 상태였다. 대학원 시절, 나는 온기도 느끼고 각성 상태를 유지할 겸 인스턴트커피 한 잔을 감싸 쥔 채 어두운 강의실 뒤편에 앉아 어떤 연구원이 최첨단 연구임에 분명한 단조로운 발표 자료를 넘기는 모습을 지켜봤다. 특히나 지루했던 발표를 담당했던 한 과학자가 시각 피질의 발화 방식을 알아내기 위해 테스트 참가자들에게 흑백 체커보드 이미지를 어떤 식으로 반복해서 깜빡이며 보여줬는지 설명하던 게 기억난다. 가만히 뇌스캔 장치(Brain scanner)에 누워 공상에 빠진 누군가에게 흑백 체커보드를 깜빡이는 게 최첨단 연구였다고? 과학자들은 왜 사람들이 삶을 개선하도록 도울 수 있는 중요하고도 실질적인 질문을 던지지 않았을까?

그러나 당시 신경과학은 실질적인 적용에 나설 준비가 안 되어 있었다. 인지 행동 치료로 트라우마에 대처하는 방법과 같은 그 시대의 가장 실질적인 발견들은 잘 확립된 연구 방법을 사용하던 기존 심리학자들의 업적이었다. 심리학자들이 뇌 영상을 보고 도달한 발견이라니? 들어보면 아차 싶을 것이다. 그들은 '거대한 자석을 장착한 장치에 들어갈 때 여성에게 와이어 있는 브라를 입지 말라고 해야 한다'와 같은 기발하기 짝이 없는 결론에 도달했다. (나도 이게 농담이었으면 좋겠다.)

나는 이렇게 생각한다. 1990년대 초에 기능적 신경 영상(Functional neuroimaging) 기술을 이해하던 신경과학자들은 1900년대 초 비행기 기술을 확립한 라이트 형제와 비슷했다. 혁신적이었지만, 아직 작은 발걸음을 내디디고 있을 뿐이었다. 그들은 기술의 신뢰성을 입증해야 했다. 다시 말해서, 안전하며 매우 믿을 만하고, 근본적인 결과를 한두 번이 아니라 100번이라도 동일하게 얻을 수 있다는 사실을 보여줘야만 했다.

그러나 나는 그 근본적인 결과에는 관심이 없었다. 신경과학자들이 대부분 신경과학이라는 비행기를 땅에서 띄울 수 있다고 확신하고 있었지만, 나는 그 비행기에 얼마나 많은 짐을 실을 수 있는지 따져 보고 있었다. 내가 앞섰다고 말하는 것이 아니다. 단지 실용성을 따졌고, 조금 조급했을 뿐이다.

그래서 대신 가르치는 데 집중했고, 어려운 개념을 이해하기 쉽게 풀어내는 것을 좋아한다는 사실을 깨달았다. 조교수가 되어 신경과학을 가르쳤고 테스토스테론 연구에 몰두했지만, 실용적인 신경과학 연구를 하고 싶다는 열망을 마음속 한편에 간직하고 있었다. 그러다가 10년쯤 지나 2000년대 초에 접어들었을 때, 열망을 다시 싹틔웠다. 교육에 열정적으로 나서고 있을 때였다. 매일 강의에 신경과학을 적용할 최고의 방법을 찾기 위해 동료 몇 명과 함께 머리를 맞대고, 미국 국립과학재단(National Science Foundation)에 보조금 제안서를 어떻게 쓸지 고민하고 있던 차였다. 제안에 조금 더 무게를 실어야겠다고 생각한 끝에 알고 있는 신경과학자 중 저명하고, 자기 분야에서 최고로 꼽히는 한 사람에게 합류 의사를 물었다. 그러자 그는 이렇게 반응했다. "신경과학을 교육에 적용하겠다고요? 너무 일러요. 아직 충분히 알지 못하지 않습니까."

또다시 신경과학을 더 실용적으로 추구하고 싶다는 흥미를 접어두고 좋은 교수들이 학생들 사이에서 '인기 있는' 교수가 되도록 돕는 데 집중했다. 나는 내 일을 사랑했다. 전통적인 심리학 연구를 일상 문제에 적용한 책 몇 권을 출간하면서, 신경과학 분야에서 품고 있던 야망은 거의 잊었다.

그러다가 2021년 초 어느 날, 우연히 휴버먼 랩(Huberman Lab)이라는 팟캐스트를 접했다. 앤드루 휴버먼(Andrew Huberman)은 스탠퍼드대학교 신경생물학과 부교수로서, 신경과학의 복잡하고 고차원적인 개념을 일상에 적용할 수 있도록 해석한다. 내가 항상 바라던 것이었다. 그가 신경과학을 일상 속 난제에 적용하는 것을 들으면서, 신경과학이 드디어 본궤도에 올라왔다는 것을 깨달았다. (휴버먼이 개인적으로나 전문적으로나 특정 문제로 비판받았던 사실을 인정하지만, 그의 팟캐스트를 발견했을 때만큼은 신선한 충격으로 남아 있다.) 나는 신경과학의 발전상을 따라잡기 위해 논문을 읽어 내려갔고, 그중 정점을 모아 이 책을 펴냈다.

더 총명하게 지름길 찾기

여러분은 이 책에서 논의할 여러 전략 중 일부를 사용하면서 더 총명한 자신으로 거듭날 것이다. 메리엄웹스터 사전(Merriam-Webster's Dictionary)에서는 '샤프(Sharp)', 즉 총명하다는 말을 '지적 능력, 인지력, 주의력이 예리한' 것으로 정의한다. 내가 여러분에게 바라는 바이기도 하다. '샤프'한 느낌이 드는 날에는 더 빠르게 생각하고, 문제도 더 쉽게 해결한다. 콘서트 피아니스트처럼 집중한다. 둔하거나 느리지 않고, 효과 없는 일을 헛되이 시도하면서 몸부림치지도 않는다. 가장 효율적인 상태다. 이 책과 함께라면 잠재력을 최대한 발휘하지 못하는 순간이 언제인지 깨닫는 것은 물론이고, 최고의 성과를 낼 수 있도록 특정 능력을 끌어올리는 방법까지 알게 될 것이다.

이 책도 귀중한 자원이지만, 여러분 마음대로 쓸 수 있는 주요 자원은 뇌다. 가장 필요한 자원을 이미 가지고 있다는 사실을 깨닫는 데서 모든 변화가 시작된다. 13장에서 다루겠지만, 스트레스 상황은 대처할 만한 자원이 충분하지 않은 것 같을 때 더 위협적으로 느껴진다. 예를 들어 상사와의 어려운 피드백 회의나 사람들로 꽉 들어찬 회의실에서 진행하는 발표는, 성공하는 데 필요한 준비가 충분하지 않다고 느낄 때 놀라울 정도로 위협적일 수 있다.

아마 그 순간, 시간과 지원이 (또는 연설 특강이) 더 필요하다고 느껴질 것이다. 당연히 그런 것들이 도움이 되겠지만, 시간과 지원은 종종 뜻대로 쓸 수 없다. 알아서 마음대로 이용할 수 있는 것은 무엇일까? 영특한 뇌다. 이 책의 책장을 넘길 때마다, 회의에 참석하고 발표를 진행하기 전에 무엇을 해야 할지 정확히 알게 되면서 자신감이 붙고 스트레스를 덜 받게 될 것이다. 여러분은 언제나 뇌를 사용할 수 있지만, 그 방법을 살펴보면 아마 충분히 사용하고 있지 않을 가능성이 크다.

미리 분명하게 말해 두겠다. 나는 여러분이 뇌의 10%만 사용한다고 주장하는 것이 아니다. 이 주장은 전 세계 세 명 중 한 명 이상이 사실이라고 믿는 널리 퍼진 오해다. 완전히 틀렸다.[3] 메이요 클리닉(Mayo Clinic)의 한 신경과학자가 관찰했듯, '증거에 따르면, 우리는 하루에 뇌를 100% 사용한다'.[4] 단순히 휴식을 취하고 공상에 빠질 때조차도 10%보다 훨씬 더 많이 사용한다. 어려운 문제를 해결하고 있을 때 신경 영상을 보면 '많은' 뇌 영역이 작동한다는 사실이 드러난다. 우리 역시 뇌를 전체적으로 사용한다는 사실을 알고 있다. 왜냐하면 뇌의 아주 작은 부분만 손상되어도 심각한 기능 장애가 생기기 때문이다. 만약 뇌의 90%가 제대로 활용되지 않는다면 그런 일은 일어나지 않았을 것이다. (예를 들어 저녁에 갑자기 엄마에게

뇌졸중 징후가 보인다고 해서, 어깨를 으쓱하며 "괜찮아, 엄마. 밥 마저 먹어. 뇌졸중이라고 해도 뇌에서 안 쓰는 90%에 일어나겠지"라고 말하지는 않을 것이다.)

그래서 이 책이 뇌의 잠재력을 최대한 발휘하는 데 도움이 될 것이라는 말은, 여러분이 이미 사용하고 있지만 '더' 효과적으로 사용할 수 있는 부위를 활용하게 될 것이라는 뜻이다. 여러분은 더 총명해질 수 있다. 평소에 비유를 좋아하는데, 여기서는 운전에 비유하는 것이 좋을 것 같다. 나는 여러분에게 지름길로 접어드는 방법을 알려 줄 것이다. 이미 아는 목적지를 향해 운전한다고 상상해 보자. 자동차를 타고, 직관에 따라 자동조종 모드를 설정한 듯 운전한다. 가장 익숙한 경로, 즉 항상 오가던 길을 선택한다. 그러던 어느 날, 공사 탓에 평소에 잘 다니던 그 길이 얼마나 터무니없을 정도로 긴지 악담을 퍼붓는다.

그러나 조금만 준비했어도 짜증나는 상황을 피할 수 있었을 것이다. 집을 나서기 전에 즐겨 찾는 운전 앱이나 지도 앱을 확인했다면, 더 빠르고 쾌적한 경로가 있다는 사실을 발견했을지도 모른다.

마찬가지로, 여러분은 직장이나 집에서 해결책에 도달하려 노력하면서 종종 전에 시도했던 방식을 택하고는 어느 정도 효과를 본다. 항상 하던 방식으로 동일한 뇌 영역을 활성화하는 것이다. 그 영역에 이미 과부하가 걸렸을 수 있고, 더 나은 방법이 있을지도 모른다는 사실을 꿈에도 모른 채 말이다.

예를 들어 중요한 회의에 가려는 참이라고 상상해 보자. 새로운 사람들로 가득 차 있어 그 사람들의 얼굴과 이름을 기억해야 하는 상황이다. 그동안 사용하던 직관적인 암기법을 쓸 수도 있지만, 솔직히 그 방법으로는 많아야 서너 사람 정도까지이고, 금세 흐릿해지기 시작한다. 그것도 긴장을 하지 않았을 때다! 당장은 발표를 앞두고 긴장한 탓에, 뇌에 과부하가 걸려 머릿속이 어지러운 상태다. 그러나 다른 암기법을 몰라서 운에 맡기고는 항상 사용하던 별 효과 없는 똑같은 전략에 기댄다.

나는 기억을 둘러싼 뇌과학과 스트레스 호르몬 감소 전략에 관해 알고 있는 사실을 바탕으로 (6장에서) 이름을 기억하고, (13장에서) 스트레스에 대처할 때 도움이 될 놀라운 '도구'를 제공할 예정이다. 이 전략을 알고 나면, 이름을 기억하고 스트레스를 관리하는 것까지 '모두' 더 쉽다는 사실을 깨달을 것이다. 가장 필요한 순간에 예측하고 한층 더 좋은 성과를 낼 수 있을까? 물론이다. 게다가 스트레스가 심하지 않을 때도 사용할 수 있는 새로운 도구가 기다리고 있다. 여러분은 책장을 넘기며 매 순간 조금씩 더 총명해질 것이다.

나는 탄탄한 심리학 연구로 입증한 전략을 곳곳에 실었다. 그 전략을 보고 다들 효과가 있겠다고 생각하겠지만, 신경과학자들은 그 전략이 '어떻게' 뇌에서 효과가 있는지 아직 정확히 짚어내지 못했다. 그러나 이 귀한 정보들을 소개하는 이유는 여러분에게 유용할지도 모르고, 심리학이라는 학문이 잘 확립되어 있으며, 뇌과학이 곧 그 뒤를 따를 것이라고 믿기 때문이다.

마음속에 떠오를 질문

일단, 여러분은 책장을 넘기면서 책에서 소개하는 계획을 '정확히' 따라야 하는지 궁금할 것이다. 예를 들어 13분간 명상하라면 10분은 충분할까? 5분은 어떨까? 그래도 똑같은 효과를 볼 수 있을까? 간단한 방법으로 더 총명해질 수 있다면, 어느새 "'훨씬 더 간단한' 방법이 있지 않을까?" 하고 생각할지 모른다.

나 역시 종종 이러한 궁금증을 품었기 때문에, 가능하다면 입증된 다른 계획도 제시할 것이다. 그러나 사실 연구자들은 여러 변화를 시도하지 않는다. 유의미한 결과를 보고 싶어 하는 데다가, 활동 시간으로 10분과 13분 사이에 큰 차이가 있을 것으로 예상하지 않는다면 그 차이를 검증하는 데 시간과 자원을 낭비하지 않을 것이다.

제시된 계획을 목표로 삼으면 좋지만, 정확히 따르지 않는다고 해서 자책할 필요 없다. 목표는 진전이지 완벽이 아니다. 나중에 살펴볼 명상을 예로 들어보자. 명상을 거의 하지 않다가 하루에 5분씩 3주를 이어 나갈 수 있다면, 적어도 보장된 효과 중 '일부'를 경험할 거라 생각한다. 게다가 진전 속에서 자기 자신을 더 깊이 파악하게 되면서, 시간을 더 내어 명상할지, 다른 변화를 시도할지 판단할 것이다.

나는 여러분이 이 책을 읽으면서 스스로 실험하는 사고방식을 갖기 바란다. 무언가를 시도하고, 원하는 변화가 보이는지 주의를 기울이도록 하자. 나는 이 책에 담은 전략을 거의 모두 시도해 보는 1년 동안 어려운 상황에서 회복력이 높아졌고, 집중력과 생산성도 더 좋아졌으며, 스트레스 대처에도 '훨씬' 더 능숙해졌다. 수면 시간이 7시간에서 거의 8시간으로 늘어났는데, 스트레스 수준이 더 낮아졌다는 의미다. 일하는 시간은 줄었지만, 전만큼 성과를 낸다.

그러나 분명히 말해 두지만, 나는 과학자이지 의료 전문가가 아니며, 이 책에 실은 정보 역시 의학 조언이 아니다. 교육을 목적으로 펴낸 자료다. 저마다 건강 욕구가 다르니, 생활 방식을 크게 바꾸기 전에 우선 자격을 갖춘 의료 전문가와 상담해야 한다. 나는 연구 결과, 영감을 줄 만한 내용, 여러 지침을 제공하고 약속한 대로 설득도 조금 하겠지만, 필요하다면 전문적인 의학 조언을 구하여 건강과 안전을 먼저 챙기기 바란다.

혹시 궁금해할까 봐 미리 말하자면, 나는 이 책에서 추천한 앱이나 보충제와 금전적인 관계가 없다. 누구도 홍보해 달라고 부탁하지 않았다. 혼자서 철저히 조사한 끝에 발견한 것이며, 다른 많은 사람들처럼 여러분 역시 효과를 경험했으면 한다.

재미난 세상으로 뛰어들어 보자!

이 책은 두 부분으로 구성되어 있다. 전반부는 직장에서 더 총명하게 지내는 방법을 소개한다. 1장부터 9장까지에서는 프로젝트를 시작하는 것부터 발표하면서 질의응답에 대처하는 것까지 모든 면을 안내할 것이다. 후반부에서는 개인 생활에도 비슷한 원리를 적용한다. 여기서 여러분은 살면서 더 나은 결정을 내리고, 만성 스트레스를 관리하고, 건강을 개선하며, 파트너에게 힘이 되어주는 것과 같은 문제에 대처하는 방법을 배우게 될 것이다. [수면을 다뤄 볼까 했지만, 매슈 워커(Matthew Walker)가 쓴 《우리는 왜 잠을 자야 할까(Why We Sleep)》라는 책이 굉장히 자세해서 무엇을 더할 수 있을지 확신이 서지 않았다. 이미 세상에 나온 이야기를 또 쓰는 부류는 아니라서 말이다.]

이 책을 개인 생활과 직장 생활로 나눠 구성했지만, 곧 살펴보게 될 전략들은 대부분 살면서 '어디에나' 적용할 수 있다. 예를 들어 의욕에 관한 내용은 직장 생활을 다룬 전반부에 실려 있다. 그러나 나처럼 매년 소득세 신고를 두려워하고 미루는 경우가 많다면, 그 내용에서 지혜를 얻어 가정을 꾸리고 개인 생활을 해나가는 데 적용하기를 바란다.

이 책은 '입맛대로' 읽어도 된다. 처음부터 끝까지 읽어도 좋고, 지금 당장 도움이 될 주제라면 무엇이든 골라 읽어도 좋다. 여러 장에 걸쳐 다루는 (도파민의 기능과 같은) 일부 개념과 (운동 등의) 실습은 어떤 장을 또 보면 좋은지 일러두었기 때문에 원한다면 더 깊게 파고들 수 있다. 너무 뜬구름 잡는 것 같은 전략이 있다면, 넘기고 자신에게 맞는 전략을 찾도록 하자. 이 책을 나만의 책으로 만들자는 말이다.

여러분을 우연히 마주친다면, 품에 들려 있을 이 책에 색색의 포스트잇이 붙어 있거나 책장이 너무 많이 접힌 탓에 원래보다 두 배 두께가 되어 있으면 한다. 솔직히 집필 과정이 즐거웠고, 여러분이 이 책을 통해 삶을 훨씬 더 재미있게 바꾸기를 희망한다.

그러면 가장 총명한 나 자신을 발견하러 떠나 보자!

직장에서
잘나가는 법

-
-
-

직장 생활부터 개선해 보자. 대부분의 사람들은 평균적으로 성인으로서의 삶 중 3분의 1을 직장에서 보내며, 때로는 자신이 선택하지 않았거나 잘하지도 않는 일을 하고 있을 수 있다. 아직 겪지 않았을 수도 있지만 말이다.

신경과학을 바탕으로 작은 변화에 나선다면, 버거운 나날이 훨씬 더 가뿐해지고, 괜찮은 날은 놀라울 정도로 생산성 넘치는 하루가 될 것이다. 프로젝트를 시작할 때 필요한 전략부터 시작하여 최고의 결과를 내놓을 수 있는 방법을 거쳐, 마지막으로 더 괜찮은 동료가 될 수 있는 법을 살펴보도록 하자.

시작하자

1장

집중하자 ✦

아직 월요일이다. 게다가 곧 퇴근 시간인데, 가장 중요한 일은 시작도 못 했다. 언제 이렇게 시간이 지났을까? 오늘 오후에 그 일을 하려고 작업 시간을 확보해 두었는데, 좀처럼 집중할 수가 없었다. 처음에는 휴대전화가 방해를 했고, 그다음에는 동료들, 상사 그리고 또다시 휴대전화가 맥을 끊었기 때문이다. (주는 것 없이) 훼방만 놓고 가는 퍼레이드가 따로 없다.

늦게까지 일을 붙들고 있어야 할까, 아니면 됐다가 내일 아침에 상쾌한 기분으로 다시 시작해야 할까?

일단, 자책하지 말자. 특히 휴대전화가 문제라면 말이다. SNS와 마케팅 회사에서는 여러분의 시선을 업무에서 돌려놓는 방법을 알아내려 매년 수십억 달러를 들인다. 따라서 9시부터 5시까지 휴대전화를 안 보겠다는 생각은 취지만 좋았지, 칼을 들고 총격전에 나서는 꼴이다. 질 게 뻔한 싸움이다.

가장 중요한 일을 해내려면, 좋은 취지와 시간을 비워 두는 것만으로는 부족하다. 집중할 수 있는 전략이 필요하다.

일을 붙들고 있을지 말지 결정할 때 스스로 가장 먼저 따져 볼 것이 있다. 나는 아침형 인간일까, 아니면 저녁형 인간일까? 실제로 심리학자들은 사람이 이렇게 두 유형으로 나뉜다는 것을 밝혀냈다. 만약 조금의 의심도 없이 저녁형 인간이라면, 아마 아침에는 정신을 똑바로 차리고 있기 어려울 것이다.[1] 그렇다면 오후나 저녁 시간 일정을 비워 가장 중요한 일에 집중력을 발휘해 보자. 반대로 아침형 인간이라면, 하루의 시작 시간을 중요한 일에 쓸 수 있도록 비워 두자. 그러나 하루 중 어느 때고 집중력을 높이고 싶다면(또는 저녁이면 쉴 틈 없이 밀린 집안일을 챙겨야 하는 부모들처럼 일정 선택이라는 호사를 누릴 수 없다면), 신경과학에서 도움을 얻을 수 있을 것이다.

✦ 알고 보면 효과 없는 행동

신경과학 측면에서 분명한 사실이 하나 있다. 바로, 멀티태스킹은 금물이라는 것이다. 가장 중요한 일을 시작해 놓고 키보드 단축키를 눌러 가며 이메일과 일 사이를 왔다 갔다 하지 말자. 그럴싸해 보이지만, 최악이다. 마치 두 가지 일을 동시에 해내고 있는 것 같은 마음에 '나 완전 능력자잖아!'라고 생각하겠지만, '멀티태스킹'이라는 말부터가 잘못되었다. 여러분은 두 가지 일 사이에서 왔다 갔다 할 뿐이고, 그런 행동에는 대가가 따른다. 그것도 아주 크게.

앞서 말했듯, 나는 일찍이 대학원에서 멀티태스킹 속에 숨은 신경과학을 연구하고 싶었다. 그러나 연구를 시작하고 곧바로 멀티태스킹이 비효율적인 데다가 일의 완성도까지 해칠 수 있다는 사실을 깨달았다. 신경과학자들에 따르면, 중요한 일을 하면서 왔다 갔다 하는 식으로 사소한 일까지 챙길 때 중요한 일에 관여하는 뇌 활동이 줄어, 결국에는 실수를 더 자주 저지른다고 한다. 생각보다 더 '자주' 말이다. 멀티태스킹을 다룬 한 유명 연구에 따르면, 중요한 일에 관여하는 뇌 활동이 37% 떨어져 큰 폭의 감소세를 보였고, 실수는 47% 늘었다.[2] 따라서 그날 가장 중요한 업무를 처리하는 동안 실수를 5~6개가 아니라 (내 생각에 이미 이것도 많다고 생각하지만) 8~9개나 저지를 것이다. 가볍게 넘길 수 없는 문제다. 이런 상황이라면, 일을 끝마쳤을 때 최고의 결과물을 내놓지 못했다며 좌절하고 실수한 부분을 고치느라 더 오랜 시간을 들여야 할 것이다.

게다가 멀티태스킹을 자주 하면, 거의 매번 좀처럼 집중할 수 없다. 스탠퍼드대학교 연구진에 따르면, 멀티태스킹을 자주 한다고 응답한 사람은 언뜻 한 가지 일에 집중하고 있을 때조차 번번이 주의력을 잃는다고 한다.[3] 보통 다들 회의나 대화 중에 때때로 1~2초간 멍해지는데, 멀티태스킹을 하는 사람들은 그 빈도가 높다. 게다가 동료들보다 더 자주 깜빡하는데, 중요한 순간에 주의력이 자주 흐트러지기 때문이다. 만약 계속해서 휴대전화나 이메일을 확인하고 있다면, 정말 필요할 때 집중력을 발휘하기 더 어려워질 것이다.

이미 잦은 주의력 부족으로 고생하는 사람들이 주의력을 유지할 수 없어서 멀티태스킹에 기대는 걸까, 아니면 멀티태스킹 탓에 주의력을 번번이 잃는 걸까? 인정한다. 신경과학자들은 어느 것이 먼저인지 아직 알아내지 못했다. 시간을 들여 연구를 더 진행한다면 알 수 있을 것이다. 그러나 여러분은 딱 한 가지 일에만 집중하고 싶다고 해서 실험실 쥐 신세를 자처하고 싶지는 않을 것이다.

이렇게들 생각하고 있을지 모르겠다. '뭐라 해도 정말 나는 남들보다 멀티태스킹을 훨씬 더 잘한다고!' 그렇다면 간단한 테스트를 하나 해 보자. 타이머를 작동시키고 알파벳을 A부터 N까지 크게 말하는 데 얼마나 걸리는지 측정하자. 시간을 확인하고 적어두면 된다. 다시 타이머를 작동시키고 1부터 14까지 소리 내 세는 데 얼마나 걸리는지 측정하자. 다시 시간을 적어두고, 알파벳을 말할 때 기록했던 시간에 더하도록 하자. 그게 전체 시간이다.

이제 타이머를 작동시키고, 알파벳과 숫자를 A부터 N, 1부터 14까지 (A1, B2 하는 식으로) 번갈아 말해 보자.

시작.

결과가 어떤가? 알파벳과 숫자를 번갈아 말하는 게 따로 말했을 때만큼이나 쉬웠다면, 이번에 (A1, B2 하는 식으로 말하며) 걸린 시간이 전에 계산해 둔 전체 시간과 똑같을 것이다.

그러나 비슷하지도 않을 가능성이 높다. 여러분이 멀티태스킹에 '타고난' 사람이라도, 왔다 갔다 번갈아 말하는 게 아마 두 배는 더 걸렸을 것이다. 대체로 최소 세 배는 더 걸리고, 따로따로 말할 때는 하지 않던 실수를 저지르기까지 한다.

그래서 멀티태스킹 실력을 '자부'하더라도, 일을 하나하나 순서대로 하는 게 더 빠를 것이다. 우리는 대부분 멀티태스킹을 아주 잘한다고 생각하지만, 얼마나 더 느려졌는지는 모른다.[4]

어쩌면 여러분은 '속 편하게 업무용 메신저와 이메일에 신경 끄고 있을 수는 없어. 중요한 질문에 바로 답을 해야 할지도 모르니까'라고 생각할 것이다. 이런 생각에서 벗어나려면, 미리 '업무 집중 시간이라, 4시에 연락 가능합니다'라고 자동 답장을 설정하거나 상사에게 가서 업무에 집중하려고 하는데 어떻게 알리면 좋을지 물어볼 수 있다. 여러분이 계획대로만 움직인다면, 대체로 상사들은 시간을 따로 정해 놓고 본인 역시 우선순위라고 생각한 일에 몰두하려고 하는 자세를 높이 평가할 것이다.

여러분도 나와 같다면, 집중력을 깨는 일등공신이 컴퓨터일지도 모르겠다. 그 무엇보다 유용한 도구가 가장 해롭기도 하다는 사실은 무척 씁쓸하다. 이게 사실이라면, 집중 앱(focusing app)이 가장 친한 친구(아니면 적어도 생산성을 높이는 파트너)가 될 수 있을 것이다. 웹사이트와 각종 앱을 차단하고, 타이머나 일정 옵션 기능을 갖추고 있으며, 비활성화하기 어려워야 좋은 집중 앱이다. 예를 들어 오후 3시부터 5시까지, 또는 언제든 자신에게 가장 필요한 시간대에 집중 앱이 실행되도록 설정할 수 있다. 그리고 퇴근하고 나서까지 업무에 끌려 다닌다면, 하루 업무가 끝난 뒤에는 집중 앱으로 업무용 메신저 (혹은 종류 상관없이 요즘 즐겨 쓰는 메신저)를 차단할 수 있다. 내 기준으로, 평점 좋은 집중 앱 중 상위 3개는 프리덤(Freedom), 콜드 터키 (Cold Turkey), 포커스 베어(Focus Bear)이다. 지금 소개한 앱은 초기 설정에 시간이 걸리지만, 대체로 사용자들은 생산성을 생각하면 그만한 가치가 있다고 평가했다.

효과적인 행동

1. 커피가 아닌 차를 마셔라

미국인 중 80%가 매일 카페인을 소비한다. 여러분도 그중 한 명이라면, 카페인 덕에 기운을 차리고 있다는 사실을 이미 알 것이다.[5] 한 잔만으로도 아침에 느끼는 몽롱함에서 헤어날 수 있고, 점심 식사 후 몰려오는 식곤증을 이겨 낼 수 있다.

그러나 카페인 음료 한 잔이 다 똑같은 것은 아니다(커피 애호가들에게는 미안한 말이지만). 집중력 향상에는 차가 커피보다 낫다. 차가 더 효과적인 이유는 L-테아닌(L-theanine)이라는 아미노산을 함유하고 있기 때문이다. 어떤 카페인 음료를 마시든 주의력을 높이고 졸음을 억누를 수 있지만, 주의가 산만해서 고민이라면 카페인과 L-테아닌이 일으키는 원투 펀치가 필요할 것이다. 연구자들은 카페인만으로도 각성도를 높일 수 있지만, L-테아닌과 조합하면 산만함을 이겨 내고 업무를 더 빠르게 처리할 수 있다는 사실을 밝혀냈다.[6] 한껏 집중한 나 자신이 되는 것이다.

카페인과 L-테아닌 조합은 여러 업무를 번갈아 가며 해야 할 때 특히 유용하다. 앞서 내가 멀티태스킹이 좋지 않다고 말하긴 했지만, 현재 기업 문화를 보면 멀티태스킹을 하지 않으면 안 되는 순간이 있다. 가장 중요한 업무를 하다가도 긴급한 이메일에 답장해야 할 수도 있지만 체내에 L-테아닌이 충분하다면 중요한 일에 다시 더 빨리 뛰어들 수 있을 것이다. (보다시피 집중력 증진에는 L-테아닌이 무적인 것 같다.)

이 외에도 L-테아닌에는 진정 효과라는 또 다른 효능이 있다. 사람들은 종종 커피를 많이 마시면 초조한 기분이 든다고 하지만, 차를 많이 마실 때는 마음이 잔잔해지는 동시에 정신이 맑아진다고 한다. 이 차이는 바로 L-테아닌 때문이다. L-테아닌은 불안감과 스트레스 수준을 낮춘다.[7] 머릿속이 복잡해서 밤에 쉽게 잠들지 못하다가 병원을 찾아가면, 자기 전에 L-테아닌을 복용하라는 말을 들을 것이다. 오후 3시에 L-테아닌을 조금 복용한다고 해서 축 처지지는 않을까 걱정할 필요는 없다. 진정제가 아니라 뇌와 신경계에 진정 효과를 일으켜 카페인 탓에 생기는 썩 반갑지 않은 부작용 중 일부를 상쇄할 뿐이다.

카페인에 L-테아닌을 더하면 왜 집중력이 더 좋아지는 것일까?

신경과학자들이 여전히 답을 알아내려 하는 가운데, 기대되는 발견 하나는 카페인과 L-테아닌이 만들어 내는 강력한 화학적 조합이 뇌의 '디폴트 모드 네트워크(Default mode network; 우리가 쉬고 있을 때 활성화되는 뇌 네트워크—옮긴이)'에서 일어나는 활동을 줄인다는 것이다.[8]

디폴트 모드 네트워크는 뇌 전체에 걸쳐 10여 개의 서로 다른 영역으로 구성된 네트워크이다.[9] 신경과학자들은 실험 참가자들이 뇌스캔 장치에 누워 할 일도, 집중할 일도 없을 때 이 네트워크가 계속 활성화된다는 사실을 알아냈다. 이는 마치 자동차가 공회전하듯, 깨어 있지만 가만히 있을 때 뇌의 기본 활동 패턴인 것 같다. 처음에 연구자들은 디폴트 모드 네트워크가 활성화되면 뇌가 별다른 활동을 하지 않는 상태라고 생각했다.

그러나 그 이후로 딴생각할 때 (즉 할 일이 없을 때) 이 네트워크가 매우 활성화되는 경향이 있다는 사실을 알게 되었다. 카페인에 L-테아닌을 더하면 딴생각을 덜 하게 된다. 카페인과 L-테아닌은 디폴트 모드 네트워크의 활동을 줄여 갑작스레 의식에 떠오르는 온갖 생각을 쫓으려는 뇌의 움직임을 억제한다. 그래서 우선순위를 정한 일에 집중할 수 있게 된다.

L-테아닌은 차마다 함유량이 다르지만, 홍차, 녹차, 백차에는 모

두 어느 정도 들어 있다.[10] (홍차보다 녹차에 L-테아닌이 더 많다고 들었을지도 모르지만, 테스트에 따르면 브랜드 차이이다.) 테스트에 따르면, 차에서 얻을 수 있는 L-테아닌 양은 조절할 수 있다고 한다. L-테아닌은 차를 오래 우릴수록 늘어나고, 차에 우유를 넣을수록 줄어든다.[11] 게다가 녹차에는 심혈관계 질환과 암에 걸릴 위험을 낮추는 등 건강에 좋은 효능이 더 있다. 그러니 녹차를 즐긴다면 본전을 뽑고도 남을 것이다.[12]

만약 아이스커피는 좋아해도 아이스티에 별 매력을 못 느낀다면, 집중하기 직전에 커피와 함께 L-테아닌 보충제를 복용해 보자. 연구자들이 속도와 주의력 향상을 위해 사용하는 L-테아닌 양은 60~100mg이다. (이보다 더 많이 섭취한다고 해서 더 낫지는 않다. L-테아닌을 한 번에 200mg 이상 복용하면 원하는 것과 정반대로 졸음에 시달릴 수 있다.)

그러나 스위치를 누르면 바로 전등이 켜지듯 효과가 곧장 나타날 거라 기대하지는 말자. 카페인과 L-테아닌이 혈류에 들어가는 데는 시간이 조금 걸린다. 차(또는 L-테아닌 보충제를 더한 카페인 음료)를 마시면 25~30분 내로 집중력이 높아져 최소 60~75분 지속된다. 그러면 아마 그때까지는 추가 도움 없이 업무에 깊이 몰입할 수 있을 것이다.

2. 헤드폰을 이용해라

오후 3시라고 가정해 보자. 지금 카페인 음료를 한 모금이라도 마시면 오늘 밤 늦게까지 천장만 뚫어지게 쳐다보며, 말똥말똥한 정신으로 녹차와 차를 권한 나를 향해 악담을 퍼부을 거라는 걸 안다. 잠 못 드는 일 없이도 집중할 방법이 분명 또 있을 것이다. 아니면 30분도 못 기다리겠다며 '지금'이라도 (1시간 전이었다면 더 좋았겠지만) 시작해야겠다고 생각할 수 있다.

다음 전략은 좀 특이해 보일 수 있지만, 연구 결과를 읽고 나서 혼자 여러 번 시도해 보니 매번 집중력을 단숨에 높일 수 있었다. 다들 바이노럴 비트(Binaural beat)를 들어보자. 만약 어원을 잘 안다면, 이 표현을 보고 [둘을 의미하는 바이너리(Binary)와 청각을 의미하는 오럴(Aural)이 합쳐졌으니] 2개의 소리나 2개의 귀를 뜻한다고 추측할 것이다. 둘 다 맞다.

원리는 이렇다. 헤드폰을 쓰거나 이어폰을 끼고 서로 다른 소리 2개를 동시에 듣는다. 한쪽 귀에 들리는 소리의 주파수가 반대쪽보다 살짝 낮다. 다른 소리 2개를 동시에 들으면 꽤 거슬릴 것 같지만, 놀랍게도 그렇지 않다. 뇌에서 저절로 양쪽 주파수의 차이를 구해, 실제로 들리는 것은 앞서 말한 두 소리와 다른 제3의 소리이다. 그래서 한쪽 귀로 450Hz, 반대쪽 귀로 410Hz를 듣는다면, 결국 들리는 것은 (450에서 410을 뺀) 40Hz이다.[13]

어떻게 느껴질까? 마치 곁에 기계를 놓은 듯 계속 윙윙거리는 소리를 듣는 것 같다. 특별히 관심을 끌거나 흥미로운 소리는 아니지만, 오히려 좋다. 소리 탓에 산만해지고 싶지는 않을 테니 말이다.

이 소리와 함께라면 집중력을 빼앗기는 대신 원하는 일에 집중할 수 있을 것이다. 과학자들은 바이노럴 비트를 들으면 다양한 인지 효과를 얻을 수 있다는 사실을 발견하고 있으며, 일관되게 목격하는 효과 중 하나는 사람들이 스포트라이트 비추듯 주의력을 발휘하도록 돕는다는 것이다. 바이노럴 비트를 재생할 때 사람들은 스포트라이트처럼 한데 모은 주의력을 원하는 데로 옮기는 것이 더 쉽다고 느꼈고 산만함은 저 너머로 사라졌다. 따라서 여러분은 온라인 쇼핑몰 장바구니와 부서 단체 대화방에 신경을 덜 쓰게 되고, 딴생각도 전처럼 많이 하지 않을 것이다.[14]

나만의 최적 비트 찾기

이 책에 등장하는 다양한 발견과 마찬가지로, 과학자들은 바이노럴 비트가 주의력 집중에 유용하다고 확신하지만 정확히 '왜' 효과가 있는지는 잘 모른다. 현재 가설은 바이노럴 비트가 뇌를 '동조'한다는 것이다. 동조란 뉴런이 같은 주파수로 발화하도록 뇌파를 동기화한다는 의미이다. 대뇌 피질 뉴런은 (초당 1/2주기인) 0.5Hz에서 (초당 90~100주기인) 90~100Hz에 이르기까지 다양한 주파수나 템포로 발화할 수 있다.[15] 주파수는 대체로 인지 활동 강도와 일치하기 때문에, 뇌가 약 1Hz로 발화하고 있다면 숙면 중이다.[16] 이처럼 정말 느린 진동을 델타파(Delta wave)라고 한다. 반면, 뇌가 35Hz 이상으로 발화한다면 머리깨나 쓰고 있는 것이며, 이때 나타나는 빠른 진동을 감마파(Gamma wave)라고 한다. 여러분은 약 35~40Hz에서 문제를 해결하고, 집중하고, 해야 할 일을 한다. 따라서 집중하고 싶다면 뇌가 35~40Hz로 발화해야 한다.

이 최적 발화 주파수에 도달하는 데 바이노럴 비트가 도움이 된다. 신경과학자들은 뇌파검사, 즉 EEG(electroencephalogram)를 통해 어떤 바이노럴 비트가 뇌에 효과적인지 측정하고, 뇌가 들리는 소리에 빠르게 주파수를 맞춘다는 사실을 종종 발견한다. (영화 속에 꿈틀대는 와이어가 수십 개 달린 메두사 수영 모자 같은 것을 쓴 등장인물이 나왔다면, EEG 장비를 연결한 것이다.) 따라서 소리 2개를 듣는데 주파수 차이가 35~40Hz라면, 뇌의 주파수가 최적 집중 주파수로 바뀔 것이다. 어쩌면 주파수가 35Hz인 소리 하나를 듣는 게 더 간단할 것 같다. 모두가 집중력을 향상할 수 있도록 회의실에 그 소리 하나만 틀어놓으면, 헤드폰도 필요 없이 집중도 높은 환경을 만들 수 있을 테니 말이다. 그러나 소리 하나로는 효과가 없다. 사실, 주파수가 40Hz일 때조차도 단일 소리는 사람들이 산만해지기 쉽게 만들었다는 한 연구 결과도 있다.[17] 뇌가 두 소리를 듣고 주파수 차이를 구하는 것이 효과에 결정적인 역할을 한다.

앱을 다운로드하거나 유튜브에서 검색하면 바이노럴 비트를 찾을 수 있다. 거의 모든 앱이 (그리고 많은 유튜브 검색 결과가) 바이노럴 비트와 함께 배경 음악과 자연의 소리를 제공한다. 음악을 즐길지도 모르지만, 처음 시도한다면 음악 없이 순수하게 바이노럴 비트만 있는 것으로 시작하기 바란다. 더 엄격한 테스트를 거쳤기 때문이다. 그리고 음악이 아니라 가장 중요한 업무에 집중하려고 노력하고 있다는 점을 기억하자. (나중에 언제든 음악을 더한 바이노럴 비트를 들어보고 어떤 것이 더 좋은지 알아봐도 좋다.)

이 전략에서 한 가지 명심할 점은 숫자가 중요하다는 것이다. 다음 두 지침을 살펴보도록 하자.

- 주의력 집중을 원할 때는 감마 주파수를 활용해야 한다.[18] 그러려면 40Hz의 바이노럴 비트를 찾자. 40Hz 미만의 바이노럴 비트를 사용한 연구들은 복불복이다. 집중력을 향상할 때도 있지만, 아닐 때도 있다. 더 높은 게 항상 좋은 것은 아니지만, 40Hz가 최적 주파수인 것 같다.

- 나만의 집중 시간으로 어느 정도가 적절할지 알아내자. 타이머를 이용하여 15~25분간 바이노럴 비트를 듣고 *끄자*. 이보다 길게 들어봐야 더 나으리라는 보장은 없다. 가끔 1시간짜리 바이노럴 비트 영상을 틀기 시작하면, 나는 성공적으로 집중하며 일에 몰두하다가 갑자기 아주 살짝 불안감을 느낀다. 이때 영상을 멈추면, 25~30분쯤이 지났다는 사실을 알게 된다.

그러나 그때쯤이면 일에 온전히 집중하고 있던 터라 바이노럴 비트 영상을 계속 꺼 둔다. 그러면 아까 느꼈던 불안감도 덩달아 사라진다.

첫 영상에서 효과를 거두지 못했다면, 다른 영상을 틀어보자. 내게는 40Hz 바이노럴 비트를 들려주는 한 유튜브 영상이 잘 맞았지만, 그 외에는 신경에 거슬렸다. 어떤 차이가 있는지 설명할 수 없지만, 여러분도 지레 포기하기 전에 영상 몇 개를 더 시도하기 바란다. 그리고 음량도 조절해 보자. 크게 듣고 싶은 사람도 있겠지만, 나는 개인적으로 음악보다 작게 틀어놓는다.

◆ 나이가 문제일까?

노화와 집중력에 관해 좋은 소식과 나쁜 소식이 있다. 좋은 소식은 나이 들수록 딴생각을 덜 해서 이런저런 생각을 정신없이 할 가능성이 적다는 것이다.[19] 무언가를 시작할 때 예전보다 생각에 마음을 덜 빼앗길 것이다. 놀라운 집중력을 발휘할 잠재력을 가지고 있다는 의미이다.

나쁜 소식은 무엇일까? 나이 들수록 내면은 차분해지지만, 바깥세상이 그 어느 때보다도 소란스레 다가온다. 집중력은 30대 초부터 40대 초 사이에 정점을 찍고 서서히 낮아지기 시작하지만, 아마 여러분은 60대에 가장 큰 변화를 알아차릴 것이다.[20] 60~70세 사이에 여러 사람이 급격한 변화를 겪는다. 소란스러운 바깥세상 탓에 주의력을 납치당하는 것 같다.

다음 이야기를 읽고 나도 해당하나 알아보자. 날씨를 확인하려 휴대전화를 집어 들었지만, 다른 앱에 주의를 빼앗긴다. 몇 분 뒤 휴대전화를 내려놓고, 불현듯 원래는 날씨를 확인하려고 했다는 사실을 떠올린다. 무언가를 가지러 침실에 갔다가, 다른 데 정신이 팔려 밖으로 나오고 나서야 침실에 왜 갔었는지 기억해 낸다. 한때 북적이고 시끄러운 식당을 즐겼지만, 이제는 어느새 조용하고 차분한 식당을 찾는다. 이런 일을 겪고 나면, 아마 나이 들어서 기억력과 청력이 예전 같지 않은 탓이라고 생각할 것이다. 그러나 산만함의 척도일 수도 있다. 여러분은 휴대전화 속 앱에 정신이 팔리고 산만해진다. 침실에 있는 물건에 주의를 빼앗긴다. 식당에서는 음악이든 다른 손님이 내는 소리든 들려오는 큰 소리에 주의력이 흐트러진다. 이런 탓에 집중할 때도, 무엇을 하려고 할 때도 더 어렵기만 하다.

60세 이상이라면, 집중력 향상에 어떤 전략이 가장 유용할까? 이번 장에서 소개한 방법 중 어떤 것을 시도해도 문제없지만, 나라면 L-테아닌 보충제를 5년 치 사 두지는 않을 것이다. 카페인에 L-테아닌을 더하면 딴생각을 줄일 수 있지만, 나이가 들었다면 집중력을 해치는 일등공신이 딴생각일 가능성은 적다.

건강한 노년층에게 가장 큰 집중력 문제는 나이 들수록 소란을 걸러내고 관련 없는 정보를 억제하기가 더 어려워진다는 것이다. 주의를 기울일 때 여러 가지가 한데 모여 경쟁하고 있다는 의미이다.[21] 젊었을 때는 하나에 집중한 채 경쟁하듯 몰려드는 이런저런 소란을 쉽게 무시할 수 있었지만, 나이가 들고 나면 그러기가 그리 쉽지 않다. 업무를 시작하고 불쑥 찾아와 주의력을 앗아 가는 바깥세상의 소란을 줄이고 싶다면, 바이노럴 비트를 시도해 볼 수 있다. 물론 헤드폰만 써도 외부 소음을 줄일 수 있지만, 바이노럴 비트 역시 유용할 것이다. 65세 이상 성인을 대상으로 실시했던 한 미출간 연구는 (11Hz를 사용하며) 더 낮은 주파수의 바이노럴 비트가 집중력 향상에 큰 효과가 있다는 사실을 알아냈다.[22] 따라서 40Hz에 효과를 못 봤다면, 더 낮은 주파수를 시도해 보자. 10~12Hz가 적절할 것이다. 나는 이 발견이 검증된 것을 (심지어 출간된 것도) 본 적은 없지만, 소란 없는 세상으로 이끌어 줄 주파수를 찾아서 손해 볼 것은 없다.

뇌 훈련 앱도 사용해 볼 수 있다. 단, 뇌 훈련 프로그램 중 99%가 제값을 못 한다는 사실을 알아두기 바란다. 이 훈련 프로그램들은 자체 제작 게임 숙련도를 높여 향상됐다는 기분을 느끼게 하지만, 그런 숙련이 일상생활의 향상으로 일반화되는 경우는 드물다. 그러나 이 글을 쓰는 시점에서 예외가 하나 있는 것 같다. 뇌 가소성 연구의 선두주자인 마이클 머제니치(Michael Merzenich) 박사가 처음 출시한 뇌 훈련 프로그램인 브레인HQ(BrainHQ)이다. 나는 회의적으로 바라봤지만, 10건 이상의 연구에서 노년층의 주의력 집중 능력 향상에 도움이 되는 것으로 나타났다.[23] 구매 전에 온라인에서 브레인HQ의 무료 훈련 중 일부를 해 볼 수 있다. 브레인HQ는 헤드폰을 쓸 수 없을 때도. 다시 말해 살면서 거의 매일 집중력을 높일 수 있다는 장점이 있다.

3. 넋 놓고 있지 말고 응시해라

시도해 볼 기발한 방법이 하나 더 있다. 이 연구는 대만에서 초등학생을 대상으로 실시되었지만 성인들에게 사용되었던 고대 중국 전통에 기반을 두고 있다.[24]

바로 '고정 집중 훈련(Fixation focus training)'이라는 것으로, 헛웃음이 나올 정도로 간단하다. 타이머를 1~3분으로 설정하자. 그리고 눈앞에 있는 것 중 움직이지 않고 집중할 만한 작은 대상을 고른다. 원래 연구에서는 어린이들에게 벽 한 편을 바라보라고 했지만, 나는 (주의력을 앗아갈 광고나 이미지 없이 하얀 화면만 보이도록) 인터넷 브라우저에서 새 창을 연다. 그러고 나서 새 탭 옆에 생기는 십자가 표시를 응시한다. 타이머를 작동시키고 시간이 다 되기 전까지 새 탭 옆 십자가 표시 또는 무엇이든 고른 대상에만 주의를 집중하자. 눈은 깜빡여도 좋다. 시야를 좁혀 그 대상에 집중하도록 하자. 타이머가 울리면, 집중력이 되살아나 정말 중요한 프로젝트를 시작하고 다른데 쉽게 한눈팔지 않는 모습을 발견할 것이다.

원래 연구에서는 집중하는 동안 움직이도록 했다. 어린이들은 한쪽 다리로만 균형을 잡았다. 쪼그려 앉았다가, 몸을 쭉 뻗었고, 양손으로 번갈아 배를 두드리기도 했다. 연구진이 이런 활동을 더한 이유는 신체 활동, 특히 협응이 필요한 활동이 주의력과 집중력을 향상할 수 있다는 충분한 증거가 있기 때문이다.[25] 여러분도 움직여 볼 수 있다. 단, 시선을 한곳에 집중하고 있어야 한다. 복도에서 일어나는 일에 산만해진다면, 문을 닫으면 된다. 중요한 것은 집중력 향상이다. (연구진은 어린이들에게 더 오래, 약 20분이나 집중하라고 했지만, 어떤 학생이 학교 밖에서 그만큼 집중할까?)

고정 집중 훈련은 왜 효과적일까? 이 단순한 전략 뒤에 숨은 신경과학이 무엇인지는 아직 분명하지 않지만, 뉴욕대학교 에밀리 발세티스(Emily Balcetis) 교수가 실시한 연구에 따르면, 시야를 좁히는 것이 목표를 더 자주 성취하는 데 도움이 된다고 한다.[26] 아마도 초점을 좁히면 다시 집중하게 되면서 그 밖의 상황은 무시하기 때문일 것이다. 이 연습을 통해 여러분은 다시 집중하고, 휴대전화 알림음이나 복도에서 들려오는 대화와 같은 비시각적 유혹까지도 무시하도록 스스로 단련할 수 있다.

2분간 새 탭 옆에 뜬 십자가 표시를 응시하는 것은 어떨까? 이 책에서 소개하는 가장 쉬운 방법일지도 모른다. 그런데 이 방법이 레이저를 쏘듯 매서운 집중력을 발휘하게 한다면, 단연 최고의 방법일 것이다!

추천 실습

'집중'을 돕는 도구 모음 ─────────────── ✦

- **차 마시기.** 카페인에 L-테아닌을 더하면 차분히 집중하고, 산만함을 이겨 내며, 일을 더 빨리 해낼 수 있을 것이다. 차가 싫다면, 커피 한 잔과 함께 L-테아닌 보충제 60~100mg을 복용하자.

- **헤드폰 집어 들기.** 유튜브에서 음악 없이 40Hz 주파수만 나오는 바이노럴 비트 영상을 검색한 후 마음에 드는 것을 찾아, 헤드폰을 쓴 채 15~25분간 들어보자.

- **넋 놓고 있지 말고 응시하기.** 타이머를 2분으로 설정하고 시간이 다될 때까지 집중하며 움직이지 않는 대상 하나를 응시하자. 나는 보통 인터넷 브라우저에서 새 창을 열고 탭에 있는 십자가 표시를 응시한다. 눈은 깜빡여도 되지만, 집중력만큼은 유지해야 한다. 타이머가 울리면, 되살아난 집중력과 함께 업무에 다시 돌입하면 된다.

- **나이가 문제일까?** 65세 이상이라면, 40Hz보다 10~12Hz 바이노럴 비트가 더 효과적일 것이다. 무엇이 더 유용한지 알아보려면, 둘 다 들어보길 바란다. 또한, 대체로 제값을 못 하는 뇌 훈련 앱 가운데, 브레인HQ만큼은 엄격한 테스트를 거쳐 주의력 향상을 도울 수 있는 보기 드문 앱이다.

2장
창의성을 발휘하자

상사가 고객 불만을 처리하기 위해 혁신적인 해결책을 찾자며 아이디어 몇 개를 준비해서 내일 만나자고 한다. 오후에 2시간이나 혼자서 머리를 굴려 보았지만, 50분이 훌쩍 지나도록 여전히 한 글자도 입력하지 못하고 있다. 초조함에 땀이 나기 시작한다. 챗지피티(ChatGPT)도 사용해 봤지만 참신한 답변 하나 없이 시원찮다. (아니, 애초에 '고객 서비스 팀을 운영'하는 게 언제부터 혁신적인 것인지?)

자신의 가장 창의적인 면모에 어떻게 다가가야 할까? 창의적인 사람들을 따라 온통 검은색 일색으로 입어야 할까?

입고 싶은 대로 입자. (검은색은 별로 도움이 될 것 같지 않다.) 정말로 영감과 창의성을 얻고 싶다면 시도할 수 있는 일이 다섯 가지 있다.

창의적인 예술가가 아니더라도 창조할 수 있다

일단, 창의성이 무엇인지 정의하자. 심리학자들은 참신하면서 동시에 유용한 결과를 내놓는 것이라고 정의한다.[1] 불만 전화가 걸려 올 때마다 〈겨울왕국(Frozen)〉 출연진을 데려다가 '렛잇고(Let It Go)'를 부르게 하는 것은 어떻겠냐는 제안처럼 참신하지만 쓸데없는 아이디어로는 점수를 딸 수 없다.

자신이 창의적이라고 생각하지 않는 사람이라도 창의성을 발휘할 일은 생각보다 많다. 직장에서 비용 절감 방안을 도출하고, 동료를 가르치고, 문서 초안을 작성하고, 그도 아니면 계약서에서 허술한 구석을 찾아야 할 때 창의적이어야 한다. 게다가 집에 가서도 남은 치킨으로 무엇을 할지, 3일간의 소중한 휴일에 어디로 갈지, 아니면 어떻게 하면 자녀가 용돈을 마련하도록 도울지를 생각할 때도 창의성을 발휘해야 한다.

효과적인 행동

다행히도, 심리학자들은 창의성을 높일 수 있는 많은 방법을 발견했다.

1. 나를 위해 꽃다발을 사라

한 가지 방법은 책상에 꽃을 두는 것이다. 여러 연구에 따르면, 식물이나 꽃을 곁에 두는 것만으로도 더 창의적인 아이디어를 생성할 때 도움을 받는다고 한다.[2] 머리를 굴릴 시간이 1시간뿐이라면 꽃집에 달려갈 틈도 없겠지만, 꾸준히 창의적이어야 한다면 화초에 투자하자. 나는 이 조언을 알고 나서 다육식물을 사 와서는 일하면서 볼수 있도록 모니터 바로 옆에 두었다. 다육식물은 세심히 돌보지 않아도 아름답게 자기 자리를 지킨다.

이 외에도 나는 날이 따뜻해지면 마당으로 나가 글을 쓰려고 한다. 책상 위에 둔 화초 하나를 바라보는 대신, 불어오는 산들바람에 흔들리는 싱그러운 나무와 꽃에 둘러싸인다. 밖에 있으면 책상 앞에 있을 때보다 아주 조금 산만해지는 편이라 집중하며 원고를 수정해야 할 때는 그다지 좋지 않지만, 브레인스토밍에는 최고이다.

2. 산책해라

산책도 한 방법이다. 스티브 잡스(Steve Jobs)부터 버지니아 울프(Virginia Woolf)까지 창의적이라고 이름난 여러 역사적 인물들은 영감이 흘러넘칠 수 있도록 산책에 나섰다.

심리학자들은 과학적으로도 산책이 도움이 된다는 사실을 발견하고 있다. 연구에 따르면, 많이 산책할수록 창의적인 아이디어를 잘 낸다고 한다.[3] 여러분은 심리학자들이 '만성 산책인(Chronic walker)'이라고 하는 부류일 수 있다. 만성이라니 끔찍이도 고통스러울 것 같지만, 매일 걷는다는 뜻이다. 아니면, 대부분 앉아서 지내다가 무언가를 창조해 내기 직전에 산책하는 '급성 산책인(Acute walker)'일 수도 있다. 급성 산책인보다 만성 산책인이 더 창의적인 편이므로, 잡스와 울프가 남긴 '발자취'를 따라 산책을 일과에 더하도록 하자.

그러나 '지금 당장' 창의력을 발휘해야 한다면, 자리를 박차고 일어나 산책하러 나가자. 가만히 앉아 있는 것보다 짧게나마 산책하는 것이 더 도움이 된다. 최근 한 연구에 따르면, 창의성 향상을 경험하려면 최소 100보를 걸어야 하나, 브레인스토밍을 원활히 하려면 1200보(약 320m)를 걸어야 한다고 한다. [4]

산책으로 효과를 볼 수 있는 방법이 두 가지 더 있다. 첫째, '무작위' 산책을 하자. 전에 여러 번 가 봤던 정해진 길 대신 새로운 길을 택해 작은 탐험에 나서 보는 것이다. 연구자들은 아는 길을 산책하는 사람들이 계획 없이 즉흥적으로 산책하는 사람들보다 덜 창의적이라는 사실을 알아냈다.[5] 철저히 검증된 산책 외에도 제한되지 않은 움직임이라면 무엇이든 창의성을 자극하는 것 같다.[6] 그러니 사정상 산책할 수 없다면 문을 닫고 목과 상체를 움직이며 눈을 굴려보자. 아니면 의자에 앉은 채 틱톡(TikTok) 댄스를 춰도 좋다.

둘째, 산책을 마치고 산만해지기 전에 서둘러 브레인스토밍을 하자. 여러 연구에서 산책 후 5분 이내로 창의성 증진이 목격되었다. 그러니 산책 중간이나 직후에 브레인스토밍을 시작하자. 나는 산책 중이나 직후에 휴대전화에 아이디어를 기록하는 것을 무척 좋아한다. 좋은 아이디어가 떠오르면 계속 곁에 있을 것 같지만, 불꽃놀이처럼 확 타올랐다가 타닥거리고는 완전히 꺼지고 만다. 여러분은 산책을 마치고 우연히 복도에서 누군가와 몇 분간 대화를 나누고 나서 다시는 그 번뜩이는 아이디어를 떠올릴 수 없다는 현실을 마주하고 싶지 않을 것이다.

만약 산책이 어떻게 창의성에 효과가 있는지를 다룬 많은 연구 중 하나를 빠르게 훑어보고 싶다면, 인터넷 창을 열고 그 주제로 TED 연설을 검색해 보자. 스탠퍼드대학교 연구원 마릴리 오페조(Marily Oppezzo)가 강연에서 말한 것처럼, 단 한 번의 산책으로 시스티나 성당 같은 결과물을 내놓지는 못하지만 초기 브레인스토밍 과정만큼은 활성화할 것이다.[7]

달리기를 즐긴다면 그 역시 창의성에 도움이 된다. 달리기처럼 격렬한 유산소 운동이 사고력을 얼마나 높이는지는 5장과 6장에서 살펴보기로 하고, 지금은 만성 산책인에 관한 연구에서 대체로 창의성 연구자들이 산책이든 달리기든 종류에 상관없이 총 '걸음 수'를 측정했다는 사실만 알아도 충분하다. 만약 달리는 게 더 좋다면 운동화를 신고 400m 정도 짧게 달린 후에 브레인스토밍에 돌입하자.

3. 재미있는 영상을 시청해라

창의성으로 고심하는 이유 중 하나는 불안해하고 너무 열심히 하기 때문이다. 거의 1시간 동안 매달렸는데도 남 앞에 내놓을 만한 것이 하나도 없다면, 압박감이 들 것이다. 그리고 보통 불안감이 창의성을 가로막는다.[8]

반면, 잠깐 머리를 식히며 기분 전환을 하면 창의성이 높아진다. 그러니 프로젝트를 잠시 접어두고 몇 분간 유튜브나 인스타그램에서 재미있는 영상을 몇 편 보자. 연구자들은 재미있는 영상이 기분을 좋게 해 주고 창의성까지 자극한다는 사실을 발견했다. 그러나 영상만 보다가 할 일을 오랫동안 미루고 있어서는 안 된다. 도로 불안해질 테니 말이다. 적어도 창의성을 향상하려면 7~8분 정도가 적절한 것 같다.[9] 그러니 타이머를 맞추고 크게 소리 내어 웃다가 다시 브레인스토밍을 시도하자.

재미있는 영상을 보면 왜 창의적인 아이디어가 더 샘솟을까? 한 가지 가능성은 자신을 위해 유쾌한 숙려기를 마련한다는 것이다. 사람들은 압박감과 불안감을 느낄 때, 형편없든 말든 처음 떠오른 아이디어를 밀고 나간다. '무언가를 하기는 해야 하는데 아이디어가 떠올랐으니 그대로 진행하자'라고 생각하는 것이다. 그러나 물러서서 첫 아이디어를 숙려할 기회를 가진다면, 보다 넓은 시각으로 문제를 바라볼 수 있다. 어떤 문제를 무의식적으로 계속 곱씹다 보면, 문제를 재구성하고 새로운 접근법을 찾으면서 통찰을 얻을 수 있다.[10] 이 귀중한 숙려기간은 짧은 산책이 효과적인 이유 중 하나일 수 있다.

✦ 나이가 문제일까?

만약 여러분이 팀 브레인스토밍 회의에서 유일한 60대라면, 잠자코 앉아서 젊은 친구들에게서 가장 창의적이고 참신한 아이디어가 나올 거라 믿고 싶을 것이다. 꼭 그렇지만도 않은데 말이다.

적어도 창의성에 관해서라면, 1장에서 살펴봤듯 노년층에게는 쉬이 억제할 수 없는 외부 소란이 실제로 도움이 될 수 있다. 억제는 뇌에서 작동하는 필터와 같아서, 주의를 끌려고 몰려든 관련 없는 정보를 차단하는 역할을 한다. 그러나 외부에서 밀려드는 소란이 성가시기는 해도 괜찮은 면도 있다. 창의성을 촉진할 수 있다는 점이다. 연구자들은 노년층이 창의적인 업무에서 젊은 동료들보다 종종 더 나은 성과를 낸다는 사실을 발견했다. 소란이 새로운 아이디어를 주기 때문이다.[11] 달갑지 않은 소란의 침입을 성공적으로 차단하는 20대와 달리 노년층은 차단이 쉽지 않고, 오히려 그 덕에 창의적인 업무에까지 소란이 스며들어 종종 새로운 아이디어가 떠오르기도 하는 것이다.

현실에서는 어떨까? 고객 서비스를 개선하기 위한 아이디어를 브레인스토밍하려고 앉아 있는데, '심리적 안전감이 팀 생산성을 향상한다'는 제목의 인사팀 워크숍과 관련된 이메일을 한 통 받았다고 상상해 보자. 여러분은 심리적 안전감이 무엇인지 정확히 알지 못해서 이메일을 닫고 브레인스토밍 작업으로 돌아간다. 그러나 여전히 '심리적 안전감'이라는 개념을 떠올리면서 '해결할 수 없는 문제 때문에 전화한 고객들이 불안해 하거나 평가받는다고 느끼면 어쩌지? 마음 놓게 도울 방법이 없을까?'라고 궁금해한다. 연구에 따르면, 외부 소란을 성공적으로 차단하는 젊은 동료들은 이러한 연결 고리를 만들 가능성이 적다고 한다.

따라서 다음에 팀 브레인스토밍 회의에 참석하여 창의성을 발휘해야 한다면, 나이 때문에 뒤로 물러나지는 말자. 산만함이 여러분의 숨겨진 초능력일지도 모른다.

지금까지 소개한 창의력 향상 방법 세 가지는 신경과학자들이 '왜' 효과적인지 아직 알아내지 못했다는 것이 유일한 문제이다. 우리는 무작위로 산책할 때나 튤립 꽃병 근처에 있을 때 뇌가 어떻게 다른지 알 수 없다. 그러나 연구자들은 창의적인 영감을 흘러넘치게 하지는 않더라도 뚝뚝 떨어뜨릴 수는 있는 더 유망한 방법 두 가지를 알아냈으며, 왜 이러한 전략들이 효과적인지 보다 명확히 파악했다.

4. 도파민으로 창의성을 지켜라

창의성을 높이는 방법 중 관련 증기가 많은 하나는 도파민(Dopamine)

수치를 높이는 것이다. 도파민은 뇌에서 생성되는 신경전달물질로, 뇌에 있는 뉴런들이 서로, 그리고 나머지 신체 부위와 소통할 수 있도록 돕는다.

도파민을 '행복' 호르몬이라고 하는 것을 들어본 적이 있을 것이다. 그 말은 사실이지만, 실제로는 '의욕' 호르몬이다. 우리는 3장과 11장에서 각각 의욕을 가지는 법과 고통을 덜 느끼는 법을 살펴보며 도파민에 관해 더 알아볼 것이다. 지금은 도파민을 생성하고, 그 덕에 행동에 나설 수 있다는 사실을 아는 것만으로 충분하다.

도파민은 창의적 사고에도 중요한 역할을 한다. 주위에 정말 창의적인 것 같은 친구가 있는가? 그 친구에게는 일반인보다 도파민을 많이 처리하는 뇌 부위인 회백질이 더 있을 가능성이 높다.[12] 자동차 애호가들이 보통 수리까지 할 수 있는 큰 차고를 마련하듯, 창의적인 사람들은 도파민에 관여하고 이런저런 아이디어를 떠올릴 수 있는 뇌 부위가 더 크다.

연구자들은 낮은 도파민 수치를 정상으로 되돌리면 창의성 증진을 경험할 것이라는 사실을 발견하고 있다. 도파민 수치를 높이는 가장 간단하고 편리한 방법은 L-티로신(L-tyrosine)이라는 아미노산을 섭취하는 것이다.[13] L-티로신은 체내 도파민 생성에 필요한 단백질이며, 보통 고단백 식품에 많다. 점심 식사나 간식으로 쉽게 먹을 수 있는 음식의 추정 L-티로신 함량은 다음과 같다.

음식	제공량	L-티로신 함량 (mg)
기름기 없는 쇠고기	약 100g	1,700
닭 가슴살	약 100g	1,300
참치	약 100g	1,240
칠면조 가슴살	약 100g	1,170
풋콩	약 110g	650
두부	약 100g	550
코티지치즈	약 110g(1/2컵)	550
체더치즈	약 28g	550
그릭요구르트	약 170g(3/4컵)	450
병아리콩	약 110g(1/2컵)	375
아몬드	1/4컵	260

또한 연구자들이 실험실에서 도파민을 증가시킬 때처럼 L-티로신 보충제를 복용할 수도 있다. 창의적인 일을 할 때는 2g, 즉 2000mg이 유효량인 것 같다. (아직 검증 전이지만 더 적은 양으로도 창의성 증진에 효과가 있어 보이므로, 아몬드를 두 컵이나 먹을 필요는 없다.) 보충제는 대부분 1시간 내로 빠르게 효과를 보인다. 그러니 40분간 이메일과 같은 일상적인 업무를 하고 나서 창의적인 일로 복귀하자. 참신한 아이디어를 떠올릴 준비가 되어 있을 것이다.

최적 도파민에 도달하기

앞서 "도파민 수치가 '낮다'면"이라고 말했던 것에 주목하자. 도파민 수치가 너무 높으면 안 된다. 도파민과 창의성 사이의 관계는 곰 세 마리가 사는 집에 들어간 골디락스와 그 앞에 놓여 있던 죽과 비슷하다. 도파민 수치는 적절해야 하는데 뇌에서 원하는 수치는 너무 낮지도, 너무 높지도 않다. 다음 그래프에 나타나 있듯, 도파민이 너무 적으면 창의성이 저하되지만, 너무 많아도 창의성은 떨어진다.[14]

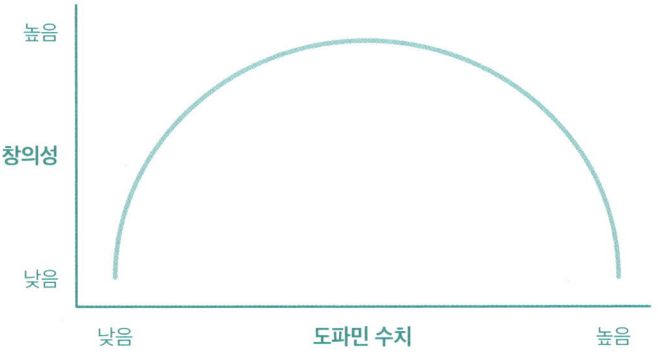

도파민 수치가 낮은지는 어떻게 알 수 있을까? 얼마나 스트레스를 받고 있는 것일까? 스트레스 수치가 높을 때는 도파민과 같은 신경전달물질이 고갈된다. 따라서 내일 있을 상사와의 회의를 앞두고 스트레스를 많이 받고 있다면, 도파민 수치에 타격을 입었을 것이다.[15] (왜 스트레스 받는 월요일 아침보다 느긋하게 쉬는 토요일 저녁에 창의성을 발휘하기 더 쉬운지 궁금해한 적 있다면 이제 그 이유를 어느 정도 알 것이다.)

이 외에도 지난 며칠간 어떻게 잤는지 생각해 볼 수도 있다. 만약 수면 부족 상태라면 도파민 수치가 비정상적으로 낮아서 창의성을 발휘하기 더 힘들 것이다. 잠을 충분히 못 잔 날, 브레인스토밍 회의에 참석했다가 아이디어를 신나게 내놓는 사람들 사이에서 아무 말도 못 한 채 자기도 모르게 조용히 앉아 있기만 한 적이 다들 있을 것이다. 그런 날에는 아침에 간식거리로 칠면조 롤 샌드위치 몇 개를 챙겨 나가자.

그러나 잘 쉬거나 비교적 느긋한 날에는 L-티로신을 많이 섭취하면 도파민 수치가 너무 높아져 창의성이 저하될 수 있다. 분명 내일 브레인스토밍 회의에서 상사와 만날 때 도파민 수치를 최대치로 끌어올리고 싶지는 않을 것이다. 도파민 수치가 높으면 창의성이 저하될 뿐만 아니라 충동을 조절하기도 쉽지 않아, 몇 분마다 상사의 말을 끊거나 가장 먼저 떠오르는 말이라면 무엇이든 내뱉고 싶어질 수 있다.[16] 보기 좋은 광경은 아니다.

그건 그렇고, 이렇게 생각하고 있을지도 모르겠다. '잠이 부족한데 칠면조를 먹어야 하나? 칠면조를 먹으면 졸린 줄 알았는데.' 칠면조에는 트립토판(Tryptophan)이 들어 있어서 졸음을 유발할 수 있지만, 거의 소량이다. 조리된 칠면조에는 대체로 트립토판보다 L-티로신이 더 많아서 도파민이 증가하고 정신이 더 맑아질 수 있다. 만약 추수감사절에 칠면조를 많이 먹고 나서 졸렸다면, 과식, 술, 곁들임 음식과 소스에 가득 든 지방과 탄수화물 탓을 하자. (게다가 우리 이모는 실내 온도를 섭씨 25도까지 높인다.)

5. 텔레비전 쇼로 창의성을 지켜라

이 마지막 전략으로는 효과를 거둘 수 없을 것 같겠지만, 내 말부터 들어보기 바란다. 스탠퍼드대학교, 하버드대학교, 오클랜드대학교 연구진은 이 전략으로 다중 작업에서 창의성을 높일 수 있다는 사실을 발견했다.[17] 영상을 통해 창의성을 끌어내는 것은 같지만, 이번에는 시청하는 대신 기억해 내면 된다.

펜과 종이를 꺼내거나 컴퓨터에서 새 문서 창을 열고, 지난 한 달 동안 봤던 영화나 텔레비전 쇼 한 편을 떠올리자. 좋아하는 영상일 필요는 없지만, 자연 다큐멘터리보다는 등장인물과 줄거리가 있는 것으로 고르도록 하자. 일과 완전히 무관해도 된다. 재미있는 것도 좋고, 강렬한 인상을 남기는 것도 좋다.

이제 5~6분 정도 타이머를 맞추고, 영상에 관해 최대한 자세히 적어보자. 먼저 이야기가 펼쳐지는 주요 배경 몇 개를 적고, 어떤 모습인지 구체적으로 써 내려가자. '주인공의 사무실 벽이 나무 패널이었나, 콘크리트 블록이었나?' 이어서 등장인물 몇 명을 묘사하자. 이름뿐만 아니라 무엇이 눈에 띄었는지도 적으면 된다. '주인공이 그때 뭘 입고 있었더라?', '헤어스타일이 특이했었나?', '신발은 검은 하이힐이었나, 아니면 목이 긴 빨간 운동화였나?'

아직 시간이 남았다면, 줄거리를 떠올려 보자. 기억에 남는 장면을 골라 누가 무엇을 왜 겪었는지 적는 것이다.

타이머가 울리면, 심호흡을 한 번 하고, 다시 브레인스토밍에 나서자. 몇 분 정도 걸리겠지만, 결국 새로운 아이디어가 모습을 드러낼 것이다.

나만의 특별한 기억

방금 소개한 전략은 텔레비전 쇼를 시청할 때처럼 편안한 분위기를 자아내는 것 같다. 편안한 것 좋다. 그러나 그 모든 세부 사항을 떠올릴 때, 사실 여러분은 머리를 써서 창의적인 아이디어를 더 쉽게 떠올리도록 도와주는 매우 구체적이고도 의도적인 행위를 하고 있다.

심리학에서 '일화 기억(Episodic memory)'이라고 하는 것을 사용한 것이다. 기억에는 여러 유형이 있지만, 가장 기본적인 두 가지가 바로 의미 기억(Semantic memory)과 일화 기억이다.[18] 의미 기억은 나만의 개인 사전 같다. 의미 기억을 사용하면 '땅콩버터가 무엇이냐'는 질문에 땅콩을 갈아 만든 빽빽한 스프레드이고, 아이들은 젤리와 함께 먹는 것을 좋아한다고 설명한 다음, 부드러운 것보다는 땅콩이 씹히는 쪽이 더 낫다는 개인적인 의견도 붙일 것이다.

반면, 일화 기억은 꼼꼼하게 쓴 가계부 같아서 개인적으로 겪었던 일이 덧붙는다. "언제 마지막으로 땅콩버터를 먹었느냐"는 질문에 여러분은 이렇게 말할 것이다. "실은 오늘 아침에 부엌에 서서 잉글리시 머핀 위에 한 스푼 발라 먹었어요. 원래는 아보카도 토스트를 만들려고 했는데, 싱크대에 놔뒀던 아보카도가 상했지 뭐

예요⋯." 이처럼 일화 기억에는 구체적인 시간과 장소, 기승전결이 있다.

아무렇게나 만들어 먹은 아침 식사나 주말에 몰아본 텔레비전 쇼와 같이 특정 일화 기억을 회상하려고 할 때, 뇌에서는 두 핵심 영역이 작동한다. 첫째, 해마가 활성화된다.[19] 해마는 뇌의 중앙 깊숙한 곳에 (좌우 하나씩) 있다. 마치 C자가 등을 대고 몸을 쭉 뻗은 것 같은 모습으로, 귀 바로 위, 뇌 안쪽으로 약 3.8cm 들어간 곳에 자리한다. 여러 역할을 하지만, 특히 기억에 중요하다. 개인적으로 가지고 있는 특정 기억을 떠올릴 때 해마가 활성화된다. (6장에서 기억을 다룰 때 해마를 더 자세히 살펴볼 것이다.)

만약 해마가 혼자서 제멋대로 작동한다면, 여러분은 핀볼처럼 서로 다른 일화 기억 사이를 오가며 방황할 것이다. 한순간 아침 식사를 떠올렸다가, 아침을 먹는 동안 엄마가 보냈던 문자를 생각하고, 별 이유 없이 고양이 사료가 다 떨어졌다는 사실을 깨달을 것이다. 그래서 매우 구체적인 기억을 떠올리려고 할 때는 여러분을 도와줄 두 번째 뇌 영역이 필요하다.

특정 일화 기억을 떠올릴 때 작동하는 두 번째 영역은 집행 통제 네트워크(Executive control network)로 알려져 있다. 이것은 사실 단일 영역이 아니다. 여러 뇌 영역이 함께 작동해서 네트워크라고 한다. 전체 오케스트라가 악기 하나보다 더 복잡한 악보를 연주할 수 있듯, 전체 뇌 네트워크가 작동하면 한 영역이 혼자서 작동할 때보다 더 복잡한 업무를 수행할 수 있다. 집행 통제 네트워크는 목표를 달성하려고 노력할 때 활성화하고, 방해될 수 있는 다른 생각이나 기억을 억누르는 데 중요하다. 방금 본 텔레비전 쇼의 특정 세부 사항에 집중하고, 꼬리에 꼬리를 물고 생각을 이어 나가지 않도록 도와준다.

마중물 붓기

이제 우리는 특정 기억을 떠올리려 할 때 뇌에서 어떤 영역이 관여하는지 안다. 해마와 집행 통제 네트워크이다. 그런데 이 두 영역이 어떻게 우리가 창의적으로 생각하도록 돕는 것일까?

신경과학자들은 텔레비전 쇼와 같이 일화 기억을 회상할 때뿐만 아니라 창의적으로 생각하려고 노력할 때 이 두 영역이 작동한다는 사실을 발견했다. 특히 새로운 아이디어를 여럿 내놓으려고 할 때 해마와 집행 통제 네트워크까지 활성화된다. 과거를 재구성할 때 나섰던 두 영역이 미래를 상상할 때도 힘을 보태는 것이다.

'두 활동이 전혀 관련 없는 것 같은데'라고 생각할지도 모르겠다. 하나는 보거나, 하거나, 경험한 일, 즉 실제로 과거에 일어난 일을 기억하는 활동이고, 다른 하나는 새롭고 유용한 아이디어, 즉 미래에 일어날 '가능성이 있는' 가상의 무언가를 내놓는 활동이다.

그러나 새로운 아이디어는 오래된 아이디어의 조각들을 모아 참신한 방식으로 조합하거나 적용한 결과이기도 하다는 사실을 알아두자. 비 오는 일요일에 아들이나 조카를 위해 창의적인 활동을 떠올린다고 상상해 보자. 아이가 동물원에 갔다가 머리 위에서 악어가 헤엄치는 수중 유리 터널에 기어 들어가 몹시 좋아하던 게 갑자기 생각난다. 바로 이거다. 여러분은 아이에게 악어 배를 큼지막하게 그려 천장과 벽에 붙여 방 안에 수중 악어 동굴을 만들자고 제안한다. 종이와 크레파스를 가지러 달려가는 아이를 보고 자신의 독창성에 스스로 만족한다. 여러분은 새로운 가능성을 내놓기 위해 동물원에서의 하루라는 무관한 경험인 과거 기억을 사용했다. 마크 트웨인의 말처럼, "새로운 아이디어란 없다. 불가능하다. 우리는 여러 오래된 아이디어를 마음속 만화경에 담아두고 있을 뿐이다. 그 만화경을 한 바퀴 돌리면, 새롭고 신기한 조합이 만들어진다".[20]

　마찬가지로, 고객 불만을 처리하는 혁신적인 방법을 생각해 낼 때도 언뜻 관련 없지만 참신한 통찰을 안겨 주는 기억을 떠올려 창의적인 아이디어를 내놓을 수 있다. 여러분은 고객 서비스 부서 사람들이 대부분 이미 열심히 일하고 있다는 사실을 안다. 그러나 어떻게 하면 의욕을 훨씬 더 북돋울 수 있을까? 그때 갑자기 전력회사의 영리한 동기부여 전략이 떠오른다. 전력회사에서는 '예비전력 이벤트'라는 프로그램을 통해 날짜와 시간을 지정하여 3~4시간 동안 에너지 사용량 절감을 권장한다. 이 기간에는 같은 지역 내 비슷한 가정 99개와 에너지 소비량을 비교하여 여러분의 순위를 매긴다. 여러분은 처음에 100가구 중 31위였다. 다음 이벤트에서는 (에너지 사용량이 '가장 적은') 상위 20위권에 진입하겠다는 동기가 생겼다. 여러분은 두 배 더 노력하여 목표에 도달했으며, 이제는 꾸준히 사용하는 에너지 절약 전략도 알아냈다. 이 모든 경험에서 동기가 생긴 것이다.

만약 고객 서비스 부서와 함께 비슷한 활동을 한다면 어떨까? 일주일이나 한 달에 한 번씩 몇 시간 동안 비슷한 이벤트를 열고, 그 기간에 고객 서비스 통화 후 평균 고객 평가를 바탕으로 직원들의 순위를 어떻게 매길지 알려 주는 것이다. 그러면 직원들은 (몇 시간 뿐이니 별 문제 없다는 식으로) 의욕에 차서 새로운 방식을 시도하고 순위가 상승하는 모습을 보려고 할 것이다. 그리고 에너지 사용량 절감 사례처럼 꾸준히 사용할 수 있는 고객 전화 대처 전략을 몇 가지 발견할 것이다.

여기서 눈여겨볼 점은 '최근에 시청한 텔레비전 쇼를 상세히 떠올려라'라는 창의적인 프롬프트가 별도의 준비 활동 없이 그저 '창의적으로 생각하라'고 하는 것보다 훨씬 더 효과적이라는 사실이다. 거의 모든 사람이 영화든 텔레비전 쇼든 최근 시청 경험이 있기 때문에 연구자들은 지금 소개한 프롬프트가 대단히 효과적이며, 창의성에 필요한 두 가지 핵심 뇌 영역이 활성화되도록 효과적으로 밑작업한다는 사실을 발견했다.[21] 그런 다음 두 뇌 영역에 새로운 목표, 예를 들어 고객 불만을 해결할 방법이나 비 오는 날 일요일에 아이를 위한 아이디어를 떠올리는 목표를 주면, 이미 충분히 예열된 상태이기 때문에, 새로운 아이디어로 이어질 만한 경험을 더 잘 떠올릴 수 있게 된다. 말하자면 마중물을 부어 창의적인 상태로 더 쉽게 진입할 수 있게 되는 것이다.

추천 실습

'창의성'을 돕는 도구 모음 ────────── ✦

- **나를 위해 꽃다발이나 화분 사기.**

- **산책하기.** 1200보(320m 정도) 이상의 짧은 산책만으로도 창의성 증진을 즉시 경험할 수 있다. 매일 산책하면 훨씬 더 도움이 된다. 무작위 산책도 마찬가지다.

- **재미있는 영상 시청하기.** 7~8분간 재미있는 영상을 보며 기분을 끌어올리고, 불안감을 줄이고, 문제를 숙려할 기회를 가져 보자. 단, 딴 데 정신 팔면서 너무 오랫동안 미루다 보면 창의성이 또다시 떨어질 것이다.

- **도파민으로 창의성 지키기.** 도파민 수치가 낮다면, 아마 스트레스를 받았거나 잠이 부족할 것이다. 보충제나 칠면조, 닭, 풋콩과 같이 L-티로신이 많이 함유된 음식을 섭취하여 도파민 수치를 높이자.

- **텔레비전 쇼로 창의성 지키기.** 5~6분으로 타이머를 설정하고, 최근에 본 텔레비전 쇼나 영화를 생각하며 그 내용을 최대한 자세히 적자. 줄거리, 등장인물, 장면을 세세한 것 하나까지 생생하게 묘사하고, 그 즉시 창의성이 필요한 업무로 복귀한다. 창의성을 관장하는 뇌 영역에 밑 작업을 했기 때문에, 새로운 아이디어를 떠올릴 가능성이 크다.

- **나이가 문제일까?** 외부 소란을 무시하는 것이 생각보다 어렵겠지만, 그러한 소란이 영감의 원천이 되어 젊은 동료들보다 더 창의적인 아이디어를 내놓을 수도 있다.

3장
의욕을 끌어올리자

어떻게든 피해 왔던 보고서를 써야만 한다. 이 업무가 얼마나 어려울지 가늠하며, 하지 않을 이유만 계속 생각한다. 보고서를 쓰려면 광범위한 데이터 분석이 필요한데, 이게 쉽게 와닿지 않는다. 게다가 자신 있는 주제도 아니다. 평소에 보고서를 쓰던 사람이 휴가 중이라 재수 없게 뽑혔다. 안 그래도 별로인데, (상사도 안 볼 것 같지만) 상사 말고 보고서를 볼 사람이 또 있는지 의심스럽다.

상사에게 가서 "이 보고서는 다른 사람이 하면 안 될까요?"라고 물었지만, 상사는 어깨 한 번 으쓱하고 이렇게 대답했다. "훌륭할 필요 없어. 그냥 열심히만 해."

의욕이 뚝 떨어진다. 흥미를 부추길 방법이 어디 없을까? 어려운 부분이 그다지 어렵지 않게 보인다면 어떨까?

우리는 모두 의욕 없이 축 처질 때가 있다. 목표나 흥미와 일치하지 않고, 너무 어렵거나 복잡하게만 느껴지거나, 그저 지루한 업무를 해야 할 수도 있다. 이번 장에서는 몹시 두려운 업무를 마주했을 때 의욕을 북돋우는 방법을 다룰 것이다.

✦ 알고 보면 효과 없는 행동

이렇게 생각하지 말자. '이 일은 그렇게 중요한 게 아니야. 대충 해도 눈치채거나 신경 쓰는 사람도 없을 거라고.' 그런 프레이밍이 성과에 대한 불안감은 줄여 줄 수 있겠지만, 의욕이 나지는 않을 것이다. 간단한 이메일 쓰기처럼 5분 만에 끝낼 수 있는 일에는 효과가 있을지도 모르겠다. 그러나 중요한 프로젝트에는 다른 프레이밍이 필요하다. 그러지 않았다가는 프로젝트에 나설 때마다 의욕이 생기지 않을 것이다.

여기서 문제는 목표가 어떻게 봐도 형편없다는 사실이다. 목표는 둘 중 하나다. 첫째, 책임에서 아예 벗어나거나, 둘째, '열심히 하되' 상사의 말처럼 훌륭함에 신경 쓰지 않는 것이다. 심리학자들은 '열심히 하라'는 접근법이 부모와 관리자 사이에서는 인기 있을지 모르나, 실제로는 기준을 낮게 설정하고 애매한 탓에 의욕을 북돋우지 못한다고 지적한다.[1] 연구에 따르면, 노력을 쏟을 구체적이고 더 도전적인 목표를 찾을 수 있다면 행동에 나설 의욕이 보다 강하게 생길 것이라고 한다.[2]

효과적인 행동

1. 더 크고 보다 도전적인 목표를 찾아라

분명히 말하자면, 더 도전적인 목표를 찾으라는 말은 어떻게 하는지도 모르는 통계적 분석만으로 더 긴 보고서를 쓰라는 소리가 아니다. 업무를 실제보다 더 어렵게 만드는 것이 아니라, 개인적으로 중요하지 않은 업무를 해내면 '정말' 중요한 다른 구체적이고도 도전적인 장기 목표를 달성하는 데 어떻게 도움이 되는지 이해하자는 말이다.

예시를 통해 어떤 효과가 있는지 알아보자. '정말' 가치 있게 여기는 목표에 도달하는 데 이 보고서가 어떻게 도움이 될까? 항상 궁금했던 데이터 세트를 보고서를 기회로 자세히 살펴보며 이해할 수도 있을 것이다. 아니면 (무력감을 조금은 떨쳐 내고) 데이터를 더 효율적으로 분석하려고 노력할 수도 있다. 그도 아니면 관리자와 협상할 때 이 보고서를 증거로 이용할 수 있다. 현재뿐만 아니라 앞으로 부서에 무엇이 필요한지 효과적으로 요약하는 보고서를 쓸 수 있다면, 어쩌면 승진을 꿈꾸고 있을 여러분은 더 큰 팀을 이끌고, 더 전략적인 업무를 맡을 준비가 되었다고 주장할 수 있다. 어떤 경우든, 정말 중요하고 구체적이고도 비교적 도전적인 목표를 세워 불쾌하고 말았을 업무를 하면서도 앞으로 나아갈 힘을 찾아야 한다. (어려운 목표를 세울 때 얻을 수 있는 효과는 4장에서 마저 살펴볼 것이다.)

2. 의욕 호르몬을 이용해라

의욕에 숨은 신경과학을 이해하려면 도파민을 파고들어야 한다. 왜냐하면 도파민은 원한다는 감정과 행동하려는 욕구를 만들어 내기 때문이다. 2장에서 살펴봤듯, 도파민은 신경전달물질이다. 더 구체적으로 설명하자면, 신경조절물질(Neuromodulator)로서 뇌세포의 활동을 바꾼다. 도파민은 흥분성 또는 억제성 신경전달물질로 작용하여, 다른 뉴런들의 활동을 늘리거나 줄일 수 있다. 자동차로 치면 뇌와 특정 신경계에서 액셀러레이터나 브레이크를 밟는 격이다. 여기서 우리는 행동하려는 의욕을 일으킬 수 있는 흥분성 도파민을 관심 있게 살펴볼 것이다.

도파민이 어떻게 작용하는지 간단히 알아보자. 뇌에는 여러 도파민 경로(Dopaminergic pathway)가 있어서, 즐거움 예상부터 불수의 운동 통제까지 모든 것을 조절한다. (만약 파킨슨병 때문에 손 떨림으로 고생하는 사람을 봤다면, 도파민 부족의 결과를 본 것이다. 이러한 손 떨림은 도파민이 불수의운동을 억제하지 않기 때문에 일어난다고 부분적으로 설명할 수 있다.)

의욕을 이야기할 때, 우리는 복측 선조체(Ventral striatum)라는 뇌 영역에서 도파민이 하는 역할에 관심이 있다. 복측 선조체는 뇌의 정중앙, 귀보다 약간 위쪽에 있지만, 2장에서 살펴봤던 해마보다 약간 앞쪽, 중간 깊숙한 곳에 위치한다. 복측 선조체는 어떤 경험에서 보상을 얻었는지 식별하여 같은 경험을 반복하도록 유도하는 데 중요하다. 벤앤제리스 아이스크림을 처음으로 맛봤을 때처럼 어떤 활동에서 즐거움을 경험할 때, 뇌의 일부에서 분출하는 도파민에 복측 선조체가 반응한다. 복측 선조체가 도파민의 분출을 경험할 때, 여러분은 기분이 좋아진다. 이때 도파민이 생성되었다는 것은 의욕이 샘솟아 그 즉시 더 파고들고 싶어지고, 그와 동시에 벤앤제리스 아이스크림은 재구매할 가치가 있다는 귀중한 정보를 얻을 수 있다는 의미이다.

그 경험이 처음에 충분히 좋았다면, 누군가가 벤앤제리스 아이스크림을 사라고 권하기만 해도 도파민이 조금 생성될 것이다. 과거 보상을 또다시 경험할 거라 기대할 때 복측 선조체에서 도파민이 생성된다. 즐겨 듣는 노래, 즐겨 하는 업무, 또는 반가운 사람을 생각할 때도 도파민이 분출될 것이다. 그 결과 예전에 특히 즐겼던 것에 관해 '의욕' 상태로 돌입한다. 만약 자녀가 가장 좋아하는 가게 주차장에 차를 세우자마자 자녀의 기분이 좋아진다면, 도파민이 제 할 일을 하고 있는 것이다.

도파민 딜레마

이제 업무 딜레마로 돌아가면 실제로 두 가지 문제가 있다는 사실을 알 수 있다. 첫째, 데이터 분석이나 보고서 작성을 좋아한 적이 없어서 지금 당장 복측 선조체에 도파민이 넘쳐나고 있지 않을 것이다. 낮은 도파민 수치는 의욕을 느끼지 못하는 이유 중 하나이다.

둘째, 기분을 좋게 하고 도파민 수치를 높이기 위해, 인스타그램 피드나 주식 포트폴리오를 확인하는 것과 같이 즉각적으로 더 큰 보상을 안겨 주는 일을 하려는 유혹에 빠질 수 있다. "어머, 방금 DM이 하나 왔네." 이러한 활동들이 때때로 더 큰 보상을 안겨 준다는 것을 알기 때문에, 활동한다는 생각만으로도 도파민을 눈에 띄게 높일 수 있다. 그러나 인스타그램을 확인하기 시작하면 푹 빠진 나머지, 15분 후에도 여전히 보고서는 한 글자도 쓰지 못하고 있을 것이다.

《도파민 네이션》의 저자 애나 렘키(Anna Lembke)가 말했듯, '도파민은 가짐이 아니라 원함에 관한 것이다'.[3] 인스타그램 영상 시청을 예상하면 도파민 수치가 높아진다. 당장 피드를 확인하고 몇 개를 본다. 그러나 더 원하게 만드는 도파민 때문에 자신도 모르는 새에 계속 또 다른 영상을 찾고 있을지도 모른다. 핵심은 도파민 수치를 올리면서 잘못된 것(또 찾아서 보고 있는 귀여운 수달 영상처럼)이 아니라 '올바른' 것(이 경우 보고서 작성)을 원하게 만드는 것이다.

도파민이 방해꾼이 아니라 도우미로 작용하게 하자.

내 안의 피글렛 이용하기: 도파민이 초점을 바꾸는 방식

도파민은 매우 하고 싶고 익숙한 일을 원하게 만들기 때문에, 가장 좋아하는 아이스크림 먹기, 보드게임 하기 또는 뒤뜰 해먹에 누워 있기와 같이 이미 좋아하고 있는 것에 끌리게 되는 이유를 쉽게 알 수 있다. 예전에 이런 일을 무척 즐겼고, 보상을 얻을 수 있다는 사실도 알고 있다. 하지만 도파민이 어떻게 전혀 해 본 적 없는 보고서 작성과 같은 어려운 일을 원하게 만들 수 있을까?

브라운대학교 연구진이 이끈 국제 연구팀이 해답의 일부를 발견했다.[4] 이들은 먼저 실험 참가자마다 뇌(특히 복측 선조체)에서 사용할 수 있는 도파민이 얼마나 있는지 측정했다. 일부는 평상시 도파민 수치가 낮았고, 일부는 높았다.

이후, 연구진은 참가자들에게 알약 하나를 줬다. 제공한 알약은 위약 또는 뇌의 도파민 순환 수준을 높이는 약 두 가지 중 하나였다. 이어서 약이 효능을 보일 때가 되자, 참가자들에게 난이도를 포함한 장단점과 함께 여러 기억력 테스트에 관한 설명을 보여줬다. 참가자들은 응시하고 싶은 테스트를 선택했다. 쉬운 것도, 어려운 것도 있었지만, 어려울수록 돈을 더 많이 벌 수 있었다. 즉 더 어려운 테스트를 선택할 때 많은 돈이라는 작지만 실질적인 장려책이 있었던 것이다.

흥미롭게도, 선천적으로든 약 때문이든, 도파민 수치가 더 높았던 참가자들이 보다 어려운 테스트를 더 자주 선택했다. 도파민이 더 어려운 선택을 하도록 만든 것이다. 참가자들이 테스트를 선택하기 전에 어디를 봤는지 정확히 모니터한 결과에서 더욱 흥미로운 사실이 드러났다. 연구진은 도파민 수치가 높았던 참가자들은 선택하기 전에 보다 어려운 테스트의 장점(벌어들일 수 있는 돈)을 더 오랫동안 바라봤다는 것을 발견했다. 반면, 도파민 수치가 낮았던 참가자들은 단점(얼마나 어려울지)을 더 오래 쳐다봤다. 해야 할 일이 얼마나 어려울지에만 집중한다면 당연히 의욕이 나지 않는다.

다시 말해서, 도파민은 전혀 해 본 적 없는 일에서조차 장단점에 주의를 기울이도록 하는 다이얼 역할을 한다. 도파민 수치가 낮으면 장애물에 대해 곰곰이 생각할 수밖에 없다. 곰돌이 푸의 우울한 이요르처럼 "'정말' 노력할 가치가 있을까"라고 생각하게 한다. 그러나 도파민 수치가 높으면, 희망찬 피글렛처럼 "정말 노력할 가치가 '있어'"라고 생각한다. 도파민 수치가 적절하다면, 보통 피하던 도전들이 갑자기 더 매력적으로 다가온다.

나를 움직이는 음악 듣기: 보고서 작성이라는 이 두려운 업무를 하기에는 도파민 수치가 낮을 테니, 도파민을 높이는 몇 가지 방법을 살펴보자. 우리는 2장에서 도파민을 높이는 한 가지 전략으로 L-티로신 복용이 있다는 사실을 배웠다. L-티로신은 체내 도파민 생성을 돕는 아미노산이다. 따라서 보고서 작성에 흥미를 불러일으키려면, 쇠고기, 돼지고기, 닭고기, 칠면조 고기 또는 두부와 같은 L-티로신 함량이 높은 음식을 먹거나 L-티로신 보충제를 복용할 수 있다.

그러나 냉장고를 뒤지거나 약을 꾸준히 복용하지 않고도 시도할 수 있는 또 다른 간단한 전략이 있다. 전율이 이는 음악을 듣는 것이다. 퀘벡의 한 연구팀이 실시한 흥미로운 연구에 따르면, 성인이 좋아하는 음악을 듣거나 그 음악을 들을 거라 예상했을 때 보상과 의욕에 관여하는 핵심 뇌 영역인 복측 선조체에서 도파민이 상당히 증가했다고 한다.[5] 음악이 마음을 움직일 수 있다는 것은 알고 있었겠지만, 의욕까지 북돋운다는 사실은 몰랐을 것이다.

이 연구에서 신경과학자들은 모두가 인정하는 대표적인 고전 음악이나 인기 히트곡만 사용하지는 않았다. 실험 참가자들이 각자 듣고 싶은 음악, 즉 본인이 생각하기에 '전율이 이는' 음악을 직접 골랐다. 도파민 생성을 이끌어 낸 것은 남이 좋아하는 음악이 아니라, '그들'이 선택한 음악뿐이었다.

결국, '전율'이 중요했다. 음악에 반응을 보일 때 여러분은 빠른 호흡부터 체온 하락까지 일련의 변화를 겪는다. 일부 연구자들은 강렬한 음악을 들을 때 느끼는 즐거운 전율이 도파민 생성을 반영한다고 추측한다.[6]

이는 음악이 우리 마음을 '움직인다'는 생각에 새로운 의미를 부여한다. 라디오에서 정말 좋아하는 노래가 흘러나올 때 도파민이 생성되고, 그 도파민 덕에 어려운 목표를 향해 움직일 의욕이 생기는 것이다. (개인적으로, 나는 노래나 뮤직비디오에서 전율을 느낄 때마다 기억해 뒀다가 나중에 '도파민 도구 모음'으로 활용한다.)

냉탕에 뛰어들기(혹은 외투 벗기): 도파민 수치를 높이는 최신 유행법 중 하나는 찬물 샤워이다. '의도적 저온 노출(Deliberate cold exposure)'이라고도 하는 전략이다. 찬물에 몸을 담그면 도파민 수치가 증가하는 것으로 나타났다. 간단히 아침에 샤워하면서 온수를 잠그고 냉수를 틀어 최대한 견딜 수도 있고, 아니면 찬물로 채운 욕조에 바로 뛰어들어도 좋다.

불편할까? 안타깝게도 그럴 것이다. 모두가 인용하는 한 대표적인 연구에 따르면, 실험에 참가한 젊은 남성들(평균 22세)이 섭씨 14도인 물속에 앉아 있었다.[7] 수돗물 온도와 비슷해서 차갑지는 않은 물이었다. 그러나 그 안에 몸을 담그는 것은 어땠을까? 보통 섭씨 37~41도의 물로 뜨끈하게 샤워하기 때문에, 섭씨 14도는 '훨씬' 더 차갑다. 9월 오리건주 연안의 태평양 수온과 비슷하다. 대체로 잠수복을 입을 만한 수온이라서, 수영복을 입고 마구 뛰어들었다가는 "너무 추워!"라고 외치면서 곧바로 정신없이 나올 것이다.

만약 상쾌할 정도의 찬물로 15초간 샤워할 수 있다면, 도파민이 얼마나 증가할까? 쉽게 알 수는 없다. 앞서 살펴본 연구에서, 그 건장한 젊은 남자들은 목까지 차오를 정도로 찬물을 채운 수영장 안에 들어가 야외용 접이식 의자에 앉아 거북하게 60분을 보냈다. 혈액검사 결과, 도파민이 250% 상승했다. 이 책을 쓰는 현재까지, 40대 성인이 15분간 섭씨 15도로 찬물 샤워를 했을 때 도파민 수치가 어떻게 변하는지를 측정한 연구는 본 적이 없다.[8] 찬물의 영향은 얼마나 오래 지속될까? 다시 말하지만, 쉽게 알 수 없다. 계속해서 소개하고 있는 연구에서, 도파민 수치는 실험에 참가한 그 젊은 남성들이 몸을 닦고 1시간 후에 정점을 찍고 2시간 후에도 여전히 높았다. 그도 그럴 것이, 1시간을 꽉 채워 찬물에 몸을 담그고 있었기 때문이다.

나는 아침에 찬물 샤워를 해 봤다. 놀라울 정도로 활기가 돌아, 몸을 닦고 나면 무엇이든 할 수 있을 것처럼 열성이 넘친다. 그러나 가장 필요한 순간에 찬물 샤워라는 전략은 대체로 비현실적이다. 만약 오후 3시 30분에 마지막 업무에 의욕이 쉬이 나지 않는다고 자리에서 일어나 옷을 벗고 찬물 샤워를 하고서 다시 옷을 입고 자리에 돌아올 수는 없을 것이다. 아니면, 도심 공유 사무실에서 일하고 있는데 의욕을 높이고 싶다면 어떻게 해야 할까? 여러분은 어떤지 모르겠지만, 나는 사무실 건물에서 샤워를 해 본 적이 단 한 번도 없다.

그래서 다른 전략을 마련했다. 나는 종종 저온 산책을 통해 의도적으로 추위에 노출된다. 섭씨 1~7도일 때 밖에 나가는 것을 목표로 삼는데, 우리 동네에서는 1년 중 5개월간 이런 산책을 이어갈 수 있다. 나는 가벼운 옷(보통 긴팔 티셔츠와 얇은 레깅스 차림)을 입고, 모자나 장갑은 없이 허리에 코트(만약 무슨 일이 생겨 오랫동안 밖에 있게 되면 몸을 데우고 싶어질 테니까)를 동여맨다. 그런 다음 10~12분간 산책을 한다. 약 3분이 되면 추위를 느낀다. 6분 만에 '정말' 추워지고, 8분 만에 너무 불편해진다. 좋은 신호이다. 나는 놀랍도록 에너지 넘치고 무엇을 하게 되든 의욕에 차서 집으로 돌아온다.

무엇보다도, 이러한 산책은 동네에서, 도심 사무실에서 또는 겨울철 콘퍼런스에서 끝까지 자리를 지켜야 하는 긴 연설을 버틸 에너지가 필요할 때도 할 수 있다. 저온 산책으로 도파민을 얼마나 늘릴 수 있는지를 나타낸 어떤 데이터도 본 적이 없지만, 15분간의 찬물 샤워에 관한 데이터 역시 본 적이 없다. 적어도 내게 저온 산책은 훨씬 현실적이다. 게다가 2장에서 살펴봤듯 산책이 창의성을 높여주니, 저온 산책은 일석이조이다.

큰 컵에 커피 한 잔 마시기: 짐작하겠지만, 체내 도파민 증진을 유도하는 또 다른 방법은 카페인이다. 실제로 카페인 때문에 뇌에서 도파민이 더 많이 생기지는 않는다. 오히려 연구자들은 양전자 방사 단층 촬영(PET; Positron emission tomography) 기술을 이용하여 카페인이 도파민을 수용하고 그에 반응하는 복측 선조체의 뉴런 수를 증가시킨다는 사실을 보여주었다.[9] (여기서 '뉴런 수 증가'란 카페인이 새 뉴런을 생성한다는 말이 아니다. 카페인이 단기적인 해결사로 나서서, 복측 선조체에서 도파민에 반응하지 않던 기존 뉴런들이 도파민에 활성화되게 만든다.)

카페인 덕에 일부 뉴런의 도파민 수용성이 높아져 더 많은 도파민이 수용체에 결합할 수 있게 되면서, 뇌의 주요 보상 중추(Primary reward center) 중 하나에서 무언가를 추구하자는 강력한 신호를 받아 최우선 목표가 무엇이든 약간 더 흥미를 느끼게 된다. 카페인 음료를 마시면 정신이 더 맑아지는 느낌이 들겠지만, 그보다도 전에 느꼈던 무관심이 무언가를 하고 싶은 '원함', 즉 행동을 향한 욕망으로 대체될 것이다. 그러면 그 욕망을 인터넷 쇼핑몰에서 무언가를 적극적으로 찾는 것이 아니라, 성가신 보고서를 작성하는 방향으로 이끌어야 한다.

카페인은 얼마나 많이 필요하고, 언제 소비해야 할까? 카페인이 완전히 효과를 내기까지는 1시간 정도 걸릴 수 있어서, 의욕이 바로 생기지 않을 수도 있다. 그러나 점심을 먹으러 가는 길에 커피를 한 잔 마신다면, 사무실에 돌아와서 곧장 어떤 일에든 나서고 싶을 것이다. 안타깝게도 연구팀은 섭취량을 다양하게 테스트하지는 않았다. (PET 연구는 비용이 많이 들고 사람들에게 방사성 물질을 주입하기 때문에, 호기심을 충족하려고 실험 참가자들에게 연구실에 수차례 오라고 할 수는 없다.) 연구에서 테스트한 카페인 섭취량은 300mg이며, 이에 해당하는 음료와 용량은 다음과 같다.[10]

음료		카페인
스타벅스 그란데 사이즈 커피	약 450g	310mg
뱅 에너지 드링크	약 450g	200mg
던킨 도너츠 아이스 커피	약 680g	297mg
세븐일레븐 브루 커피	약 450g	280mg
파이브아워 에너지 샷	한 병	병당 200mg

나는 개인적으로 이 표가 무섭다. 카페인에 굉장히 예민해서 한 번에 300mg을 섭취하면 더는 가만히 앉아 있지 못할 것이다. ('왜 다들 느리게 말하지? 화장실에 가고 싶은데.' 부작용이 끝이 없다.) 나는 모닝커피를 정말 좋아하지만, 3~4시간 동안 약 150mg만 감당할 수 있다. 나처럼 카페인을 많이 섭취할 수 없다면 적은 양으로도 도파민 수용성과 의욕을 높일 수 있을 것이다. 그러니 초조해지지 않을 정도로만 섭취해 보자.

그리고 나와 정반대로 레드불 세 캔을 마시고도 더 마시려고 냉장고로 다시 갈 수 있는 사람들은 일일 카페인 섭취량을 400mg 이하로 유지하도록 노력하기 바란다. 미국, 캐나다, 유럽의 식이 지침에서는 400mg을 건강 상한으로 명시하고 있다.[11]

3. 자기 최면이 아니라 자기 확언을 해라

'동기부여 앱'이 궁금할지도 모르겠다. 그러한 앱은 많이 있고, 대부분 일일 긍정 확언이나 영감을 주는 인용문을 제공한다. 그렇다면 자기 확언(Self-Affirmation)이 실제로 의욕을 높여 줄까?

연구에 따르면 정말 도움이 되는 자기 확언이 있다고 하지만, 이러한 앱에서 흔히 볼 수 있는 '당신은 할 수 있어요'나 '당신은 강하고 유능해요' 같은 두루뭉술한 메시지는 아니다. 이러한 끊임없는 격려는 기분을 끌어올리고 하루를 시작하는 좋은 방법일 수는 있지만, 같은 연구에 따르면, 안타깝세도 그러한 격려를 듣고 괴로운 보고서를 작성할 가능성이 더 커지지는 않는다고 한다.

그렇다면 두려워하는 일을 하도록 의욕을 북돋우는 자기 확언은 어떤 유형일까? 이 유형은 원래 스탠퍼드대학교와 캘리포니아대학교 산타바버라 캠퍼스에서 개발한 것이다. 작동 방식은 다음과 같다. 첫째, 스스로 삶에서 가장 가치 있게 여기는 것을 생각해 보자. 아니, 꼭 일과 연관될 필요는 없다. 어렵다면 다음 목록을 보고 가장 중요해 보이는 가치를 고르자. 목록에 실린 가치는 대부분 어느 정도 중요할 것이다. 따라서 하나만 고르기 어려울 때는 '정말 기대되는 날이 있다면 그날 무엇에 집중할지' 스스로 따져 보기 바란다. 처음으로 떠오른 생각을 지침으로 삼으면 된다. 이때, 지켜야 할 기준은 없다.

- 친구 / 가족
- 종교 / 영성
- 여가 / 취미
- 건강 / 운동
- 여행 / 모험
- 창의성
- 유머
- 자연
- 독립
- 커리어

만약 (절대 완전하지 않을) 이 목록에 여러분이 생각하는 최상위 가치가 없다면, 거리낌 없이 추가해도 좋다.

이제, 미래에 이 가치에 시간이나 자원을 투자할 때를 그려 보고,

그것이 어떤 모습일지, 왜 여러분에게 중요한지 생각해 보자. 만약 친구와 가족을 선택했다면, 다음 주 저녁 식사 자리에 친구를 어떻게 초대할지 생각해 볼 수 있을 것이다. 친구에 머무르지 말고 생각을 이어 나가자. 몇 분간 곰곰이 생각해야 한다. 공책을 펴거나 문서 창을 새로 열고 4~5분간 친구들과 시간을 보낼 구체적인 방식과 함께 친구들을 중요하게 생각하는 이유를 적어 보자.

5분이 되면, 작성을 멈춘다. 이제 두려워하던 일을 시작하자. 아마 의욕이 더 날 것이다.

취미나 건강에 어떻게 시간을 투자할지 생각하는 게 완전히 무관한 일을 하는 데 도움이 될 수 있다는 사실이 이상해 보일 것이다. 그러나 신경과학자들은 이러한 유형의 가치 확언이 추진과 보상에 관여하는 뇌 영역과 복측 선조체를 활성화한다는 사실을 발견했다.[12] 그들이 도파민 수치를 측정하지 않은 탓에 도파민이 늘었는지는 알 수 없지만, 의욕을 높여 주는 핵심 뇌 영역이 작동하기 시작했다는 것만큼은 알 수 있다. (그들은 또한 실험에 참가한 사람들이 건강이나 운동을 최상위 가치로 꼽지 않았는데도 자기 확언 활동을 하고 일주일 후에 더 많이 운동하고 있다는 사실을 발견했다. 자연이나 가족에게 얼마나 관심을 두고 있는지 생각하는 것만으로도 건강관리와 같이 완전히 무관하지만 '해야 한다'고 알고 있던 일을 하도록 의욕을 충분히 북돋운 것이다.)

왜 이런 일이 효과가 있을까? 미래의 보상을 예상하면 복측 선조체가 활성화되어 추진력을 얻기 때문이다. 이러한 가치 확언 활동을 통해 자신을 더 넓은 시각으로 바라보고, 왜 이 자리에 있는지 상기할 수 있다. 자신의 핵심 가치를 상기할 때, 지금 당장 자아의식을 위협할 수도 있는 장애물을 더 쉽게 지나갈 수 있다.[13] 자신이 유능하고, 이 세상에 가치를 안겨 준다는 사실을 기억하면, 예를 들어 이 어려운 보고서가 여러분을 끝장내거나 좌지우지하는 것은 아니라는 사실을 깨닫게 된다.

여기서 한 가지 중요한 점이 있다. 연구자들은 미래 보상 경험을 예상하는 것이 복측 선조체의 핵심 역할이라서인지, 자신의 가치관을 아우르는 '과거' 경험을 떠올려 봐야 복측 선조체가 활성화되지 않는다는 사실을 발견했다. 그러니 만약 여러분이 가치 있게 여기는 것으로 우정을 택했다면, 가장 친한 친구와 함께한 어제의 점심 식사를 생각하지는 말자. 함께한 시간을 감사하고 행복했던 기억을 떠올리며 즐거워할 수는 있지만, 지금 당장 의욕이 샘솟지는 않을 것이다.

대신, 덜 친한 친구라도 좋으니 미래의 점심 약속을 구체적으로 상상하고, 이 약속이 왜 중요한지 생각해 보자. 단, 끝나고 나면 친구에게 문자를 보내지 말고, 보고서를 작성하기 시작하자! 나중에 여러분은 (친구와) 복측 선조체에게 고마워할 것이다.

추천 실습

'의욕'을 돕는 도구 모음 ────────────────────✦

- **더 큰 목표 찾기.** 진정한 의욕을 안겨 주고, 두려운 업무를 해내면 달성할 수 있는 더 큰 목표를 찾자.

- **도파민 이용하기.** '의욕' 호르몬인 도파민을 늘리면, 추진력을 강화하고 어렵거나 하기 싫은 일의 장점에 주의를 기울일 수 있다. 즉각적인 도파민 증진을 위해 다음 세 가지 방법 중 하나를 시도해 보자.

  ◇ **나를 움직이는 음악 듣기.** 전율이 이는 음악을 몇 분간 듣자.

  ◇ **냉탕에 뛰어들거나 외투 벗기.** 최대한 오래 찬물 샤워를 하거나 추운 날 옷을 가볍게 입고 산책에 나서 의도적으로 저온 노출을 해 보자.

  ◇ **큰 컵에 커피 한 잔 마시기.** 음료나 보충제를 통해 카페인 300mg을 섭취하자.

- **올바른 자기 확언 하기.** 5분간 가치 확언을 하자. 자신에게 굉장히 중요한 핵심 가치를 찾아내고, 그 특정 가치에 시간이나 자원을 투자할 미래의 한때를 구체적으로 적도록 하자.

최고의
성과를 내자

4장
더 많이 성취하자

여러분은 품고 있던 꿈에 한 걸음 더 다가가고, 더 성취하고 싶어 한
다. 그것도 아주 많이. 그래서 인터넷으로 '가장 생산적인' 사람들의
전략을 검색해, 더 많이 휴식하거나 점심 전에 가장 어려운 일 처리
하기와 같은 방법을 시도했다. 그러한 요령은 기한이 있는 탓에 압
박감 높은 일, 사람들이 나만 바라보고 있는 일처럼 급한 업무에 효
과적이다. 그러나 당장 기한이 없고 진전은 보이지 않으며, 누구도
신경 쓰지 않는 부차적인 프로젝트는 어떨까?

　여러분은 그렇게 개인적으로 중요한 프로젝트를 할 일 목록에
계속 넣어 두고 뚫어져라 쳐다보며 밑줄까지 치지만, 실질적인 진전
은 없다. 급한 일이 항상 먼저이다.

　내 지인들에게는 대체로 어떻게든 시간을 내서 이루고 싶은 큰

꿈이나 목표가 있다. 그것은 아마 다른 일을 끝마친다는 조건으로 상사가 허락한 사내 프로젝트일 수도 있고, 부업이거나 유튜브 채널 개설일 수도 있다.

그러나 하루는 24시간뿐이고, 이미 여러분은 틈틈이 시간을 쪼개 쓰고 있을 것이다. 현실은 정말 어렵다. 게다가 간절히 원해도 목표를 달성하지 못할 수도 있다는 사실을 밝힌 연구도 있다.[1] 어쨌든 새해 결심 세우기만큼이나 그 결심을 포기하는 것 역시 전통적이다.

세상에는 생산성 전문가가 많지만, 신경과학에는 몇 가지 색다른 조언이 있다. 큰 목표를 달성할 때는 하지 말아야 할 일 하나와 해야 할 일 네 가지가 있다.

✦ 알고 보면 효과 없는 행동

분명 오프라 윈프리는 일을 해내는 방법을 알지만(이보다 더 잘할 수 있을까 싶을 정도로), 큰 꿈을 이루고 싶다면 그녀의 웹사이트에 게시된 인기 있는 조언 하나를 무시해야 한다. 비전 보드를 만들지 말자.

자기 계발 웹사이트와 인생 코치들은 '꿈을 보여준다'며 비전 보드의 장점을 내세운다. 여기서 조언은 보통 다음과 같다. 이루고 싶은 것, 도달하고 싶은 곳을 상징하거나 영감을 주는 이미지나 문구들을 찾아 벽보판에 보기 좋게 배치해, 이상적인 결과를 눈에 잘 띄는 곳에 걸어두자. 지향점과 목표 달성 후 성취감을 보여주는 그림이다.

언뜻 말이 된다. 보이지 않는 것은 이룰 수 없기 때문이다. 그렇지 않은가?

맞기도 하고 아니기도 하다. 구체적인 목표를 가지는 것은 중요하며, 왜 그런지는 곧 자세히 살펴볼 것이다. 그러나 원하는 이상적인 결과와 그 결과에 도달했을 때 느낄 놀라운 감정에 지나치게 집중하면 역효과를 낼 수 있고 실제로 의욕을 꺾을 수도 있다. (《시크릿(The Secret)》이야기는 이쯤에서 그만하자.)

연구자들은 이상적이고 긍정적인 미래를 상상할 때 추진력을 잃는다는 사실을 발견했다.[2] 한 연구에서 이상적인 결과를 상상한 참가자들이 중립적인 결과를 상상한 참가자들보다 목표를 향한 활력과 열정이 덜했다. 장밋빛 미래를 그리며 환상을 가질 때 즉시 혈압이 떨어졌는데, 혈압은 활력과 열정이 어느 정도인지 알려 주는 믿을 만한 지표이다. (우리는 보통 저혈압이 좋다고 생각한다. 건강에는 전반적으로 사실이나, 노력을 쏟아야 하는 미래 사건을 상상할 때는 단기적인 혈압 상승이 더 바람직하다. 신체가 힘을 내어 어려운 일에 대비하고 있다는 뜻이기 때문이다.) 연구 결과, 특히 우려스러운 점은 완벽한 미래를 상상할 때 혈압이 가장 많이 떨어진 집단이 누구보다 목표를 원했고, 성취욕이 가장 컸던 참가자들이었다는 사실이다.

추진력이 떨어지면 당연히 즉각적인 결과에 영향을 미친다. 원하던 결과를 생생하게 자세히 그리며 긍정적인 환상을 품었던 사람들이 일주일 후에 보니 생각 몇 개를 적는 데 그쳤던 사람들보다 성취도가 낮았다.[3]

이외에도, 비전 보드는 반갑지 않은 부작용을 하나 더 가져올 수 있다. 바로 우울증에 걸릴 위험에 처한다는 것이다. 심리학자들은 미래에 대해 긍정적인 환상을 품으면 지금이야 기분을 끌어올리고 우울함을 줄일 수 있지만, 인상적인 성과를 내겠다는 환상을 가지고 있으면 나중에는 '더 많은' 우울 증상을 보일 수 있다는 사실을 발견했다.[4] 사람들은 부정적이거나 중립적인 미래를 상상했을 때보다 목표를 달성한 완벽한 미래를 상상했을 때 더 우울감을 느꼈고, 성과에 대한 환상이 긍정적일수록 6개월 후 더 우울해했다. 긍정적인 환상을 품은 사람들이 더 우울한 한 가지 이유는 그들이 미래에 대해 중립적이거나 부정적인 견해를 가진 사람들보다 목표 중 하나에 훨씬 더 적은 시간을 들여 진전이 별로 없었기 때문이다. 시간은 흐르는데, 그들은 제자리였다.

핵심은 분명하다. 노력을 쏟아야 하는 일이 있다면, 그 일을 끝마쳤다고 상상하지 말자.

영광스러운 결과를 세세히 그리며 장밋빛 미래를 상상하면 왜 역효과가 날까? 한 가지 이론은 긍정적인 미래라는 환상을 품으면 그 탐스러운 보상을 일을 모두 다 끝내고 나서가 아니라 '지금' 정신적으로 경험한다는 것이다. 신경과학이 이 견해를 뒷받침한다. 연구자들은 보통 높은 수준의 보상과 연관된 뇌 부분, 즉 편도체(Amygdala)의 특정 부분이 긍정적인 미래를 상상할 때 활성화된다는 것을 발견했다.[5] 이로 인해 당장 놀라운 기분을 느낄 수는 있지만, '이미' 원하는 기분을 느꼈으니 실제로 목표에 도달하기 위해 열심히 할 이유가 있을까?

효과적인 행동

1. 과정을 상상하라

'알고 보면 효과 없는 행동'의 교훈은 더 많이 성취하고 싶다면 시각화를 피해야 한다는 것 같다. 그러나 사실이 아니다. 올바른 방식이라면, 시각화는 목표를 달성하도록 도울 수 있다. 이때 비결이 있다. 목표 그 자체가 아니라 원하는 목표를 향해 나아가는 '과정'을 상상하자. 연구자들은 결과를 향해 나아가는 과정을 상상해야 더 오랜 시간 노력하여 결과를 달성할 가능성이 커진다는 사실을 발견했다.[6]

다소 추상적으로 느껴질 수 있으니, 예를 하나 살펴보자. 만약 목표가 책을 쓰는 것이라면, 퇴근하고 와서 가장 편한 옷으로 갈아입고 차 한 잔을 가지고 컴퓨터 앞에 앉아 글을 쓰는 모습을 상상하자. 유혹이 미치지 않을 곳에 휴대전화를 놓는 것도 생각해 보자. 한두 쪽을 쓰고 나서 노트북을 닫는 것까지 전체 과정을 그리는 것이다.

자, 시각화는 효과적이다. 그러나 효과적인 시각화는 적어도 화려한 비전 보드를 만드는 재미에 비해 다소 지루하다. 과정을 상상하는 것은 대체로 매력적인 일은 아니지만, '정말' 효과적이다.

'정도를 걷는' 뇌

뇌과학을 들여다보면, 과정을 상상하는 것이 효과적인 이유를 이해할 수 있다. 언뜻 보기에는 실행 계획을 세우면 계획이 곧 반이기 때문에 효과가 있을 듯하다. 이것이 전부일 것 같지만, 신경 영상이 훨씬 더 흥미로운 이야기를 들려준다.

하버드대학교와 코넬대학교 연구진은 기능적 자기공명영상(fMRI, Functional magnetic resonance imaging)을 사용해, 사람들이 목표를 달성하기 위해 거쳐야 할 몇 가지 단계를 상상할 때 뇌에서 어떤 일이 일어나는지 살펴봤다. 그리고 나서 목표를 달성한 뒤 찾아올 법한 즐거운 상황을 상상할 때 일어나는 일과 비교했다.[7] 목표가 건강한 식습관이었다고 해 보자. 단계를 상상해 보라고 요청받은 사람들은 유기농 채소와 닭 가슴살을 한 아름 사서 맛있는 음식을 만들고, 남들이 디저트로 케이크를 먹을 때 과일을 먹는 모습을 상상했을 것이다. 우리는 이 집단을 계획자(Planner)라고 부를 것이다. 일어날 법한 결과를 상상해 보라고 요청받은 사람들은 가장 좋아하는 청바지가 딱 맞고, 더 많이 셀카를 찍고, 체중계 눈금이 더 작은 숫자를 가리키는 모습을 상상했을 것이다. 이 집단은 승리자(Winner)라고 부르자.

연구팀은 두 집단에서 작동하는 뇌 부위가 다르다는 사실을 발견했다. 전에 살펴봤듯, 영광스러운 결과를 상상하는 승리자에게서는 보상과 경이로움을 느끼는 것과 연관된 부위가 활성화되었다. 왜 아니겠는가? 다시는 못 입을 것만 같았던 옷이 딱 맞으면 놀라울 것이다.

계획자는 어땠을까? 목표를 향해 나아가는 과정을 상상했던 그 사람들에게서는 더 많은 뇌 부위가 활성화되었다. 실제로, 다섯 배 더 많았다. 단계를 전부 계획하는 데는 (더 많은 뇌 부위가 관여하고) 더 큰 노력이 필요하다. 나는 계획자의 뇌에서 발화한 뇌 영역을 전부 살펴보는 대신, 구별되는 한 영역을 강조하려 한다.

승리자보다 계획자의 경우에 활성도가 가장 많이 증가한 부위는 뇌의 우측 앞쪽에 있는 배외측 전전두피질(Dorsolateral prefrontal cortex)이었다. (배외측 전전두피질은 꽤 길고 복잡한 말이라서, 신경과학자들은 대체로 우측 dlPFC라고 부른다. 그게 더 나은지 개인적으로는 잘 모르겠다.) 보통 배외측 전전두피질은 여러 가지를 동시에 기억하는 데 중요하다. 예를 들어 건강한 식단을 계획한다면, 식료품 목록부터 조리 시간 그리고 케일을 줬다고 불평할 사람까지 여러 요소를 함께 생각하고 있을 것이다.

그러나 뇌의 우측 배외측 전전두피질은 어떨까? 특별하다. 검지를 양옆으로 흔들듯 거절을 표현하는 부위이다. '하고 싶은' 일이 아니라 '해야 하는' 일을 마침내 하기로 결정할 때 특히 활발하다.[8] 우측 배외측 전전두피질은 솔깃한 선택지를 보고 앞에서 갈등을 겪다가 어려운 길을 택할 때 발화한다.

그리고 지금은 큰 기쁨을 주지 않아도 나중에는 더 큰 성취감을 안겨 주는 어려운 길을 택한다는 결정은 도전적인 목표를 달성하는 데 무척 중요하다. 여러분은 이렇게 말해야 한다. "나는 케이크 대신에 베리 한 그릇을 먹을 거야." 또는 "나는 넷플릭스를 보는 대신에 30분간 책을 쓸 거야." 추진력을 최대치로 끌어올리기 위해서는 거절할 줄 아는 뇌 영역인 우측 배외측 전전두피질이 필요하다. 하나하나 밟아 나갈 모든 단계를 구체적으로 상상하고 방금 소개한 특정 뇌 부위를 활성화하면, 목표를 향해 나아가고 결국에는 달성할 가능성이 커진다는 것은 당연한 일이다. 그러니 그 과정을 상상하며 뇌가 방해꾼이 아니라 도우미가 될 수 있게 하자.

2. 약어에서 벗어나 다르게 목표를 설정하라

지루할 수도 있겠지만, 과정을 시각화하는 것은 신경과학을 통해 왜 효과가 있는지가 입증된 목표 달성 전략 중 하나다. 만약 우리가 뇌과학에 집착한다면, 여기서 멈추면 된다. 이번 장은 끝이다. 그러나 심리학 연구에서 지목하는 몇 가지 '다른' 전략들도 있다. 현재로서는 그 작동 방식을 설명하는 신경과학적 자료가 많지 않음에도, 잘 정리되어 있는 전략들이기에 이를 공유하고자 한다.

목표 설정 방식이 목표 달성 가능성을 높여 줄까?

아마 힘차게 고개를 끄덕이며 이렇게 생각하는 사람들도 있을 것이다. '당연하죠. 성과 지표를 설정하기 위해서는 올바른 목표 설정 체계가 필요하다고요.' 아마 여러분은 OKR(Objectives and Key Results,

목표 및 핵심 결과 지표)의 팬일 것이다. 아니면 KPI(Key Performance Indicators, 핵심 성과 지표) 진영에 있을 수도 있다. 몸담은 조직에 따라 OKR, KPI 또는 SMART(Specific, Measurable, Achievable, Realistic, and Time-Bound, 구체적, 측정 가능, 달성 가능, 현실적, 기한 설정) 목표가 있을 것이다. 이렇듯 목표 설정의 세상에는 약어가 참 많다.

많은 조직에서 목표 설정 체계 중 하나 이상을 채택했지만(구글이 1999년에 OKR을 적극적으로 채택했기 때문에 직원 수 60명에서 13만 5000명까지 성장했다는 말이 있다), 체계 중 어느 것도 '지속적인' 행동 변화를 이끌어 낸다는 것을 보여주는 과학적 데이터는 별로 없다. 팀에서 OKR을 설정하면 목표를 달성할 가능성이 더 커질까? KPI를 정의하면 전보다 성취도가 높아질까? 설문 결과, 관리자들은 OKR을 좋아하고, 그 덕에 팀을 더 효과적으로 이끈다고 생각한다고 응답했다.[9] 그러나 여론조사에는 종종 편견이 많이 끼어 있다. 어쨌든 분기마다 며칠씩 새로운 OKR을 설정하고 평가했다면, 단순히 많은 시간을 투자했고 스스로 시간 낭비자라고 여기지 않기 때문에 효과적이라고 생각할 것이다.

복잡한 약어를 제쳐 두고, 어떤 종류의 목표가 행동 변화 가능성을 가장 잘 이끌어 내는지에 대해 밝힌 과학 연구가 '있다'. 140건 이상의 논문을 메타 분석(즉 다른 과학 연구 결과를 평균 낸 연구)한 결과, 가장 효과적인 목표는 다음을 모두 포함하는 것으로 나타났다.

- 어렵지만 달성할 수 있다.
- 개인적이지 않고 공개적으로 설정된다.
- 집단 목표로 설정된다.[10]

직관에 어긋나는 발견도 하나 있었다. 어려운 목표가 더 바람직했다는 것이다. 연구진은 메타 분석에서 더 어려운 목표를 설정한 사람들이 더 쉬운 목표를 설정한 사람들보다 목표 달성 가능성이 더 높았다는 사실을 발견했다. 물론, 50세에 키가 150cm밖에 안 되는데 NBA에서 뛰겠다는 것과 같은 불가능한 목표는 전혀 진전이 없을 것이다. 그러나 해낼 수 있고 시간이 충분히 주어진다면 어려운 목표라도 달성할 가능성이 더 높았다. 그러니 조금 힘들지만 달성 가능한 목표를 세우자.

어려운 목표를 달성할 가능성이 높은 이유 가운데 하나는 목표가 쉬우면 의욕이 별로 나지 않고 최소한의 단계만 밟아도 되기 때문이다.[11] '매일 아침 물 한 잔 마시기'라는 목표는 쉽지만 꽤 지루하다. 유리컵에 물을 따라 마시면 끝이다. 반면, '처음으로 5km 달려보기'는 더 흥미로울 뿐만 아니라 해내기도 어렵고 훈련과 헌신이 필요하다. 이 목표에 도달하는 데는 여러 단계가 있고, 앞서 봤듯이 과정을 상상하고 계획하면 목표 달성 가능성이 커진다. 게다가 조금씩 더 멀리 달리고, 큰 목표에 더 가까워질 때마다 영감을 받고 의욕이 생긴다.

'공개' 목표는 단순히 파트너나 친한 친구에게 목표를 공유하여 설정할 수 있다. SNS를 이용하면 거의 모든 목표를 공개할 수도 있다. 아니면 옛날 방식대로 사무실 화이트보드에 목표를 적어 남들이 볼 수 있게 해도 된다. 내 친구는 여기에 심지어 진행 일수까지 기록하여 (공사장에 세워둔 '무사고 일수' 표지판의 지식 노동자 버전인 듯) 연속해서 며칠이나 그 목표를 위해 최소 15분을 보냈는지를 표시한다. 너무나 안타깝게도 그 친구는 하루를 놓치면 연속 일수를 0으로 재설정해야 한다. 주위 사람들은 진행도를 보고 축하하거나 위로하기를 즐긴다. 나는 이 시스템을 너무 좋아해서 친구에게 연속 일수 현황을 사진 찍어 보내 달라고 부탁하곤 한다.

집단 목표 설정은 앞서 소개한 목록에서 가장 달성하기 어려운 항목일 것이다. 대체로 유튜브 채널 개설이나 사무실 종이 더미 정리와 같은 개인적인 목표는 집단 목표가 아니지만, 코칭 앱을 사용하면 집단 목표의 효과를 일부 누릴 수 있다. 목표를 설정하고 가상 코치와 함께 그 목표에 도달하도록 돕는 골스원(GoalsWon), 코치.미(Coach.Me)와 같은 앱이 있다. 이 책을 쓰던 당시, 같이 브레인스토밍하고 나를 감시해 줄 파트너가 생기는 비용은 단돈 3달러에 불과했다. (344개의 행동 변화 앱을 대상으로 실시한 독립 평가에서, 사회과학자들은 성공적인 행동 변화를 이끌어 내는 광범위한 기법을 포함했다는 이유로 코치.미에 비교적 높은 점수를 줬다.[12] 골스원도 비슷한 기능을 제공하지만, 평가가 공개된 후 출시되었다.)

잠시 시간을 내서 자신의 목표를 생각해 보자. 너무 쉽거나, 개인적이거나, 혼자서만 노력한다면, 이제 무엇을 바꿔야 할지 알 것이다.

3. 돌발상황에 대비해 '만약/그렇다면' 가드레일을 준비해라

진지하게 목표를 추구하는 사람들에게 필요한 전략이 2개 더 있다. 첫째, 연구에 따르면 만약/그렇다면 계획을 세워야 한다. 다양한 시나리오를 충분히 생각하고, 'X가 일어나면 Y를 할 것'이라고 말할 수 있어야 한다는 것이다.

책을 쓰는 것이 목표라고 해 보자. 10년 넘게 간절히 바랐지만, 가장 좋아하는 저자의 웹사이트를 방문하여 스크롤을 내리며 조언을 구하는 것 이상으로는 진전을 이루지 못했다. 그렇다면 안타깝지만 읽기만 했을 뿐 쓰지는 않은 것이다.

심리학자들이 '구현 계획(Implementation planning)'이라고도 부르는 만약/그렇다면 계획은 다양한 시나리오를 떠올리고 각각 어떻게 반응할지 깊이 생각하는 것을 의미한다. 이 계획은 특히 두 가지 가능성을 깊이 생각할 때 효과적이다. 첫째는 목표에 뛰어들어야 할 기회이고, 둘째는 목표에서 벗어나게 할 수 있는 유혹이다.[13] 책을 쓴다는 목표를 세우면, 만약/그렇다면 문장은 다음과 같을 것이다.

- 출근길에 버스를 타고 자리가 나면(기회), 최소 15분간 글을 쓸

것이다.

- 배우자가 주말 오후에 아이를 데리고 나가면(기회), 그 시간에 글을 쓸 것이다.
- 집필 작업을 하다가 졸리기 시작하면(유혹), 계단을 몇 번 뛰어서 오르내리며 잠에서 깬 뒤 다시 글을 쓸 것이다.

어떤 만약/그렇다면 문장은 특정 시각과 장소에 초점을 맞춘 반면, 일을 시작할 때 기분이나 방해가 될 만한 일에 초점을 맞춘 문장도 있다. 어차피 기억도 못 할 테니 문장을 30개나 만들 필요는 없다. 작게 시작해도 좋다. 시간을 더 잘 활용하고 목표에서 벗어날 가능성이 큰 순간에 대처할 계획을 제시하는 만약/그렇다면 문장 3개를 신중히 선택하자. 그리고 자주 볼 수 있는 곳에 저장해 두자. 리멤버 더 밀크(Remember the Milk)와 같은 일일 알림 앱을 사용하여 언제 어디서 나만의 만약/그렇다면 알림을 받을지 쉽게 설정할 수 있다.

나는 만약/그렇다면 문장을 가드레일이라고 생각한다. 경로를 벗어나도 나를 붙잡아 줄 안전장치이기 때문이다. 가장 좋아하는 만약/그렇다면 가드레일은 다음과 같다. '20분 이상 책상 앞에 앉아 있었는데도 일을 시작하지 못했다면, 헤드폰을 끼고 (집중력을 다룬 1장에서 소개한) 바이노럴 비트를 들을 것이다.' 나는 이럴 목적으로 에어팟을 책상 위에 둔다. 그러면 언제나 집중력을 유지할 수 있다.

연구에 따르면, 만약/그렇다면 계획은 매우 효과적이라고 한다. 이 계획을 꾸준히 사용하는 사람들은 사용하지 않는 사람들에 비해 고환암 자가 검진부터 책과 같은 주요 글쓰기 프로젝트 완료까지 다양한 목표에 도달할 가능성이 훨씬 더 높다.[14]

4. 올바르게 진행 상황을 확인해라

이 마지막 전략은 간단하고, 놀라울 정도로 효과적이다. 그러나 연구에 따르면 이상하게도 사람들이 종종 피하는 전략이다. 만약 목표에 도달하고 싶다면 진행 상황을 확인하도록 하자. 무엇을 성취했으며, 그것이 목표와 어떻게 비교되는지 정기적으로 기록해야 한다. 이러한 활동은 여러분이 얼마나 진행했는지 살펴보고, 다른 전략을 시도해야 할 때를 식별하며, 목표를 최우선으로 유지하도록 동기를 부여한다.

연구에 따르면, 진행 상황을 성공적으로 확인하는 데는 두 가지가 필요하다고 한다.[15] 우선 방금 배운 대로 (목표뿐만 아니라) 진행 상황을 공개하자. 진행 상황을 적어도 한 사람과 공유하면 도움이 된다는 사실을 밝힌 연구도 있다. 따라서 파트너나 배우자에게 주간 확인을 해 줄 수 있는지 물어보자. SNS도 마치 코치처럼 도움이 될 수 있다. 내 친구가 사무실 화이트보드에 기록하는 연속 일수 현황 역시 효과적일 수 있다. 목표뿐만 아니라 연속해서 며칠 동안 목표에 노력을 기울였는지 공개적으로 기록할 수 있기 때문이다.

또한 여러분은 진행 상황을 직접 기록하여 목표에 도달할 가능성을 높일 수 있다. 어쩌면 어깨 한 번 으쓱하고 이렇게 말할지도 모르겠다. "저는 아침에 샤워하면서 마음속으로 진행 상황을 검토하고 있어요." 기분이야 나아지겠지만, 더 많은 일을 하는 데 도움이 되지는 않는다. 진행 상황은 적어야 한다. 앱을 사용하거나 공책에 집계할 수도 있다. 개인적으로, 나는 엑셀 스프레드시트를 좋아해서 일주일 이상 걸리는 프로젝트는 거의 모두 시트를 만들지만, '다들 취향대로 해도 좋다'.

이 전략에는 잘 보이지 않는 한 가지 수정 사항이 있다. 처음에 목표를 위해 노력하기 시작할 때는 할 일이 얼마나 남았는지가 아니라 이미 얼마나 많은 일을 했는지에 집중하자. 예를 들어 발표를 준비한다면, 오늘 슬라이드를 4개나 작성했다는 것에 주목하자는 것이다. 만약 처음으로 하프마라톤에 참가하고 싶다면, 10분을 달리다가 20분이나 달리기 시작했을 때를 기록하자. 이것이 바로 감정 조절(Emotion regulation)이고, 연구에 따르면 완료한 1%에 집중해야 남은 99%에 집중하는 것보다 더 의욕이 생긴다고 한다.[16] (이 문장을 보고 풀이 죽었다면 내 주장이 제대로 전달된 것이다.) 해낸 일에 자부심을 느끼도록 하자.

그러나 프로젝트의 중간 지점을 지나면, 시선을 옮겨 할 일이 얼마나 남았는지 집중하자. 커리어 계발을 위해 석사 프로그램에 지원하려고 지원서를 절반 이상 썼다고 해 보자. 그러면 추천서와 성적

증명서를 요청하고 지원서를 작성하는 데 30시간 이상을 보냈다는 것 말고, 써야 할 에세이가 아직 2개 더 있다는 사실에 집중하자. 우리는 대부분 얼마나 많이 했는지 또는 얼마나 남았는지 둘 중 하나에만 너무 오랫동안 집착하는 편이다. 연구자들은 중간에 초점을 옮길 때 더 빠른 진전을 이루고 추진력을 유지하며, 목표에 도달할 가능성이 더 크다는 사실을 발견했다.

따라서 생산성을 최대한 높이고 싶다면, 진행 상황을 확인하는 데 한 가지 전략만을 채택하고 프로젝트의 전체 흐름에 효과적일 거라 기대하지 말자. 결승선에 가까워질수록 총명하게 전략을 바꿔야 한다.

추천 실습

'더 많은 성취'를 돕는 도구 모음 _____ ✦

- **과정을 상상하기.** 대부분의 비전 보드처럼 목표를 달성했다는 장밋빛 결과를 시각화하는 것보다는 목표를 향해 차근차근 나아가는 보다 일상적인 과정을 상상하자.

- **다르게 목표를 설정하기.** 어렵지만 달성할 수 있는 큰 목표를 세우고, 사람들에게 공개하자. 개인 목표보다는 집단 목표로 만들도록 하자.

- **만약/그렇다면 가드레일을 준비하기.** 목표를 달성하려 할 때 힘을 실어줄 기회뿐만 아니라 목표에서 멀어지게 할 유혹까지 파악하고, 그 순간을 지나도록 인도해 줄 만약/그렇다면 문장을 작성하자. 단 3개의 문장으로 시작해도 좋다.

- **올바르게 진행 상황을 확인하기.** 진행 상황을 기록하고 정기적으로 공개하자. 프로젝트를 시작할 때는 얼마나 성취했는지에 집중하고, 절반을 지났을 때는 시선을 옮겨 얼마나 남았는지에 집중해야 한다.

5장
발 빠르게 생각하자

오전 10시에 어려운 사람들을 앞에 두고 중요한 발표를 한다고 해보자. 상사, 상사의 상사, 공격적으로 '발표자 기죽이기'를 즐기는 연구개발 부서 그 인간까지. 모두 그 자리에 있을 것이다.

발표 자료를 준비했고, 내용도 다듬었지만, 여전히 초조하다. 누군가 예상치 못한 질문을 던져서 머릿속이 하얘진다면? 기기가 말을 안 들어서 발표 자료를 보여주지 못한다면? 초조한 탓에 자꾸 머리카락을 만지작대면 어떻게 해야 할까? 가장 중요한 건, 어떻게 하면 민첩하고 능숙하게 생각해서 열심히 준비한 모든 것을 설득력 있게 전달할 수 있을까?

중요한 발표를 위해서는 강력한 집행 기능(Executive function)이 필요하다. 집행 기능은 인지심리학자들이 낯선 상황에서도 복잡한 일을 할 수 있게 해 주는 고차원적 수준의 정신 능력을 이르는 말이다.[1] 우선, 여러분은 발표 '전'에 대본을 쓸 때 집행 기능을 사용한다. 이것을 플랜 A라고 하자. 모든 것이 잘 풀릴 거라는 가정하에 세운 계획이다.

그러나 기기가 고장 나고 사람들이 웅성거리기 시작하는 등 원래 계획이 기대를 저버린다면 발표 '도중'에도 집행 기능을 사용한다. 모든 사람들 앞에 서서 재빨리 즉흥적으로 플랜 B를 세워야 한다. 집행 기능이 최고조일 때 여러분은 세상이 어떤 문제를 던져도 목표를 달성하기 위해 몸과 마음을 조정할 수 있다.

집행 기능은 발표만을 위한 것이 아니다

'집행(Executive)'이라는 단어가 붙으면 뭐든 인상적인 말이 된다. 그런데 '집행 기능'이라는 말은 대체 무슨 뜻일까? 무엇이 집행 기능이고 무엇은 아닌지 알고 싶다면, 다음 페이지에 실린 요약 내용을 보면 된다.

유연해지자

집행 기능은 세 가지 인지 능력을 포함한다.[2] 첫째, 몇 가지 정보를 마음속에 잠깐 담아두는 능력인 작업 기억(Working memory)이

집행 기능에 관한 **거짓**	집행 기능에 관한 **진실**
경영진에게만 필요한 능력이다.	직장에서 (그리고 삶에서도) 우리 다수에게 필요한 능력이다. 새로운 문제를 해결하려고 할 때 기존 방식에 기댈 수 없다면, 집행 기능이 필요하다. 새 프로젝트를 계획하고, 새로운 정보를 바탕으로 우선순위를 변경하고, 또는 팀 내 갈등을 해결할 때마다 집행 기능에 의존한다.
임원의 영향력과 같은 것이다. 외적인 능력이며, 여러분이 내보이는 진중함과 자신감, 다른 사람들에게 남기는 인상을 반영한다.	대체로 내적인 능력이다. 새로운 상황, 압박이 크게 가해질 여지가 있는 상황에 처해도 명확하면서도 복잡한 방식으로 생각할 수 있는 정신적 민첩성을 포함한다.
어린이나 ADHD 환자만 아니라면 쉽게 숙달할 수 있다.	누구나 어려움을 겪을 수 있다.

다. 이것은 정보를 담고 있는 작은 고리나 메모지 같다. 만약 휴대 전화로 받은 여섯 자리 보안 코드를 웹페이지에 입력할 때까지 혼자서 (마치 고리 속에 있는 듯 제자리에서 빙글빙글 돌듯 정보를 반복해서) 계속 웅얼거린다면, 작업 기억을 사용하고 있는 것이다. 둘째, 억제 (Inhibition)이다. 하려는 업무와 관련 없는 모든 것을 무시하려고 하는 것을 말한다. 만약 보안 코드를 외우고 있는 동안 자녀에게서 문자 메시지를 받았으나 그 문자를 열지도 않고 무시한다면, 이것이 억제이다. 마지막으로, 인지 유연성(Cognitive flexibility)이다. 인지 유연성이란 변화하는 상황에 빠르고 쉽게 적응하는 능력이다.

발표할 때는 이 세 가지 집행 기능이 모두 필요할 수 있다. 만약 두서없이 이어지는 질문을 받는다면(장담컨대 누구나 종종 겪는 일일 것이다), 질문 내용이 무엇인지 파악하는 데 작업 기억이 필요하다. 또한, 발표하면서 머리카락이나 펜을 만지작거리지 않으려면 억제가 필요하다. 만약 발표 직전에 어떤 동료에게서 짜증나는 이메일을 받는다면, 그 이메일을 잠시 잊고 발표에 집중할 수 있도록 강한 억제가 필요하다.

그러나 오늘날 가장 중요한 능력은 인지 유연성일 것이다. 변화구처럼 예상치 못하게 날아든 질문에 대처하고, 기술적 문제를 해결하고, 또는 돌발상황에 적응하는 것이 걱정된다면, 인지 유연성이 필요하다. 나는 이 세 가지 인지 능력을 간단히 '집행 기능'이라고 칭하겠지만, 인지 유연성 향상에 특히 좋다는 연구 결과를 보인 전략을 소개할 것이다.

효과적인 행동

1. 스트레스를 줄여라

가장 필요한 날에 어떻게 집행 기능을 높일 수 있을까? 정신적 민첩성을 향상하는 한 가지 방법은 스트레스 수치를 낮추는 것이다.

급성 스트레스(Acute stress)는 몇 분, 몇 시간 또는 며칠 동안 겪는 스트레스로서 집행 기능에 타격을 준다. 특히 인지 유연성에 해를 끼친다.[3] 스트레스를 받고 문제에 부닥치면 종종 한 가지 해결책만 생각나고, 그 해결책이 효과적이지 않으면 효과를 볼 때까지 매달린다. 그 순간에는 다른 생각이 나지 않지만, 지나고 나서 그날 밤 편하게 쉬고 있을 때 갑자기 또 다른 해결책이 떠오른다. 만약 발표 중이라면, 발표 스트레스를 받지 않는 청중 한 명이 앞으로 나아갈 길을 보고 제안할 수도 있다. 발표자인 여러분은 왜 생각하지 못했을까? 스트레스를 받았기 때문이고, 그럴 때는 유연하게 생각하기가 훨씬 더 어렵다.

13장에서 급성 스트레스에 대처하는 많은 전략을 소개하겠지만, 일단 시도할 수 있는 한 가지는 마음 챙김 명상이다. 의식적으로 현재에 주의를 기울이고 호흡에 집중하는 마음 챙김 명상이 스트레스를 줄인다는 사실을 여러 연구가 보여준다.[4] 그렇다면 얼마나 많이 명상해야 스트레스를 줄이는 데 충분할까? 연구자들은 대부분 참가자들에게 여러 차례 집중 훈련 시간을 제공하거나 한 달 이상 명상할 것을 요청하는데, 그렇게 반복적으로 수련하다 보면 당연히 스트레스를 줄일 수 있다. 그러나 일부 과학자들은 20분짜리 마음 챙김 명상 한 번만으로도 즉시 스트레스 수치를 낮추는 데 충분하다는 사실을 발견했다.[5] 20분 마음 챙김 명상은 유튜브에서 찾을 수 있다. 명상 한 번만으로는 진정 효과가 오래 지속되지는 않을 테니, 초조한 일을 앞두고 있다면 시작 1시간 전에 미리 명상하도록 하자.

이미 즐겨 찾는 스트레스 해소법이 있다면 발표 전에 그 방법을 사용해도 된다. 좋아하는 플레이리스트에서 몇 곡을 들을 수도 있고, 오늘의 낱말맞추기 퀴즈를 할 수도 있고, 아니면 평소처럼 샤워를 하는 대신 따뜻한 물에 몸을 오래 담그는 목욕을 할 수도 있다. 내게는 반죽을 치대는 것이 가장 좋아하는 이완 요법(Relaxation technique) 중 하나였다. 믿을지 모르겠는데, 나는 논문 심사 당일 아침에 스트레스 수치를 낮추고 싶어 시간을 내어 집에서 이스트 빵을 만들었다. 효과가 있었다. 답변이 술술 나왔고, 특히 그 방에서 가장 유명한 신경과학자가 던진 몹시 어려운 질문에 대답했을 때는 '와' 하고 감탄사가 나올 정도였다.

2. 땀 흘리며 운동해라

이렇게 생각할 수도 있다. '효과를 봤다니 다행이군요. 하지만 당장 제가 스트레스를 줄일 방법은 없어요.' 아마 발표 때문에 스트레스가 최고조에 달했을 것이고, 아무리 심호흡해도 (또는 아무리 반죽을 해도) 몹시 불안할 것이다.

집행 기능을 높이는 또 다른 훌륭한 선택지는 운동이다.

그러나 운동이라고 해서 다 좋은 것은 아니다.

연구자들은 중등도에서 고강도 운동이 집행 기능의 즉각적인 단기 상승으로 이어진다는 사실을 발견했다.[6] 먼저, 일반적으로 '중등도에서 고강도'가 무엇인지 정의하고, 집행 기능을 높이기 위해 무엇이 필요한지 자세히 살펴볼 것이다.

중등도 운동은 최대 심박수의 50~70% 강도의 운동이다.[7] 시속 약 6.4km의 빠른 속도로 약 4.8km 걷기나 복식 테니스 경기가 이에 해당한다. 메이요 클리닉에 따르면, 말할 수 있지만 노래할 수 없다면 중등도 강도에 도달한 것이다.[8] 호흡이 빨라지지만, 가쁘지는 않다.

예상했겠지만 고강도 (또는 격렬한) 운동은 (땀이 더 많이 나고) 더 힘들다. 최대 심박수의 70~85% 강도의 운동을 말한다. 최소 시속 약 9.7km의 조깅, (평지 또는 경사에서 시속 23~26km의) 격렬한 자전거 타기, 또는 코트 곳곳을 계속 달려야 하는 단식 테니스 경기와 같은 활동이 이에 해당한다. 한 번에 5~6단어 이상을 말하기 어렵다면 고강도에 도달한 것이다. 중등도든 고강도든, 열심히 운동하면 땀이 날 것이다.

격렬한 신체 활동이 어떻게 집행 기능을 높이는지를 연구하는 사람들은 주로 달리기와 자전거 타기에 집중했다. 러닝머신이나 고정 자전거를 실험실에 들여놓기 쉽다는 이유가 일부 작용했다. 그러나 일부 진취적인 과학자들은 버피테스트, 팔 벌려 뛰기, 심지어 줌바 댄스처럼 더 창의적인 활동을 하는 사람들을 연구했다.[9] 심지어 비욘세의 노래에 맞춰 몸을 튕기는 줌바 댄스까지도 집행 기능 향상으로 이어진다.

집행 기능에 가장 적합한 것이 무엇인지에 관해서는 논쟁이 있다. 중등도 운동을 해야 할까, 아니면 고강도 운동을 해야 할까? 일부 연구자들은 중등도 운동을 할 때만 집행 기능 향상 폭이 더 크다는 사실을 발견했다. 상대적으로 쉬운데 결과까지 좋다니 중등도 운동이 확실히 좋아 보인다. 그렇지 않은가?

그러나 고강도 운동을 해야 효과가 '더 오래' 지속되는 것 같다. 예를 들어 격렬한 달리기를 마친 사람들에게는 '최소' 2시간 동안 상황에 맞춰 유연하게 생각하는 것이 더 쉬웠다.[10] '최소'를 강조한 이유는 연구자들이 실제로 2시간 이상을 기다리지 않았고, 2시간이 되었을 때도 효과가 떨어졌다는 어떤 징후도 보이지 않았기 때문이다. 어쩌면, 격렬하게 달렸던 그 사람들은 러닝머신에서 내려오고 3~4시간 동안 총기가 넘쳤을지도 모른다.

인생이 대체로 그렇듯, 타이밍이 거의 전부다

이제 우리는 얼마나 열심히 운동해야 하는지 안다. 그러나 여러분이 나와 같은 부류라면, 얼마나 오랫동안 땀을 흘려야 하는지 궁금해하고 있을 것이다. 어차피 평일이고, 오전 내내 운동할 시간은 없다. 경험상 자신을 오래 몰아붙일수록 더 오랫동안 정신이 또렷할 것이다. 실험실에서 4분간 짧게 고강도 운동을 한 참가자들은 15분 후 집행 기능 향상을 보였다.[11] 그러니 만약 짧지만 중요한 화상 회의에서 재기 넘치는 상태를 유지하고 싶을 때는 가능하다면 몇 분간 최대한 빠르게 건물 내 계단을 뛰어서 오르내리자. 압박 속에서도 빠르게 생각할 수 있는 능력을 키워 그 짧은 회의에서 모두에게 깊은 인상을 남길 것이다. (아마 추가로 기분도 좋아질 것이다.)

그러나 주목받을 순간이 3~4시간 후라면, 더 오래 운동해야 한다. 50분간 고강도 운동을 해야 사람들은 운동을 마치고 2시간 후에도 상황에 맞춰 유연하게 생각할 수 있었다.

그러나 눈여겨볼 주의 사항이 있다. 탈진할 정도로 운동한다면 목적이 무색해진다. 피곤에 찌든 채로 발표를 시작할 것이며, 운동 때문에 스트레스를 받는다면 스트레스 호르몬 탓에 분명히 생각하기도 힘들 것이다. 그러니 최대한 즐기면서 오랫동안 운동하자.

운동은 정확히 어떻게 도움이 될까?

집행 기능은 큰 기업에서 임원이 여러 일을 집행하듯 복잡해서, 잘 수행하려면 여러 뇌 영역이 필요하다. 그러나 새로운 문제를 해결할 때 큰 비중을 차지하는 전전두피질(Prefrontal cortex)이라는 영역이 있다. 이마 바로 뒤, 눈보다 위, 즉 뇌 앞부분에 있어서 이름은 제대로 지은 것 같다. 어려운 문제에 부딪혀 이마를 문지르면, 본능적으로 전전두피질 주변의 두개골을 문지르고 있는 것이다.

안타깝게도 그런 행위는 도움이 안 된다.

그러나 헬스장에서의 시간은 도움이 된다. 운동 후에 전전두피질로 가는 혈류가 증가하기 때문이다. 그러나 이러한 혈류 증가는 빠르게 사라지기 때문에, 혈류만으로는 자전거에서 내린 지 2시간 후에도 더 총명해진 듯한 이유를 설명할 수 없을 것이다.

심박수가 정상으로 돌아온 지 한참 지난 후에도 발 빠르게 생각하는 능력이 여전히 강력한 이유를 이해하려면, 뇌의 화학적 변화에 주목해야 한다. 우선, 뉴런이 소통하도록 도와주는 화학물질인 신경 전달물질을 알아보자. 특정 신경전달물질은 격렬한 신체 활동 중에 증가하고, 평소 수준으로 돌아가기까지 2시간이 걸릴 수 있다. 따라서 수영장에 뛰어들어 레인 끝에서 끝으로 수영하기 시작한다면, 뇌는 몇 시간 후에도 여전히 신경전달물질 속에서 헤엄치고 있을 것이다.

다양한 윤리적, 기술적 이유로 인해 (누구도 두개골에 작은 탐침을 꽂고 싶지는 않을 테니) 인간 뇌 신경전달물질의 실시간 변동을 측정하기는 어렵다. 그러나 주로 동물, 때로는 인간을 대상으로 한 과학 연구에 따르면, 현재로서는 운동이 새로운 문제를 해결하도록 돕는 이유로 세로토닌(Serotonin)과 노르에피네프린(Norepinephrine)이라는 두 신경전달물질을 꼽을 수 있을 것이다.

세로토닌은 보통 행복 호르몬이라고도 한다. 그래서 뇌에 세로토닌이 부족하면 우울할 수 있다. 운동은 뇌의 세로토닌 수치를 증가시키는데, 이것이 충분히 운동한 이후 기분이 좋아지는 이유 중 하나이다. 그러나 세로토닌은 상황에 맞춰 생각하는 능력에도 영향을 미친다. 연구자들은 더 격렬하게 운동할수록 혈중 세로토닌 수치가 더 높아져, 그에 따라 집행 기능이 향상한다는 사실을 발견했다.[12]

노르에피네프린은 주의력과 각성 수준에 영향을 미친다. 전전두피질에서 노르에피네프린 수치가 상승하면 더 총명해지고 정신이 맑아진 느낌이 들면서 주의력까지 높아진 기분이 든다. 신경심리학자들은 동물이 더 오래 운동할수록 높은 노르에피네프린 수치가 더 오래 지속된다는 사실을 발견했는데, 이는 달리기나 테니스를 더 오래 할수록 멘탈 에지(Mental edge; 압박감 속에서 집중력을 보이고, 침착함을 유지하는 능력—옮긴이)가 더 오래 지속된다는 것을 시사한다.[13] 연구자들은 또한 노르에피네프린 수치가 낮으면 집중하기 더 어려워지는 반면, 적당히 높으면 쉽게 집중하고 여러 가지를 동시에 잘 기억할 수 있다는 사실도 발견했다.[14] 만약 발표 당일 아침에 정신이 몽롱하다면, 20분 줄넘기가 노르에피네프린 수치를 높이고 찾고 있던 집중력까지 안겨 줄 것이다.

그러나 과학자들은 세로토닌과 노르에피네프린이 전부라고 확신하지 않으며, 단 한 번의 격렬한 운동으로 적어도 잠깐은 더 똑똑한 자신으로 거듭날 수 있는 이유를 이해하기 위해 뇌의 다른 화학적 변화를 찾고 있다. 한 가지 가능성은 젖산이다. 평소보다 더 격렬하게 운동하면 체내 포도당이 젖산으로 분해된다. 젖산 축적을 부정적으로 생각할지도 모르겠다. 어쩌면 격렬한 운동 후 근육통을 겪는 이유가 젖산이라는 말을 들었을 수도 있지만, 사실 근거 없는 속설에 불과하다. 그러나 진실도 있다. 젖산은 혈액뇌장벽(Blood-brain barrier)을 통과할 수 있어 뇌에 유익하다. 연구자들은 고강도 운동 이후 체내 젖산량과 집행 기능 향상 사이에 긍정적인 상관관계를 발견했다.[15] 격렬한 운동 후 젖산 수치가 더 높은 사람이 빠르게 생각하는 능력에서 가장 큰 도약을 보였다는 의미이다. 그리고 일반적으로 심장이 바쁘게 뛸수록 젖산이 많이 생긴다.[16] 심장이 고동치게 하자. 그러면 뇌가 마법에 걸려 콧노래 부르듯 원활하게 돌아가기 시작할 것이다.

✦ **알고 보면 효과 없는 행동**

이렇게 생각하고 있을지도 모르겠다. '저기, 그 모든 노력이 너무 힘들어 보여요. 그냥 걸어서 출근하는 건 안 될까요? 아니면 아침에 강아지 데리고 더 활기차게 산책하는 건요?'

그래도 좋지만, 평상시보다 훨씬 더 활기차게 걸어야 한다. 성인은 대부분 시속 약 4.8km 속도로 걷는다. (40대는 더 느리며, 쿵쿵대며 기분 좋게 냄새 맡는 강아지와 함께라면 자주 멈추는 탓에 더 느리다.) 만약 몇 시간 후에도 총명한 느낌을 받고 싶다면 시속 약 6.4km, 즉 15분당 1.6km씩 훨씬 더 빨리 걸어야 한다. 무엇을 생각하든 그보다 빠르다. 노래하기 어려울 정도로 충분히 빨라야 한다는 점을 기억하기 바란다.

시속 약 4.8km 속도로 걷는 것과 같은 저강도 운동이 집행 기능 증진에 정말 도움이 되지만, 연구자들은 10분 후면 그 정신적 이점이 빠르게 감소한다는 사실을 발견했다. 다시 말해서, 산책 후 외투를 벗을 때까지는 생각나는 모든 질문에 재기 넘치는 답을 내놓을 것이다. 그러나 2~3시간 후 발표에서는 어떨까? 그때쯤이면 정신적 이점이 사라진 지 오래일 것이다.

　물론, 밖에서 산책하는 것에는 다른 여러 장점이 있다. 2장에서 살펴봤듯 산책이 창의성을 높일 수 있어, 아침에 외출하면 발표를 시작할 때 들려줄 재미있고 창의적인 일화를 떠올리는 데 도움이 될 것이다. 게다가 좋은 이야기는 모두에게 인기 있다. 그리고 3장에서 살펴봤듯, 춥지만 상쾌한 날에 외투와 모자 없이 산책에 나선다면 도파민 수치가 높아져 충전된 느낌이 들고 의욕이 날 것이다. 발표를 앞두고 흥이 나지 않는다면, 도파민 급증이 유용할 것이다. 그러나 여유로운 산책은 집행 기능을 높이고 발 빠르게 생각하도록 돕는 데 격렬한 운동보다 효과적이지는 않을 것이다.

거실을 댄스 스튜디오로 바꾸기

이 책에 실린 대부분의 실습처럼, 나는 실제로 운동이 효과가 있는지 알고 싶었다. 발표 당일 운동하려고 노력하기 시작했을 때 가장 큰 장애물은 시간이었다. 나는 규칙적으로 운동하지만, 발표 당일에는 보통 일하기 전이 아니라 '그 후에' 운동한다. 발표하거나 워크숍을 진행할 때는 실수투성이로 보이고 싶지 않은 마음에 발표 요점을 검토하고 기기를 다시 한번 점검하며 아침 시간을 보낸다. (어쩌면 남자들은 20분 안에 샤워하고 나와 가장 멋지게 차려입을 수 있겠지만, 나는 깊은 인상을 남기고 싶을 때 샤워하고 머리를 매만지고 화장하는 데 적어도 1시간은 필요하다. 이때 땀 흘리며 운동한다면 허둥지둥하며 정신이 없을 것이다.)

이런 나를 살린 것은 운동 구독이다. 헬스장까지 가느라 시간을 낭비하지 않는다. 노트북만 열고 운동하면 된다. 게다가 날씨나 시간에 상관없이 집에서 잠옷 차림으로 운동할 수 있다. (아침 일찍 어둑어둑할 때 달리기하러 나갔다가 무릎에 큰 흉터가 생겼다. 이 일로 교훈을 얻어, 지금은 언제든지 신중을 기한다.)

세상에는 앱과 선택지가 많다. '최고의 운동 구독'이라고 간단히 검색하면, 많은 결과를 마주할 것이다. 나는 데일리 번(Daily Burn)과 애플 피트니스(Apple Fitness)를 모두 해 봤고, 저마다 장점이 있어 둘 다 좋아한다. 비용이 문제일 수도 있지만, 월 사용료 10달러 미만인 앱도 있다. 아마 그렇게 저렴한 헬스장은 없을 것이다.

✦ 나이가 문제일까?

중년 이상이라면 새로운 것을 시도하는 데 예전보다 관심이 없다는 것을 눈치챘을 것이다. 예전에는 같은 휴양지에 다시 갈 생각은 전혀 안 했을 테지만, 이제는 그것이 매력적으로 느껴진다. 경력이 30~40년 된 직원들은 종종 낯선 문제로 씨름하기보다는 익숙한 문제를 해결하는 것을 선호한다고 말한다. '구관이 명관'이라는 말처럼, 익숙한 것을 훨씬 편하게 느끼는 것이다.

연구가 이것이 사실인 이유 하나를 밝혔다. 인지신경과학자들은 집행 기능이 거꾸로 된 U자 곡선을 따르는 경향이 있다는 것을 발견했다. 집행 기능은 청소년기에 낮은 편이고, 청장년기에 높아졌다가 노년기에 다시 낮아진다.[17] 집행 기능이 예전보다 낮으면 발 빠르게 생각하고 예상치 못한 일에 적응하는 데 어려워하며 좌절감을 느끼면서, 예상할 수 있는 일과 기존 지식을 고수하는 편이 훨씬 더 편안할 것이다.

그러나 운동은 이 경향을 뒤집을 수 있다. 다양한 연령대를 비교했을 때, 50세 이상인 사람들이 운동 후에 집행 기능이 가장 크게 향상한 것으로 나타났다.[18] 그들은 더 총명해졌다고 느꼈고, 성과도 더 좋았다. 중등도 또는 고강도 운동 후 집행 기능이 즉각적으로 가장 크게 증진한 집단은 보통 몸을 많이 움직이지 않는 55~65세 사람들이었다.[19] (만약 65세 이상이거나 평소 활동적이라면 최고의 모습으로 거듭나야 하기 직전에 하는 운동으로 상당한 증진을 경험할 수 있겠지만, 집행 기능은 그다지 크게 향상하지 않을 것이다.)

그러니 테니스 라켓이나 사이클 반바지를 꺼내자. 아침에 스피닝 수업을 듣는다면, 몸은 고달파도 발 빠르게 생각하기는 훨씬 더 쉬워질 것이다.

3. 마음 챙김에 움직임을 더해라

중요한 발표 당일 아침에 땀을 너무 많이 흘리고 싶지 않거나 신체적으로 힘든 운동을 할 수 없다고 생각한다면, 좋은 소식이 있다. 덜 노력해도 집행 기능을 높여 준다고 꾸준히 입증된 좋은 기법이 있다. 움직임을 더한 마음 챙김이다. 앞서 우리는 가만히 앉아서 하는 마음 챙김 명상을 살펴봤고, 6장과 8장에서 다른 유형의 명상에 어떤 효과가 있는지도 자세히 알아볼 것이다. 그러나 집행 기능을 높일 확실한 방법을 원한다면, 움직여야 한다.

브리티시컬럼비아대학교 연구진은 179건의 다양한 연구를 면밀히 검토해 집행 기능을 향상하는 방법을 파악했다.[20] 직장에서 더 많은 친구를 사귀는 것부터 헬스장에서 근력 운동을 하는 것까지 모든 것을 살펴봤다. 그중 가장 효과가 좋은 것은 움직임을 더한 마음 챙김이었다. 움직임을 더한 마음 챙김이 집행 기능을 높인 것을 모든 연구에서 볼 수 있었다. 100%에 해당한다는 말은 과학에서 거의 전례가 없지만, 이 조합은 해당하는 것 같다. 물론, 연구진이 검토한 연구 중 마음 챙김에 움직임을 조합한 것은 일부에 불과했지만, 그 얼마 안 되는 연구 전체에서 집행 기능이 상당히 향상되었다는 사실이 드러났다.

마음 챙김 기법 중 무엇이 움직임을 포함할까? 대체로 태극권이나 태권도와 같은 아시아 전통에 뿌리를 두고 있다. 태극권은 느리고 신중한 움직임으로 알려진 중국 무술이다. 토요일 오전 공원에서 서로 맞춰 느리고 부드럽게 움직이고 있는 한 무리의 성인들을 본 적 있다면, 그것이 태극권이다. 태권도는 훨씬 더 빠르게 움직이고 발차기와 지르기를 포함하는 대한민국 무술이지만, 수업은 종종 마음 챙김 명상과 호흡법으로 시작한다. (태권도 수업은 주로 어린이를 대상으로 하지만, 온라인에서 검색하면 성인 대상 수업을 찾을 수 있다.)

그리고 다들 아마 요가를 생각하고 있을 것이다! 요가는 마음 챙김과 움직임 모두를 갖춘 수련이다. 그러나 안타깝게도 집행 기능 향상에서는 엇갈린 결과를 낳는다. 유용할 때도, 아닐 때도 있다. 요가에는 종류가 많다. [예를 들어 핫 요가(Hot yoga)와 요가 니드라(Yoga nidra)는 너무 달라서 많은 사람이 둘을 보고 같은 이름을 공유하면 안 된다고 생각할 정도이다.] 그중에서도 하타 요가(Hatha yoga)가 집행 기능에 효과적이다.

연구자들은 이미 꾸준히 하타 요가 수련을 하고 있다면 25분 요가 수업 한 번으로도 재빨리 생각하는 능력을 높일 수 있다는 사실을 발견했다.[21] (하타 요가에 관한 자세한 설명은 13장을 참고하면 된다.)

움직임을 더한 마음 챙김이 집행 기능 향상에 왜 그렇게 효과적인지는 분명하지 않다. 아마 몸과 마음의 조화, 즉 움직일 때의 호흡과 정신적 집중의 결합이 핵심인 것 같다.

움직임을 더한 마음 챙김 해결책에는 좋은 소식과 나쁜 소식이 있다. 우선, 태극권이나 하타 요가를 꾸준히 하기 시작하면 수련하기 위해 발표 당일 일찍 일어날 필요가 없다. 수련하지 않는 날에도 집행 기능이 높아져 있을 것이기 때문이다. 그러나 효과가 즉각적이지 않다.

유산소 운동은 한 번만 해도 즉각적으로 집행 기능을 높이지만, 발표 당일 아침에 태극권 수업을 한 번 듣는 것으로는 아마 힘들 것이다. 태극권과 태권도를 주제로 한 연구는 모두 몇 주에 걸쳐 (최소 6주간) 이루어졌다. 하타 요가 연구조차 4개월 이상 수련하고 있던 사람들을 대상으로 실시되었다. 그러나 장기간에 걸쳐 집행 기능을 높이고 싶다면, 공원에서의 태극권 수업이 제격일 것이다.

추천 실습

'발 빠른 생각'을 돕는 도구 모음 ———————————— ✦

- **스트레스를 줄이기.** 급성 스트레스는 집행 기능과 인지 유연성을 해친다. 따라서 가장 좋아하는 스트레스 해소법이 있다면 시간을 내어 스트레스를 줄이는 것이 좋다. 즐겨 찾는 스트레스 해소법이 없다면, 최고의 모습으로 거듭나야 하기 직전에 20분간 마음 챙김 명상을 해보자.

- **땀 흘리며 운동하기.** 중등도에서 고강도 운동은 상황에 맞춰 보다 빠르게 생각하는 데 도움이 될 것이다. 탈진하지 않는 한, 오래 운동할수록 집행 기능 증진은 더 오래 지속될 것이다.

- **마음 챙김에 움직임을 더하기.** 마음 챙김에 움직임을 더한 조합 역시 집행 기능을 높인다. 태극권, 하타 요가, 태권도 모두 효과적이라고 입증되었다. 그러나 효과가 즉각적이지는 않다. 집행 기능의 지속적인 향상을 보려면, 최소 6주간의 꾸준한 수련을 목표로 해야 한다.

- **나이가 문제일까?** 유산소 운동은 다양한 연령대의 성인이 집행 기능을 높일 수 있도록 도와주지만, 55~65세이고 평소 몸을 잘 움직이지 않는다면 가장 큰 활력을 얻을 것이다.

6장
더 많이, 더 빨리 배우자

물기를 쏙쏙 흡수하는 스펀지로 변신해야 하는 오후를 또 맞이했다. 방안을 가득 메운 중요 인물들 앞에서 소개되기 직전이고, 평소보다 더 많은 이름을 외워야 한다. 기억력이 괜찮은 편이지만, 오늘만큼 은 놀라울 정도로 좋아야 한다.

새로운 것을 더 잘 외우거나, 최소한 잊어버릴 가능성을 줄이기 위해 할 수 있는 일이 있을까? 있다. 최대한 많이 흡수하고 싶은 경 험에 나서기 전과 후에 기억력을 더 또렷하게 다듬을 수 있는 방법 이 각각 두 가지 있다.

뇌 속의 사서, 해마

기억력을 높일 효과적인 전략들을 알아보기 전에, 새로운 기억의 형성에 관여하는 핵심 뇌 영역을 간단히 살펴보는 것이 도움이 될 것이다. 다들 해마에게 인사하자. 우리는 2장에서 해마를 처음 접하면서, 가장 좋아하는 텔레비전 쇼의 한 회차를 기억할 때 해마가 중요하다는 사실을 파악했다. 해마는 기억을 회상할 때뿐만 아니라 애초에 저장할 때도 중요하다.

매력적인 (동시에 복잡한) 해마를 이렇게 한번 생각해 보자. 만약 평생 쌓아온 모든 기억을 도서관의 책이라고 생각하면, 해마는 신작이 도착하면 받아 놓고 나중에 쉽게 찾을 수 있는 자리에 보관하도록 태그를 붙이는 사서와 같다. 도서관 곳곳에 있는 책을 찾도록 도와줄 수 있는 사서처럼 뇌 전체에 저장된 기억을 되찾도록 도와준다.[1] (그러나 밝혀 둘 것이 있다. 모든 비유에는 한계가 있고, 이 비유도 완벽하지는 않다. 책은 책장에 꽂아 두어도 큰 변화가 없다. 책 페이지가 누렇게 되고 표지가 윤기 없이 갈라져도 내용은 대체로 똑같다. 그러나 기억은 역동적이다. 10년 전에 엄마와 나눈 대화를 기억으로 저장했다면, 오늘날 그 기억은 10년 전에 무엇을 저장했든 매우 다를 것이다. 놀라울 정도로 생생하고 현실감 있다고 느껴지는 기억조차도 완벽한 기록이 아니다.)

개인적으로 이 비유에서 마음에 드는 점은 해마가 모든 기억을 저장하는 곳은 아니라는 사실을 알 수 있다는 것이다. 사서의 책상

위에 모든 책이 산더미처럼 쌓여 있는 게 아니듯, 해마 역시 온전한 기억을 그 자체로 저장하지는 않는다. 해마는 길이 약 4~5cm의 작은 뇌 영역이다. 어린 시절에 즐겨 먹던 초코바 포장지부터 최근에 초콜릿을 한 입 먹었을 때 들었던 기분까지 회상할 수 있는 '모든' 세부 사항을 담기에는 그다지 크지 않다. 대신 록펠러대학교의 최근 연구에 따르면, 해마에는 '어렸을 때 사탕 목걸이를 좋아했다'와 같은 '일반적인' 기억이 저장되고, 사탕 목걸이의 색깔 또는 목에 전해진 감촉 등 정교한 세부 사항은 뇌의 다른 곳에 저장된다고 한다.[2]

효과적인 행동

1. 뇌에 최고의 약물을 더해라

해마에 관해 간단히 살펴봤으니, 이제 기억 전략(memory strategies)에 주목하자. 우리는 5장에서 유산소 운동이 발 빠르게 생각하는 데 도움을 줘 어려운 질문에 대답하거나 팀 내 갈등을 해결하는 데 도움을 준다는 사실을 알게 되었다. 그러나 이것이 전부가 아니다. 유산소 운동은 더 기억하고 덜 잊을 수 있도록 기억력을 높여 준다.

어떻게 그럴 수 있을까? 유산소 운동은 해마에서 뇌유래신경영양인자(BDNF; Brain-derived neurotrophic factor)라는 중요한 화학 물질을 증가시킨다.[3] 뇌유래신경영양인자는 뇌의 성장, 발달, 신경 세포 생존에 중요한 역할을 하는 단백질의 일종인 '뉴로트로핀 (Neurotrophin)'으로 알려져 있다. 뇌에서 생성되기 때문에 따로 복용할 필요가 없다. 뇌유래신경영양인자를 뇌에 주는 거름이라고 생각해 보자. 정원에서 건강한 새 식물이 싹을 틔우도록 돕는 거름처럼, 뇌유래신경영양인자는 해마에서 건강한 새 연결이 뻗어나가도록 도와준다. 신경과학자들은 실험실에서 뉴런 위에 뇌유래신경영양인자를 뿌리기만 해도 새로운 신경 가지가 자란다는 사실을 발견했다.[4]

뇌유래신경영양인자는 신경가소성(Neuroplasticity)을 촉진하기 때문에 많이 필요하다.[5] 신경가소성이란 뇌가 처음 접하는 경험과 정보에 반응하여 새로운 연결을 만드는 능력이다. 만약 오늘 오후에 새로운 사람들을 많이 만날 예정이고, 그들의 이름을 기억 속에 붙들어 놓고 싶다면, '데이비드', '데번', '대니얼'이라는 이름을 듣고 뇌가 이름을 적합한 주인 얼굴에 연결 지을 수 있도록 신경가소성이 필요하다. 그들을 만날 때 해마가 콧노래 부르듯 원활하게 돌아가고 있다면, 다음에 그중 한 사람을 만났을 때 올바른 이름이 더 쉽게 떠오를 것이다.

뇌가 뇌유래신경영양인자를 더 많이 생성하도록 자극하는 핵심 방법은 운동이다. 운동과 뇌유래신경영양인자를 다룬 연구가 많아도 너무 많아서, 높은 뇌유래신경영양인자 수치를 보장하는 특정 계획을 추천할 수 있다.

- 주당 2~3회 유산소 운동하기(그 이상은 더 도움이 되지 않는 것 같고, 이하는 엇갈린 결과를 보인다).
- 최대 심박수 50~70% 강도의 중등도 운동하기. 5장에서 말했듯, 이 정도 강도는 말할 수는 있어도 노래는 부를 수 없다.
- 매번 최소 40분간 운동하기.[6]

좋은 소식은 이런 장기적인 운동 습관을 실천하고 있다면, 잠시 운동을 쉬더라도 뇌유래신경영양인자 수치는 계속 높게 유지된다는 점이다. 그러니 몇 주간 스트레스로 너무 바빠서 운동할 시간을 내지 못하거나 부상으로 회복 중일 때라도 너무 걱정하지 않아도 된다.

그러나 즉각적인 효과를 찾는 사람들에게는 나쁜 소식이 있다. 45분간 격렬한 스피닝 수업을 들어봐야 운동 한 번으로는 해마의 뇌유래신경영양인자 수치를 높인다고 장담할 수 없다. 대부분의 연구는 기억력을 높이는 뇌의 뇌유래신경영양인자 증가를 경험하려면 꾸준히 운동해야 한다고 시사한다. (흥미롭게도 근육 또한 뇌유래신경영양인자를 생성하기에, 단 한 번의 운동도 혈류 내 뇌유래신경영양인자를 '높일 것이다'. 문제는 뇌유래신경영양인자가 혈액뇌장벽을 통과하지 못하기 때문에 이 기적의 단백질을 가지고 있어도 새로운 기억을 형성하는 데 도움이 되지 않는다는 것이다.)

정기적으로 기억력을 시험하는 일을 하지 않더라도, 뇌유래신경영양인자는 더 필요하다. 뇌에 뇌유래신경영양인자가 많을수록 알츠하이머병과 우울증을 모두 예방한다. 뇌유래신경영양인자가 이러한 질병을 치료하는 데도 사용될 수 있는지 연구 중이다.[7] 기업 합병을 계획하든, 단순히 은퇴를 계획하든, 뇌유래신경영양인자는 뇌가 가까이해야 할 새로운 친구이다.

나는 뇌유래신경영양인자를 알게 되면서 일주일에 2~3회 30분씩 달리던 것을 40분으로 늘리고 싶어졌다. 겨울에 날이 궂으면 일주일에 두 번 45분 스피닝 수업에 가는 것을 목표로 삼는다. 여러분은 점차 운동을 늘려야 하지만, 여기서 목표는 진전이지 완벽이 아니라는 사실을 명심하자!

✦ 나이가 문제일까?

60세 이상이라면 이렇게 생각하고 있을지도 모르겠다. '아이고, 조금만 젊었어도!' 사람들 생각에 나이 들며 변하는 한 가지가 바로 기억력이다. 건강한 노년층도 주로 기억력 감퇴를 토로한다. 예전 지인의 얼굴과 이름을 잊거나, 대화하며 하려던 말을 잊는다. 이러한 실수는 당황스러울 수 있고, 사람들은 종종 일과 평판에 영향을 줄까 봐 두려워한다.[8]

이런 식의 기억력 문제가 반드시 치매나 경도인지장애(Mild Cognitive impairment)의 초기 징후는 아니다. 노화와 함께 종종 찾아오는 일반적인 실수에 불과하다. (그러나 잠재적인 문제를 조기에 발견하려면 기억력에 찾아온 어떤 변화라도 의료 전문가와 상담하자.)

일반적인 기억력 저하를 늦추기 위해 할 수 있는 일이 하나 있다면, 그것은 무엇일까?

춤 수업에 등록하면 된다.

아마 여러분은 이 말에 나만큼이나 놀랐을 것이다. 그러나 여러 국가와 다양한 문화에서 실시한 연구에 따르면, 춤 수업이 노년층의 기억력을 높여 준다고 한다.[9] 볼룸, 스윙, 살사, 탱고 또는 라인 댄스처럼 특정 종류일 필요도 없고, 혼자여도, 파트너가 있어도 상관없다. 수업 참여가 중요한 것 같다. 나는 집 부엌에서 춤추는 70대를 대상으로 한 연구를 본 적이 없다.

1일 차부터 효과가 있을까? 아마 아닐 것이다. 기억력 향상을 발견한 공개 연구에는 대부분 6개월 이상의 춤 수업 출석이 포함되어 있다.[10] 한 달 수업으로도 변화를 이끌어 낼 수 있지만, 연구는 대체로 더 오랜 기간을 고려한다.

무엇보다도, 신경과학은 춤 수업을 들으면 손녀 결혼식에서 내보일 수 있는 춤 동작만 배우는 것은 아니라고 지적한다. 여러분은 실제로 뇌를 더 '얻을 것'이다. 연구자들은 춤이 새로운 뉴런을 싹틔우는 신경생성(Neurogenesis)이라고 하는 과정을 통해 뇌 부피를 증가시킨다는 사실을 발견했다. 한 연구에 따르면, 처음으로 춤을 배우고 6개월간 계속 수업에 출석한 60~79세 성인들은 해마에서 뇌의 나머지 부분으로 정보를 전송하는 중요한 뇌 영역의 질량이 상당히 증가했다고 한다.[11] 더 많은 정보가 기억이라는 도서관에 보관되어 잊힐 가능성이 작아지는 것이다.

춤이 도움 된다는 말이 이상하게 들리겠지만, 여러 연구에서 적어도 노년층에게는 다른 운동을 배우는 것보다 춤이 더 효과적이라는 사실이 발견된다. 그 이유로, 똑같이 노력해도 혼자 하는 행동은 포기하기 쉽지만 춤 수업에는 계속 갈 가능성이 크다는 일관성을 들 수 있다. 또한, 춤이 신체적, 정신적, 사회적 기술을 결합한다는 것도 이유로 꼽을 수 있다. 춤 수업에서 여러분은 심박수를 늘리면서 스텝을 기억해야 하고 계속 마주치는 사람과 농담도 해야 한다. 한 연구는 '춤은 성공적인 노화를 위한 정수를 결합한다'라는 제목으로 이러한 모습을 완벽하게 포착하기도 했다.[12]

70세에 새로운 뇌 조직을 키울 수 있을까? 물론이다. 나도 탭 댄스 좀 춰 봐야겠다.

2. 자주 명상을 해라

이렇게 생각하고 있을지도 모르겠다. "운동과 춤이 나중에 이름을 익힐 때 도움은 되겠지만, 저는 '오늘' 이름을 외워야 한다고요." 다행히 당장 기억력을 활성화시킬 수 있는 방법이 있다.

중요한 회의에 들어가기 전에, 마음 챙김 명상을 해 보자. 5장에서 밝혔듯 집행 기능과 긍정적인 관계를 보일 뿐만 아니라 기억력을 증진하는 데도 도움이 되기 때문에 우리는 마음 챙김 명상을 다시 한번 살펴볼 것이다. 연구자들은 새로운 것을 익히기 전에 명상하면 당장 정보를 더 많이 흡수하고 나중에 더 정확히 회상할 수 있다는 사실을 발견했다. 8~10분이면 충분할 것이다. 영국의 한 연구팀은 참가자들에게 호흡과 그 느낌에 집중하도록 안내하는 8분간의 유도 마음 챙김 명상을 제공했다.[13] 유도 명상을 들은 성인들은 명상 직후 안면 인식 능력이 크게 향상되었다. 반대로, (원하는 것은 무엇이든 생각할 수 있던) 대조군과 8분간 흥미로운 오디오북을 들은 집단은 안면 인식에서 어떠한 향상도 보이지 않았다. 또 다른 연구에 따르면, 10분간의 유도 마음 챙김 명상 결과 평균적으로 대조군에 비해 기억력에서 75% 향상을 보였다고 한다.[14]

따라서 회의에 들어가 더 많은 이름과 얼굴을 기억하고 싶다면 미리 시간을 확보하고, 유튜브에서 '10분 마음 챙김 명상'을 검색하자. 그리고 눈을 감고 마음 챙김을 할 수 있는 안전한 곳으로 향하자.

그러나 여러분이 나와 같다면, 중요한 회의 직전에는 10분이라도 명상할 틈을 낼 수 없을 것이다. 그럴 때는 규칙적인 명상 수행이 도움이 될 것이다. 지속해서 수행하다 보면 한 번으로 그칠 때보다 기억력과 인지력에서 훨씬 더 견고한 향상을 보여, 하루 건너뛰어도 기억력이 강력할 것이다. 뉴욕대학교 신경과학자들은 8주간 주 5일, 13분씩 유도 명상을 하면 13분간 팟캐스트를 들은 집단에 비해 다양한 인지 테스트에서 기억력과 주의력이 모두 높아진다는 사실을 발견했다.[15] 8주가 되자, 명상 수련자들은 팟캐스트 청취자들보다 숙면했고, 덜 불안해했다. ('아마 듣기만 해도 스트레스가 쌓이는 팟캐스트였나 보다'라고 생각할지도 모르지만, 사람들은 그 팟캐스트를 좋아해서 실제로 주 5회가 아니라 6회나 들었다.)

여러분은 13분간 온전히 명상해야 할 필요가 있는지 궁금해하고 있을 것이다. 말장난이 아니라 13은 좀 이상한 숫자이다. 모든 명상 앱에서 5~10분 유도 명상을 제공하지만, 13분 수련은 찾기 어렵다. 안타깝게도 뉴욕대학교 연구팀은 더 짧은 명상을 테스트하지 않았지만, 앞서 살펴본 것처럼 8~10분 수련으로도 기억력을 즉각적으로 높일 수 있다는 사실을 발견한 연구자들도 있다. 그래서 나는 꾸준히 10분 명상만 해도 기억력에 지속적인 이점을 경험할 거라 생각한다.

아마 명상 길이보다 더 중요한 것은 명상에 전념하는 기간일 것이다. 연구자들은 4주가 아니라 8주가 지나서야 명상 수련자들에게서 전반적인 기억력 향상을 목격했다. 그러니 이름을 잘 기억하여 상대의 기분을 상하게 하고 싶지 않다면 (또는 열쇠 둬둔 곳을 그만 잊고 싶다면), 최소 두 달간 꾸준히 명상에 전념하자.

명상이 기억력에 부리는 마법

나는 명상이 기억력을 높인다는 사실을 처음 알았을 때, 스트레스 수치가 낮아져서 그럴 거라 생각했다. 그러나 아닌 것 같다. 명상을 통해 스트레스 수치가 가장 많이 감소한 사람들이 인지 능력에서 가장 큰 향상을 보이지는 않았다.[16] 그 둘은 관련 없어 보인다.

그 대신, 마음 챙김 명상에 기억력을 높이는 네 가지 방법이 있는 것 같다.

우선, 마음 챙김 명상은 딴생각을 줄이고 외부 소란을 더 쉽게 무시할 수 있도록 도와준다.[17] 마음 챙김 명상 수련을 꾸준히 이어가면 1장에서 소개했던 디폴트 모드 네트워크의 활동이 줄어든다.[18] 이미 살펴봤듯 디폴트 모드 네트워크가 활발해지면 딴생각을 하게 되고 이런저런 주제 사이를 쉼 없이 오가지만, 자주 명상한다면 이 네트워크가 빨리 진정되어 더 쉽게 집중할 수 있다.

그러나 명상은 뇌를 진정시키는 데 그치지 않는다. 집중을 돕는 뇌 영역을 활성화한다. 영상 연구에 따르면, 명상 중일 때 기저핵(Basal ganglia)이 더 활성화되어 무관한 생각을 억제하는 동시에 외부 소란을 무시하여 원하는 곳에 집중할 수 있도록 적극적으로 돕는다고 한다.[19] 사람들로 가득 찬 방에 들어설 때, 여러분은 수십 가지 외부 소란에 직면한다. 저마다 말소리를 내고 주머니 속에서 휴대전화가 진동하는 가운데 갑자기 이런 생각이 떠오른다. '오, 엘리자베스다. 엘리자베스가 가기 전에 대화를 나눠야 하는데.' 따라서 누군가 "안녕하세요, 저는 모건 스탠리에서 온 데이비드 잉글랜드입니다"라고 말할 때 그 모든 외부 소란을 성공적으로 무시할 수 있다면, 지금 소개한 사람이 스탠리가 아니라 데이비드라는 사실을 기억할 가능성이 훨씬 더 크다.

게다가 명상은 해마 옆에 있으면서 기억에 중요한 역할을 하는 핵심 뇌 영역인 내후각피질(Entorhinal cortex)로 향하는 혈류를 증가시킨다.[20] 해마가 사서라면, 내후각피질은 신간을 사서의 책상으로 가져다 놓는 컨베이어 벨트 같다. 내후각피질은 뇌에서 시각, 청각 그리고 감정까지 처리하는 감각 영역에 해마를 연결한다. 8~10분의 마음 챙김 명상은 해마로 향하는 컨베이어 벨트인 내후각피질을 활성화하여 들어오는 정보를 수집하고 정리하는 속도를 높여 줘 이름을 바로 기억할 수 있도록 도울 것이다.

마지막으로, 장기 명상 수련을 하면 뇌가 재형성된다. 여러 연구가 8주간의 일일 마음 챙김 명상 수련이 해마의 회백질량을 상당히 증가시킬 정도로 충분하다는 사실을 보여주었다.[21] 명상에 전념하자. 그러면 뇌를 리모델링할 수 있다. 이번 장 초반에 '나이가 문제일까?'에서 설명했던 신경생성을 경험할 것이다. 사서가 쓸 더 큰 책상, 즉 추가 저장 공간을 얻고 나중에 회상할 수 있도록 기억 저장에 더 효율적인 뇌를 가지게 된다. (10년 이상 꾸준히 수련한) 매우 숙련된 명상 수련자들을 대상으로 진행한 다른 연구에 따르면, 명상 기간이 길수록 해마 내 회백질이 더 많아진다고 한다.[22]

나이 들면서 회백질을 늘리는 기법을 찾기란 쉽지 않다. 오히려 수십 년이 흐르는 동안 뇌의 물질을 잃는 것이 일반적이다.[23] 하루 10분만으로 나이가 들어도 더 똑똑하게 지낼 수 있다는 사실이 어떻게 느껴지는가? 나라면 실행에 옮기겠다. 일주일로 따져도 1시간이 조금 넘는 정도인데, 그 대가로 뇌를 더 얻을 것이다. 나는 개인적으로 도움이 되는 것 같아서 항상 명상하려고 했다. 하지만 명상이 뇌에 미치는 영향을 알고 나서야 완전히 전념하게 되었다. 나는이제 일주일에 며칠은 10분간 명상한다. 아침에 하려고 하지만, 낮시간이 너무 정신없이 지나가서, 밤에 겨우 일정에 끼워 넣기도 한다. 기억력이 약간 향상되는 것을 체감했다. 예를 들어 대화 중에 이름을 떠올리려 할 때 머릿속이 하얘지는 순간이 줄어들었다. 하지만내게는 전보다 훨씬 차분해지고 덜 불안해한다는 것이 가장 큰 이점이다. 개인적으로 그간 불안이 크나큰 난제였기 때문에 명상이 불안감을 줄이는 데 매우 효과적이라고 시사한 연구가 기념비적인 승리로 느껴진다.[24] 기억력만큼은 항상 괜찮았지만, 느긋한 편은 아니었기 때문인 것 같다.

요즘에는 마음 챙김 명상 앱이 있어서 어느 때보다도 더 쉽게 꾸준히 수련할 수 있다. 처음에는 캄 앱(Calm app)의 10분 '데일리 캄(Daily Calm)'을 즐겨 사용했다. 타마라 레빗(Tamara Levitt)의 목소리를 들으면 마음이 진정된다. 최근에는 운동과 명상을 한 가지 앱으로 단순화하고 싶어서 애플 피트니스 명상에 주목하고 있다. 나는또한 집중, 친절, 감사 등 주제에 따라 분류하는 것을 무척 좋아한다. 무료 앱 중에는 인사이트 타이머(Insight Timer), 스마일링 마인드(Smiling Mind)가 인기 있고, 주로 10~15분 길이인 명상 목록이 많이 포함되어 있다.

인터넷에서 '기억력 강화제'를 검색하면 다양한 알약이 등장할 것이다. 누트로픽(Nootropics) 또는 스마트 드럭(Smart drug)이라고 하는 것들이다. 제조사에서는 그런 약이 정말로 영화 〈리미트리스(Limitless)〉에서 브래들리 쿠퍼(Bradley Cooper)가 분한 등장인물처럼 태어나 지금껏 쌓아온 모든 기억에 접근할 수 있도록 해준다고 장담하지는 않는다. 하지만 광고는 그런 느낌에 가깝다.

나는 알약 하나로 여러분을 기억력의 마법사로 만들 수 있기를 온 마음으로 소망한다. 아니면 시험을 치거나 그 망할 이름들을 전부 외워야 할 때 크게 도움이 되도록 기억력을 적어도 두 배는 높일 수 있기를 바란다. 그러나 과학 연구를 샅샅이 본 결과, 회의감만 들었다.

현재 주목받고 있는 한 보충제로 알파-GPC(Alpha-GPC)라는 것이 있다. 이 보충제가 기억력을 높여준다는데, 만약 경증에서 중등도 알츠하이머병을 앓고 있다면 이 제품이 유용할 가능성이 크다고 시사하는 연구가 있다.[25] 만약 사랑하는 이가 알츠하이머병 초기라면 의사에게 알파-GPC를 문의해 보자.

그러나 그러한 연구는 기억력이 무너진 사람을 데려다가 정상에 가깝게 만드는 것이다. 정상이지만 더 뛰어난 기억력을 원하는 건강한 사람들에게 알파-GPC는 아직 확실한 효과를 보여주지 못한다. 지금껏 연구중심대학에서 건강한 사람들을 대상으로 실시한 과학 연구는 전부 인상적이지 않다. 예를 들어 한 연구는 사람들이 위약보다 알파-GPC를 복용했을 때 작업 기억 과제를 평균 10.5% 더 빨리 끝낸다는 사실을 발견했다.[26] 희망적이지 않은가? 그러나 그 연구를 몇 문장 더 읽으면, 사람마다 결과가 너무 엇갈려서 통계가 유의미하다고 볼 수 없다는 결론을 보게 될 것이다. 즉 기억력에 별 효과도 없을 보충제 하나에 다달이 50달러를 지출할 수도 있다는 의미이다.

만약 이미 알파-GPC를 복용하고 있으며 팬이기까지 하다면, 운이 좋은 것일 수도 있다. 그러나 지금까지 발표된 연구는 운동과 명상이 진정한 기억력 향상 도우미라고 확신한다.

3. 쉬기 전에 테스트를 해라

방금 들은 정보를 머릿속에 계속 담아두기 위해 행사 이후에 할 수 있는 일들이 또 있다. 가장 간단한 것은 즉각적인 자가 테스트이다. 예를 들어 오후에 열린 회의에서 사람들에게서 벗어나 물 한 잔 따라 마시는 45초간 차례차례 머릿속으로 얼굴을 그리면서 이렇게 조용히 말할 수 있다. "모건 스탠리의 데이비드는 나비넥타이를 맸고, 외모를 깔끔히 손질한 젊은 남자야. 데번은 뱅크오브아메리카에 다니고 코가 넓은 금발 남자야." 아니면 회의실 한편에 서서 물을 홀짝이며 조용히 자기 자신에게 퀴즈를 낼 수 있다. "저 사람이 누구지?

데번. 그리고 저 사람은? 데이비드."

　지루할지도 모르지만, 매우 효과적인 방법이다. 수많은 연구들이 무언가를 익힌 직후에 스스로 테스트하는 것이 장기적이고 지속적으로 기억력을 높이는 가장 효과적인 방법 중 하나라는 사실을 발견했다.[27]

　심리학자들 사이에서 시험 효과(Testing effect)라고 통하는 이 현상은 효과가 좋아서 과학자들이 그 이유를 설명하기 위해 수십 개의 이론을 제안했다. 현재 널리 알려진 한 가지 가설은 정보를 되찾으려 할 때 단서와 기억하려는 정보의 연결성이 강화된다는 것이다.[28] 방금 든 예시에서, 단서는 데번의 얼굴이고 기억하려는 정보는 그의 이름이다. 그래서 그를 바라보고 스스로 어떻게든 정보를 되찾으려고 하면, 다음에 그의 이름을 더 쉽게 기억하게 될 것이다. 도서관에서 어떤 책을 찾고 나면 이후에 쉽게 찾을 수 있는 것과 같다. 게다가 기억 속에서 무언가를 끄집어내는 행위는 잘못된 연결을 약화시키는 효과도 있다.[29] 만약 데번의 얼굴을 보고 몇 초간 '내 오랜 친구 폴처럼 생겼네'라고 생각한다면, 얼굴을 잘못된 이름과 연결하는 것이다. 데번을 보고 이름이 무엇인지 스스로 테스트하면 폴이라는 이름과의 연결을 약화시키는 것과 같다.

　누군가를 만날 때 이름을 크게 말하면 기억할 가능성이 더 큰지 궁금해하고 있을지도 모르겠다. 인기 있는 기법이기는 하지만, 효과가 있을까? 어느 정도는 있다. 나는 정확히 그 기법을 다룬 연구를 찾지는 못했지만, 그간 읽어본 '적' 있는 연구에서 배운 내용을 바탕으로 추측은 할 수 있다. 누군가를 만나자마자 그 사람의 이름을 말하면 이름을 제대로 들었다고 보장할 수 있으며 더 집중할 수밖에 없다. 주의를 기울인다는 것은 대체로 기억을 형성하는 첫 단계이다. 이처럼 이름을 말하는 데서 저장 과정이 시작된다. 사서의 책상 위에 책을 쌓아놓는 것과 같은 단계이다. 그러나 거기에서 멈추면 부족할 수도 있다. 그 이름을 장기 기억에 저장하지 못할 수도 있는 것이다. (끝까지 비유에 매달리자면, 책을 사서의 책상에서 적절한 보관 장소로 옮기지 못할 수도 있다는 말이다.)

연구는 '시간차 회상(Spaced retrieval)'이 가장 유용하다고 밝힌다.[30] 여기서 기본 전제는 누군가의 이름을 기억에서 여러 번 꺼내 보되, 각 회상 사이에 일정한 시간이 흐르도록 하는 것이다. 누군가의 이름을 잊어버리려는 참에 떠올리는 것이 이상적이다. 그렇게 잊어버리기 직전에 머릿속에 붙들어 두면 그 기억을 가장 강화하게 된다. 그러한 관점에서 보면, 대화를 시작하고 2~3분 만에, 그리고 7~8분 또는 10분 이후에 누군가의 이름을 큰 소리로 말하면서 회상하는 것이 더 효과적일 것이다. 만약 7~8분간 이름을 외워야 하는 사람 중 누구와도 대화하지 않는다면, 다음 대화에서 그 사람들의 이름을 언급하려고 해 보자. 이렇게 할 수 있다. "데번과 방금 그 주제로 대화를 나눴는데, 여기서 또 듣다니 재미있네요. 데번이 뱅크오브아메리카에 다니는 거 알고 계세요?" 스스로 테스트하는 또 다른 방법이다.

4. 똑똑하게 겁줘라

아마 우연히 경험했을지 모르지만, 기억력을 높이기 위해 시도할 수 있는 전략이 하나 더 있다. 충격적인 일이 얼마나 생생하게 기억나는지 알아차린 적이 있는가? 자녀가 높은 데서 떨어지는 것을 봤다면, 마치 슬로 모션으로 일어난 것처럼 세부 사항을 전부 기억할 수 있을 것이다. 상사와 불쾌한 피드백 대화를 나눴다면, 상사가 어디에 앉아서 어떤 말을 했고, 심지어 무슨 냄새를 풍겼으며 어떤 블라우스를 입고 있었는지까지, 대화와 무관해도 마음속에 맴돌다가 깊이 남아버린 세부 사항까지 정확히 기억할 수 있다.

충격적인 기억, 특히 강한 부정적 감정으로 가득 찬 기억은 더 쉽게 떠올릴 수 있다.[31] 화가 나고, 겁을 먹고, 위협적인 일을 경험할 때 에피네프린(Epinephrine)이라고도 알려진 아드레날린(Adrenaline)이 급증한다. 아드레날린은 방금 일어난 일을 정확히 기억하도록 보장하는 확실한 방법 중 하나이다. 그러한 각인은 의미가 있다. 예측을 돕기 때문이다. 만약 방금 위협적인 일이 일어났다면, 그 일을 완전히 피하거나 다음에 마주해도 더 잘 대비할 수 있도록 어디서 누구와 함께 있었고, 무슨 일이 벌어졌는지 모든 세부 사항을 기억하고 싶을 것이다. (예를 들어 상사가 또 똑같은 냄새를 풍긴다면 경계해야 할까? 이상하게 들리겠지만, 예전에 스트레스를 심하게 받을 때마다 고약한 체취를 내뿜는 상사가 있었다. 그 체취는 상사와 거리를 두라는 효과적인 경고 시스템 역할을 했다.)

과학자들은 사람들이 배우려는 정보에 노출된 직후 아드레날린을 투여하면 이름, 얼굴과 같은 평범한 것을 더 생생하게 기억하도록 유도할 수 있다는 사실을 발견했다.[32] 타이밍이 중요하다. 무언가를 배우려고 노력하기 '직전'에 아드레날린을 높여 봐야 효과가 없는 것 같다. 배우고 싶은 것이 무엇이든 아드레날린은 '이후'에 필요하다. 아드레날린은 체내에 분비된 후가 아니라 그 전에 일어난 일에 관한 기억을 각인한다. 따라서 상사와 불쾌한 대화를 나눴다면 그가 말을 꺼낼 때까지 5분 동안의 일은 놀랍도록 세세히 기억할 것이다. 당신이 사무실에 들어갈 때 상사가 무엇을 하고 있었는지까지도 말이다. 하지만 나중에 자리로 돌아갈 때의 일은 기억하지 못할 것이다.

이를 어떻게 유리하게 활용할 수 있을까? 이름을 전부 익히려고 했던 회의를 끝낸 직후에 아드레날린 수치를 높이려고 해 볼 수 있다. 실험실에서는 참가자들에게 말 그대로 아드레날린을 주사하거나 (아드레날린이 급증하는 확실한 방법으로) 얼음물이 담긴 양동이에 손을 담갔지만, 사무실에서는 통하지 않을 방법이다. 대신, 자리로 돌아오자마자 유튜브에서 공포영화 클립을 보자. (사람들을 만날 것이 확실한 회의에 가기 전에 클립을 원하는 부분부터 재생할 수 있도록 설정해 둘 수도 있다.) 스스로 겁을 주자. 그러면 아드레날린이 솟구칠 것이다. 그러나 효과를 거두려면, 사람들을 만나고 이름을 익힌 직후에 아드레날린 수치를 높여야 한다. 집에 돌아온 후 무서운 영상을 본다면, 너무 늦을 것이다.

추천 실습

'배움'을 위한 도구 모음 ─────────────── ✦

- **땀 흘리며 운동하기.** 뇌유래신경영양인자 수치를 높이려면 일주일에 2~3회 최소 40분씩, 말은 할 수 있지만 노래는 부를 수 없는 중등도 강도로 유산소 운동을 하자.

- **마음 챙김 명상하기.** 즉각적인 기억력 향상을 경험하려면 최소 8분, 가능하다면 10분간 호흡에 집중하며 마음 챙김 명상을 하자. 한 번만 해도 어느 정도 도움이 되겠지만, 8주간 주 5회 명상할 수 있다면 기억력과 주의력 양쪽에서 더 큰 향상을 목격할 것이다.

- **쉬기 전에 테스트하기.** 어떤 정보를 익힌 지 몇 분 후에 이름(혹은 기억하고 싶은 것)을 떠올리려고 노력하면서 스스로 테스트하자.

- **똑똑하게 겁주기.** 기억하고 싶은 것을 익힌 '직후', 그 기억을 머릿속에 가둬줄 아드레날린 증진을 경험하기 위해 공포 영화 클립을 시청하자.

- **나이가 문제일까?** 60세 이상이라면, 춤 수업에 등록하자. 6개월 이상 출석한다면 해마에 연결된 뇌 영역을 활성화시켜 기억력을 높이게 될 것이다.

7장

실수를 줄이자 ✦

당혹스럽게도 직장에서 자꾸 똑같은 실수를 한다. 줌(Zoom)의 고급 기능 사용법을 자꾸 잊어버리고는 회의를 진행할 때마다 버벅거리기도 한다. 누군가 친절하게 사용법을 알려 줄 때마다 "오, 알겠어"라고 말했지만, 2주 후 사람들이 조용히 (어쩌면 여러분을 평가하며) 지켜보는 가운데 다시 한번 얼굴이 빨개지고 만다.

알츠하이머병 초기일까?

그럴 수 있지만, 더 그럴듯한 범인이 있다. 주의력이다. 실수했을 때 지시사항이나 이후에 받은 피드백에 충분히 주의를 기울이지 않는다면, 또는 자기 자신을 방어하느라 (속으로 또는 대놓고) 바쁘다면, 똑같은 실수를 계속 저지를 것이다. 앞으로 실수를 줄이도록 도와줄 (그래서 후회 역시 덜 하게 해 줄) 영리한 전략들이 있다.

근거 없는 생각

실수를 줄이도록 도와줄 신경과학과 전략에 뛰어들기 전에, 한 걸음 물러나 수학 실력을 어떻게 생각하고 있는지 생각해 봐야 한다. 미적분 수업이 아니라 줌 회의에서 실수를 저질렀다는 것쯤은 나도 안다. 일단 내 말 좀 들어보기 바란다.

거의 다들 한 번은 경험했을 텐데, 학창 시절 수학 때문에 고생할 때 '나는 수학에 소질이 없나?' 하고 생각하지 않았나? 숙제하며 좌절하는 모습을 보고 부모님은 (근거 없이 또는) 유전적으로 수학을 못 한다는 사실을 암시하듯 "너무 신경 쓰지 마. 나도 수학을 잘 못 했거든"이라고 말하며 안심시키려 했을 것이다.

혹시, 수학 문제로 씨름할 때 이렇게 생각했는가? '좋아, 예상보다 어렵네. 더 열심히 하면 될 거야.' 어쩌면 부모님은 안심시키고자 "이건 새로운 것을 배울 기회야. 꾸준히 하다 보면 이 어려운 문제가 곧 쉬워질 거야"라고 말했을 것이다.

방금 그려낸 두 장면은 심리학자들이 마인드셋(Mindset)이라고 하는 개념을 보여준다. 첫 번째 마인드셋은 고정 마인드셋(Fixed mindset)으로서, 삶에서 어떤 특성과 능력이 정해져 있다고 상정한다. 수학은 잘할 수도, 못할 수도 있다. 못한다면, 각도기를 치우고 다른 데 에너지를 쏟는 편이 낫다. 솔직히 말해서, 훨씬 더 나아지지는 않을 것이기 때문이다. 수학 머리를 타고난 사람이 아닐 뿐이다.

두 번째 마인드셋은 성장 마인드셋(Growth mindset)이라고 한다. 이 마인드셋은 노력, 배움을 향한 열정, 가장 어려운 부분도 참고 견디려는 의지가 있다면 시간이 지나면서 특성과 능력이 향상될 수 있다고 상정한다. 따라서 오늘 수학 때문에 고생했어도 시간을 가지고 실수에서 배운다면, 미래에는 수학을 잘할 수 있다. 심지어 두각을 드러낼 수도 있다.

하나의 정신 속 다양한 마인드셋

수학 이야기를 꺼낸 이유는, 어려서 수학 문제로 씨름하던 시절에 고정 마인드셋을 받아들였다면 지금 직장에서 일 때문에 혹은 그 밖의 무언가로 어려움을 겪을 때도 고정 마인드셋을 받아들일 것이기 때문이다. 어쩌면 좋은 뜻으로 말 한마디 건넸던 부모님의 영향을 받아, 가지지 못한 능력에도 노력을 기울이느라 시간 낭비하지 말자는 생각을 마음 깊이 새겼을 것이다. 예를 들어 여러분은 대중 연설 능력("나는 말하는 데 재능이 없어") 또는 이름 암기("나는 사람을 정말 못 알아봐")에 관해 고정 마인드셋을 가지고 있을 수 있다. 나는 금융 문해력("스프레드시트만 띄워도 머릿속이 하얘져")부터 피드백("피드백을 잘해 주는 사람도 있던데, 나는 격려보다 짜증만 안기는 것 같아")까지 저마다 온갖 고정 마인드셋을 가진 사람들을 알고 있다.

이를 보면, 고정 마인드셋과 성장 마인드셋이 놀라울 정도로 혼재한다는 사실을 깨달을 수 있다. 어느 하나에만 치우쳐 있지 않다. 언어 학습에 성장 마인드셋을 가지고 듀오링고(Duolingo) 일일 학습을 즐겨하는 사람도 다른 분야에서는 고정 마인드셋을 가지고 있을지 모른다. 고정 마인드셋은 특히 지능, 창의성, 음악, 운동, 수학, 기술 분야에서 흔하다. 예를 들어 자신을 타고난 운동선수라고 여길 수 있고(고정 마인드셋), 수년에 걸쳐 좋은 리더가 되는 법을 배웠다고 생각할 수도 있지만(성장 마인드셋), 창의성에는 재능이 없다고 볼 수도 있다(고정 마인드셋). (자신이 창의적이지 않고 앞으로도 절대 그럴 수 없다고 생각한다면, 2장을 보면 마음이 바뀔 수 있다.)

실수를 바라보는 방식

실수 문제와 실수를 줄이는 법으로 돌아가자. 스탠퍼드대학교 심리학과 캐럴 드웩(Carol Dweck) 교수는 베스트셀러 저서 《마인드셋》에서 고정 마인드셋과 성장 마인드셋이라는 개념을 세상에 소개했다. 그녀는 다른 연구자들과 함께 마인드셋이 실수를 경험하는 방식을 바꾼다는 사실을 발견했다.[1] 고정 마인드셋을 가지고 있다면, 실수는 곧 부끄러운 순간이다. 막 자신의 약하디약한 부분을 보여준 것이다. 무언가에 서툴다는 사실을 드러냈고, 직장에서 그랬다면, 이제 상사나 동료들에게 자신이 그 일에 '항상' 서툰 사람처럼 비쳤을 거라는 생각에 마음속 어딘가가 움찔 놀랄 것이다. (상사와 동료들은 실수를 마음속에 담아두지 않을 수도 있다. 특히 그 실수에 관해 성장 마인드셋을 가지고 있다면 말이다.) 만약 잘하고 싶은 기술이나 과제라면, 설상가상으로 잘 '해야 하는' 것이라면, 부끄러운 순간을 최대한 빨리 피하고, 앞으로 그 능력이 필요한 상황을 피하려고 애쓸 것이다.

그러나 만약 성장 마인드셋을 가지고 있다면, 실수는 곧 기회이다. 그렇다고 오해하지는 말기 바란다. 실패는 여전히 고통스러울 수 있다. 그러나 드웩의 말처럼 성장 마인드셋과 함께라면 "실패는 여러분을 정의하지 않는다. 실패는 맞서 상대하고 배울 점을 찾아야 할 문제일 뿐"이다.[2] 실수를 저질렀을 때 다음 단계는 문제를 받아들이는 것이지 피하는 것이 아니다.

대학 시절 친구와 과제를 하곤 했는데, 그는 내가 만나본 이들 중 가장 강력한 성장 마인드셋을 갖추고 있었다. 그 친구는 물리 과제를 하다가 어떤 문제에서 막히면 이렇게 말했다. "음, 이 방법이 안 통하네. 역시, 어려운 문제가 좋아. 진짜 배움의 시작이라고!" 나는 눈을 굴리며, 친구가 태연한 척한다고 생각했다. 누구도 쩔쩔매고 싶어 하지는 않으니까 말이다. 그러나 마인드셋을 알고 나서, 그 친구가 성장 마인드셋의 전형이었다는 사실을 깨달았다.

성장 마인드셋이 있다고 해서 쉽게 발전할 수 있는 것은 아니다.[3] 대신, 변할 수 있는 잠재력이 있고 현재의 능력(또는 능력 부족)에 얽

매이지 않는다고 생각할 수 있다. 그러나 잠재력을 활용하려면, 양에 차이가 있을 뿐 노력을 기울여야 한다.

✦ 하지 말아야 할 일

때때로 실수해도 너무 좌절하지 말자. 신경과학자들이 말하는 '85% 법칙'에서 위안을 찾을 수 있다. 무언가를 배울 때 그 시간 중 85%는 올바른 결과를 얻고 15%는 실수한다면, '최적'의 비율로 실수를 저지르고 있는 것이다. (물론, 남 앞에서 실수한다면 최적이라고 '느껴지지' 않을 것이다.)

다시 한번 말하는데, 최적이 맞다. 학습에 가속이 붙을 것이기 때문이다. 신경과학자들은 오류율이 약 15%일 때 학습이 가장 빠르게 진행된다는 사실을 발견했다.[4] 만약 절대 실수를 저지르지 않는다면 주의력이 줄어들면서 자동조종 모드로 진입한다. 30% 이상 실수를 저지른다면 아마 좌절하고 그만두고 싶을 것이다.

정확도에서 85%는 면밀히 주의를 기울일 정도로 불안하면서도 노력할 가치가 있다고 느낄 만큼 보상받는 딱 좋은 지점인 것 같다. 실수가 잦은 데도 마음이 편한가? 대부분 그렇지 않다. 우리는 직장에서, 아니 삶에서 전반적으로 실수를 최대한 줄이고 싶어 한다.

그러나 불편함과 불확실성이 학습에 박차를 가한다. 원숭이를 대상으로 연구한 예일대학교 신경과학자들은 확실할 때 원숭이 뇌의 학습량이 가장 적다는 사실을 발견했다.[5] 다음에 무엇이 등장할지 예측할 수 있게 되자 원숭이 뇌에서 학습 중추, 특히 전전두피질이 꺼졌다. 그러나 불확실성을 조금 추가하자마자, 학습 중추가 발화하며 어떤 상황에서 무슨 일이 벌어질지 예측하기 위해 전전두피질이 열심히 작동하기 시작했다.

그러니 다음에 실수하면 심호흡을 한 번 하자. 아무 걱정 없이 지낼 수 있는 안전지대는 벗어나겠지만, 학습 지대에 들어서 있을 것이다.

실수와 마인드셋에 숨은 신경과학

신경과학자들은 실수를 줄이고 싶을 때 실행에 옮길 수 있는 중요한 일 중 하나가 큰 곤경을 안겨 주는 기술이나 능력에 관해 성장 마인드셋을 채택하는 것이라는 사실을 발견했다. 만약 성장 마인드셋을 가지고 있다면, 실수 후에 뇌가 다르게 반응한다.

실수에 관한 가장 흥미로운 뇌 연구 중 일부는 1장에서 처음 언급한 뇌파검사, 즉 EEG를 사용했다. EEG는 뇌의 자발적 전기 활동을 기록하고 뇌 활동이 많은지 (큰 스파이크로 표시하여) 또는 적은지를 (작은 스파이크로 표시하여) 나타내는 뾰족한 그래프를 그린다. 전극이 전기 신호를 보내는 것이 아니라 기록하기 때문에 EEG 동안에는 무엇도 느껴지지 않는다. 기술이 다 그렇듯 EEG에도 장단점이 있다. 전극이 두피 위에 있기도 하고, 전기 활동이 어디에서 발생하는지 정확히 알아내는 데 두개골이 방해되기 때문에 뇌가 '어디서' 활성화되는지 정확히 측정하지는 못한다. 그러나 활동 중에 스파이크가 '언제' 발생하는지는 놀라울 정도로 정확히 측정하여 뇌에 무슨 일이 생기면 0.001초 내로 정확히 짚어낸다.

신경과학자들은 실수를 저지른 직후 무슨 일이 발생하는지 파악하기 위해 EEG를 사용했다. 참가자들은 전극 캡을 쓰고 컴퓨터로 다양한 문제를 풀어달라는 요청을 받았다. 실험은 성인이 대체로 잘 수행하다가도 때때로 실수를 저지르도록 설계되었다. (매번 실수하고 싶은 사람은 없다. 그러면 포기하고 싶어진다.) 참가자가 실수할 때, 컴퓨터는 실수가 정확히 언제 일어났는지, 그 순간 뇌가 어떤 종류의 전기 활동을 수행했는지 정확히 기록했다. 생성된 그래프는 ERP(Event-related potential; 사건 관련 전위)라고 하며, 뇌가 언제 얼마나 강하게 실수에 반응했는지를 매우 민감하게 보여주는 기록이다.

ERP 데이터에 따르면, 처음에는 아니어도 결국 마인드셋이 중요하다. 실수 직후 뇌의 전기 신호를 표시한 첫 번째 스파이크는 마인드셋과 상관없이 모두 다 똑같아 보인다.[6] 이를 보고 신경과학자들은 애정을 담아 '아차' 싶은 순간이라고 부른다. 실수를 깨닫고 불편함을 느끼는 순간이다. 아무리 회복력이 뛰어나도, 성장 지향적인 마인드셋을 가지고 있어도, 망쳤다는 사실을 깨달을 때는 뇌도 여러분도 잠시나마 움츠러드는 경험을 할 것이다.

그러나 반사적으로 움츠러든 후에는 무슨 일이 일어날까? '아차' 싶은 순간 이후로 그래프에 등장하는 두 번째 스파이크는 고정 마인드셋보다 성장 마인드셋을 가진 사람들에게서 더 크다.[7] 더 큰 스파이크는 기본적으로 뇌가 스스로 '집중하자'고 말하는 방식이다. 만약 성장 마인드셋을 가지고 있다면 추가 입력에 주의를 더 기울인다는 사실이 ERP에 나타난다. 게다가 '애초에' 정답이 무엇이었는지 골똘히 생각하는 성장 마인드셋을 가진 사람이라면, 실수를 통해 뇌가 더 많은 정보를 받아들이도록 유도하고 이를 통해 배우고 다시는 같은 실수를 저지르지 않을 수 있다. 이러한 각성도 증진은 효과가 있다. 성장 마인드셋을 품고 있는 사람들(그래서 더 큰 두 번째 스파이크를 경험한 사람들)은 나중에 실수를 덜 한다.

고정 마인드셋을 가진 사람들은 뭐라도 흥미로운 일을 겪을까, 아니면 잠깐 멍해질까? EPR를 보면, 멍해지지 않는다. 대신, 자기 능력을 남에게 증명하는 데 신경 쓰는 것과 상관관계가 있는 전기 신호를 내보낸다.[8] 그래서 이들은 인지하든 아니든, 처음의 '아차' 싶은 순간 이후로도 지속적인 감정 반응을 보인다. 학습 모드에 들어서는 대신, 얼마나 똑똑한지 증명하지 못하고 있다며 걱정한다. 평판에 더 집중하고 학습에 덜 집중하기 때문에, 실험 중에 성장 마인드셋을 가진 사람들보다 당연히 실수를 더 자주 저지른다. 그래서 고정 마인드셋을 가지면 기분이 나빠지고 학습량이 줄어든다.

뇌과학자들이 발견한 흥미로운 사실 중 하나는 이러한 주의력과 감정 변화가 너무 빨라서 의식적으로는 일으킬 수 없다는 것이다. 성장 마인드셋을 가진 사람들은 '방금 실수했으니까 더 주의해야겠다'라고 의식적으로 생각하며 주의력을 바로잡지 않는다. 사실 주의력을 바로잡는 것은 의식 밖에서 비교적 빠르게 저절로 일어난다. 이러한 전기 활동의 변화는 실수 후 0.2초(다시 말해, 줌에서 잘못된 버튼을 클릭했다는 사실을 깨닫고 5분의 1초) 만에 일어나는데, 마인드셋에 따라 뇌는 학습을 위해 더 주의를 기울이거나 후회하기 시작한다.

이처럼 즉각적이고도 의식적으로 통제할 수 없는 반응이라니, 좌절할지도 모르겠다. 그러나 한 줄기 희망이 있다. 성장 마인드셋을 채택하고 나면, 실수를 저지를 때마다 노력을 기울일 필요가 없다. 뇌가 저절로 주저 없이 학습 모드로 돌입할 것이다.

마인드셋은 양자택일이 아니다

성장 마인드셋을 채택하기 위한 전략을 살펴보기 전에, 마음이 한결 편해질 만한 이야기를 하고 싶다. 기자들은 종종 마인드셋을 마치 이분법적인 것으로 묘사하며, 오직 완전한 고정 마인드셋과 완전한 성장 마인드셋만 있을 뿐 그 중간은 없다는 식으로 말하곤 한다. 그러한 관점은 구식이고, 지나치게 단순하다. 캐럴 드웩과 다른 연구자들이 최근 지적했듯, 마인드셋은 연속선상에 있으며, 한쪽 끝에는 고정 마인드셋이, 다른 한쪽 끝에는 성장 마인드셋이 있다.[9] 어떤 사람들은 능력을 생각할 때 고정 마인드셋에 붙들려 있을 수도 있다('나는 죽을 때까지 음치일 거야' 또는 '나는 애초에 리더감이 아니야'). 이런 사람들은 연속선상의 한쪽 끝에 있을 수 있지만, 사람들은 대부분 두 극단 사이 어디엔가 있다.

내가 마인드셋이 연속선상에 존재한다는 점을 강조하는 이유는 연구자들이 두 번째 ERP 스파이크의 크기가 개인의 성장 마인드셋 점수와 양의 상관관계를 보인다는 사실을 발견했기 때문이다.[10] 점수가 높을수록 마인드셋이 성장 지향적이고, 뇌는 학습을 증폭하는 방식으로 반응한다. 따라서 연속선상 어디에 있든, 목표는 더 강력한 성장 마인드셋을 향해 움직이는 것이다. 그래야 실수가 오히려 주의를 더 기울이게 도와줄 수 있기 때문이다.

효과적인 행동

이번 장을 읽으면서 생각보다 더 심한 고정 마인드셋을 가지고 있다고 확신했다면, 오히려 좋은 징조이다. 언뜻 무슨 말인가 싶겠지만, 엄밀히 따지면 고정 마인드셋은 하나로 고정되어 있지 않기 때문이다. 여러분은 언제나 더 강한 성장 마인드셋을 향해 나아갈 수 있다. 마인드셋을 바꾸는 가장 효과적인 전략은 읽기, 행동 파악, 쓰기라는 세 단계로 이루어져 있다.[11] 모두 살펴보자.

1. 뇌의 변화를 다룬 글을 읽어라

이번 장을 읽으면서, 더 넓게는 이 책을 읽기 시작하면서 이미 첫 단계를 밟았다. 연구자들은 마인드셋을 바꾸기 위한 중요한 단계는 성인기에 뇌가 스스로를 어떻게 재구성할 수 있는지 배우는 것이라고 밝혔다. 예전에 배운 내용에 모순될 것이다. 학창 시절에는 유년기 중 주요 시기에 뇌가 모든 발달을 거친다고 배웠지만, 그러한 생각을 뒷받침하는 연구는 주로 동물 모델에 기반을 두고 있다. 뇌 영상을 사용한 최근 연구에 따르면, 뇌는 대부분 생애 첫 20년간 발달하지만 성인도 여전히 어느 정도 신경가소성이 있다고 한다. 신경가소성이란 6장에서 살펴봤듯 처음 접하는 자극과 경험을 바탕으로 새로운 연결을 형성하는 뇌의 능력이다.[12]

뇌에 순응성이 있다는 사실을 알게 되면 사람들은 잠재력을 다르게 바라보기 시작한다. 읽기는 마인드셋 변화의 핵심 단계이다.

그러니 다들 이 책부터 계속 읽어보자. 최고의 실습법과 최신 연구를 놓치지 않기 위해서는 때때로 온라인에서 '뇌의 신경 경로 재연결 방식' 또는 '신경가소성을 위한 전략'을 검색해 볼 수도 있다. 신경가소성을 다룬 글을 많이 접하면서 타고난 뇌로만 살아가는 것이 아니라는 확고한 믿음을 가지게 될 것이다. 어라, 이 책을 처음

집어 들었을 때와 비교하면 뇌가 달라져 있을지도 모른다!

그러나 자료를 찾을 때 한 가지 주의 사항이 있다. '뇌 훈련'은 검색하지 말자. 이 문구와 관련된 앱은 큰 수익을 창출하지만, 뇌 '성장'에는 큰 영향을 미치지 않는다. 단, 1장에서 소개했던 브레인 HQ는 예외인데, 고려할 가치가 있는 앱이라는 연구 결과가 있다.

마인드셋 연구자들 다수는 뇌를 근육에 즐겨 빗댄다. 노력하면 더 강력하고 똑똑한 뇌를 가질 수 있다는 것이다. 그러나 근육 문제라면 팔굽혀펴기와 같은 운동을 똑같이 여러 번 하고 반복만으로도 근육을 키울 수 있을 테지만, 뇌의 성장을 위해서는 다양한 훈련이 필요하다. 자극도, 도전도, 실수도 모두 새로워야 한다. 그래야 뇌가 변한다.

그러니 실수할 때는 자책하는 대신 심호흡하고 기회를 잡았다고 생각하자. 계속 몰입하고 노력한다면, 실수는 학습에 나서고 뇌를 향상시킬 기회이다.

2. 작은 발걸음을 내딛고, 진행 상황을 기록하라

마인드셋을 바꾸려 할 때 활용할 수 있는 다음 전략은 잠재력을 높이기 위해 어떤 행동을 하면 좋을지 알아내는 것이다. 삶에서 잠재력을 높이고 싶은 영역을 골라 보자. 그런 다음, 그 행동이나 기술에 맞춰 의도적으로 말을 바꾸도록 하자. "이 나이에 뭘 또 배우느냐"라고 하지 말자. 대신, "배움에 너무 늦은 때는 없다"라고 하자. 그리고 이런 말을 나 자신뿐만 아니라 남에게도 소리 내어 말해 보자. 개인적으로, 나는 공을 다루는 운동에 고정 마인드셋을 가진 편이다. (어린 시절에 그런 운동을 너무 못해서 아빠가 나와 캐치볼 하는 것을 포기할 정도였다.) 지금까지 나 자신에게, 그리고 다른 사람에게도 자주 말하는 두 가지 표현이 있다. "증명하려는 게 아니라 배우려는 거야." 그리고 "잘하는 편이 아니야, 아직은"이다. 끝에 덧붙인 한마디가 흐름을 바꾼다.

잠재력을 높이고 싶은 영역을 파악하고 말을 바꾸기 시작했다면, 그 변화에 익숙해지거나 기술을 향상시키기 위해 어떤 단계를 이어가면 좋을지 생각해 보자. 실천할 수 있는 작은 행동 하나가 있다면 무엇일까? 예를 들어 향상시키고 싶은 기술에 주당 1회 15분씩 노력을 기울이겠다는 약속을 달력에 적어둘 수 있다. 그리고 진행 상황을 기록하자. 배우고 있는 새로운 기술을 언제 사용하는지, 예전 실수 대비 새로운 실수를 얼마나 자주 저지르는지 현황을 적는 것이다. '예전 실수' 또는 '새로운 실수'라고 적어 두고, 그 아래에 매일 간단히 작게 확인 표시만 해도 좋다. 새로운 전략을 시도하고 있는 만큼 새로운 실수를 계속 저지를 테지만, 예전 실수가 멎었다는 사실을 발견할 것이다. 진행 상황을 보는 것은 중요하다.

그리고 이럴 때 습관 추적 앱이 유용하다. 노력을 기울이고 싶은 기술을 고른 후, 진행 상황을 앱에 기록하면 된다. 앱은 수십 개나 있다. 그중에서 해비티카(Habitica)라는 습관 추적 앱의 인기가 높다.

1990년대 후반 비디오 게임을 떠올리게 하는 그래픽을 구현해 '게임 요소'를 더했기 때문이다. 더 웨이 오브 라이프(The Way of Life)라는 앱은 사용하기도, 사용자 설정을 하기도 쉽다.

이번 장을 쓰고 나서, 나는 수년간 배우고 싶었던 피클볼(pickleball; 테니스와 비슷한 게임. 비교적 짧은 채를 이용하여 플라스틱 공을 쳐서 네트 위로 넘기는 스포츠—옮긴이)을 배우기 시작했다. 직장에서 필요한 기술은 아니지만, 나 자신을 향한 정말 심한 고정 마인드셋 중 하나를 바꾸기 위해 실천할 수 있는 방법이었다. 가장 먼저 사용하는 말을 바꿨고, 이후에는 매주 몇 시간 경기하는지, 1시간에 몇 번이나 실수하는지 일기에 기록했다. 처음 1시간 수업을 들었을 때는 실수를 최소 30번이나 했지만(30개에서 세는 것을 멈췄다), 세 번째 수업에서는 겨우 12개 정도로 줄었다. 당연히 실수를 아예 하지 않는다면 좋겠지만, 나는 뇌가 서서히 변하는 모습을 받아들일 것이다.

3. 글쓰기로 사람들을 설득하라

마인드셋을 바꾸려 할 때 다른 사람을 설득할 수 있는 호소문을 작성하는 것이 결정적인 역할을 한다. 이를 '말하는 것 믿기(Saying is believing)' 활동이라고 한다.[13] 실험실에서는 다음과 같이 활동을 진행했다. 사람들은 (앞서 소개한 1단계처럼) 경험에 따른 뇌의 변화를 다룬 과학 기사를 읽는다. 그 과정에서 자신의 능력이 어떻게 변화

될 수 있는지, 집중 실습과 함께 어떻게 잠재력을 높일 수 있는지를 배운다. 기사를 다 읽고 나면, 같은 문제로 어려움을 겪고 있을지 모르는 다른 사람에게 뇌와 잠재력에 관해 배운 내용, 힘들 때 상대가 해야 할 일, 포기하지 않는 방법을 담은 편지를 쓴다.

왜 이 활동이 고정 마인드셋에서 더 성장 지향적인 마인드셋으로 나아가는 데 효과적일까? 그런 편지를 쓰면 인지 부조화(Cognitive dissonance)가 일어난다. 깊이 간직하고 있던 믿음과 어긋나는 글을 쓰기 때문이다. 여러분은 기술적 역량과 같은 능력이 콘크리트처럼 단단하다고 생각하지만, 사실 찰흙 같아서 노력을 기울여 빚어낼 수 있다고 다른 사람을 설득하려 했다. 이처럼 글과 생각이 대립하는 상황에서는 뭔가 하나는 버려야 한다. 그리고 그 주인공은 대개 여러분의 사고방식일 것이다.

이 접근법을 효과적으로 사용하려면 배운 내용을 담은 이메일을 친구에게 보내도 좋지만, SNS를 사용한다면 완벽한 활동 무대가 있다. 앞으로 몇 주간, 링크드인(LinkedIn), 페이스북(Facebook), 왓츠앱(WhatsApp) 또는 선호하는 SNS에 반복해서 뇌의 순응성 그리고 잠재력에 관한 생각의 변화를 접하며 얻은 교훈을 글로 써 보자. 친구들에게 의견을 물어볼 수도 있다. 친구들은 삶의 어떤 영역에서 당혹스러울 정도로 불쾌했다가 기분 좋은 중간 단계로 이동했을까? 심지어 인상적일 정도로 능숙해졌을까?

친구에게 무엇을 배웠는지 말할 수도 있지만(이 기법은 '말하는 것

믿기'라고 불리니까) 연구자들은 마인드셋을 바꾸려 할 때 말하기보다 쓰기가 조금 더 효과적이라는 사실을 발견했다('쓰는 것 믿기' 활동이라고 해야 할 것 같지만, 기억에 잘 안 남을 것 같다.)

이 책에 등장하는 일부 실습과 달리, 단 한 번의 실습만으로 즉시 마인드셋을 바꾸지는 못할 것이다. 만약 수년간 자기 자신을 기술에 서투르다고, 연설은 '내 스타일이 아니야'라고, 또는 이름을 지독히도 못 외운다고 말했다면, 고정 마인드셋이 무효로 되는 데는 어느 정도 시간이 걸릴 것이다. 참고 견디자. 처음에는 의식적으로 노력해야 할 테고, 예전 사고방식에 빠지려 할 때는 자신을 붙들어야 할 것이다. '노력하고 계속 주의를 기울이다 보면 나아질 것'이라고 말하며, 자신의 신념을 수정해야 한다. 그러면 결국에는 목표에 도달할 것이다.

덧붙이는 말

이번 장은 성장 마인드셋 계발이라는 하나의 핵심 원리를 가지고 실수를 줄이기 위한 세 가지 전략으로 나눴다는 점에서 색다르다. 다른 장은 대체로 최소 두 가지 핵심 원리를 담고 있는데, 서문에서 밝혔듯 여러분에게 선택지를 주고 싶었기 때문이다. 게다가 개인적으로 나는 유연성과 선택을 무척 좋아한다. 그러나 성장 마인드셋

계발이란 너무 강력하고 삶의 많은 영역에 영향을 미치기 때문에 핵심 접근법 하나에만 힘을 주고 싶다.

물론, 실수를 줄이기 위해 마인드셋을 바꾸겠다고 의지를 다졌을 수도 있지만, 마인드셋을 바꾸면 여러 가지 놀라운 방식으로 '자아'를 바꿀 수 있다. 연구자들은 성장 마인드셋을 가진 성인들이 직장에서 고정 마인드셋을 가진 동료들은 느낄 수 없는 마음의 평화를 누린다는 사실을 발견했다.[14] 아마 상사에게서 피드백을 받을 때 덜 방어적이기 때문인 것 같다. (일대일 미팅에서 위협을 덜 느끼면 좋지 않을까?) 또한, 일할 때 창의성이 번뜩이고, 위험을 감수하고 때때로 실수를 저질러도 괜찮다고 깨닫고는 너무 위험하다고 생각했던 새로운 아이디어를 과감히 시도할 것이라고 한다.

가장 예상치 못한 반전일 수도 있는데, 성장 마인드셋과 함께라면 직장에서 경험하는 편향된 말이나 행동에 부딪칠 가능성이 더 크다.[15] 사람들이 성장하고 변할 수 있다고 믿고, 동료가 꼭 자기 방식만을 고집하는 건 아니라는 사실을 깨닫게 되면, 누군가 나쁜 행동을 할 때 조용히 이를 악물고 방관하는 대신 목소리를 높일 수 있는 방식을 찾아 나서기 때문이다.

따라서 직장에서 비교적 고정 마인드셋을 가진 영역을 찾아 성장시키도록 노력하자. 다양한 방식으로 도움이 될 것이고, 팀도 그럴 것이다.

추천 실습

'더 적은 실수'를 위한 도구 모음 ────────────✦

이번 장의 필수 전략은 잘하지 못하는 일에 대해 '소질이 없다'라는 고정 마인드셋에서 벗어나, 성장 마인드셋을 가지고 "'아직' 잘하는 편은 아니야"라고 생각하는 것이다. 여기에는 세 가지 핵심 단계가 있다.

- **뇌의 변화를 다룬 글 읽기.** 이 책 외에도 온라인에서 '뇌의 신경 경로 재연결 방식', '신경가소성을 위한 전략'과 같은 용어를 검색하여 기사를 찾아보자.

- **실천할 수 있는 작은 행동 알아내기.** 실수를 저질렀을 때 "'아직' 잘하는 편은 아니야"와 같이 나 자신과 남에게 할 말을 생각하고, 시간이 지나면서 서서히 나아지는 모습을 목격할 수 있도록 실수 횟수를 기록하자.

- **설득력 있는 글쓰기.** 친구에게 이메일을 쓰거나 같은 문제를 겪고 있을 누군가를 위해 SNS에 글을 올려 스스로 겪은 문제와 개선 사항, 포기하지 않을 방법 그리고 뇌가 실수를 통해 어떻게 변하는지에 관해 알게 된 사실을 설명하자.

남들에게
더 잘하자

8장
더 많이 공감하자

기분 좋게 시작한 하루. 그러나 회의 일정을 보자, 온몸이 축 처진다. '진짜? 다들 자기 문제로 투덜거릴 거라고.' 이내 이해하는 척하는 얼굴로 이 시간을 어떻게든 버텨 보려 하지만, 연달아 이어지는 회의 탓에 지칠 거란 걸 알고 있다.

우리는 다들 이런 일을 겪어봤다. 그러나 달력을 보고 대신 이렇게 생각한다면 어떨까? '흥미롭군. 많은 사람들을 챙겨 줄 기회가 생겼잖아? 정말 멋진 하루가 될 거야!'

말도 안 되게 낙관적인 생각으로 보일 것이다. (너무 긍정적이라서 읽는 것만으로도 구역질이 났을지 모른다.) 그 마음 다 안다. 이 책을 쓰려고 조사하기 전에는 나 역시 비현실적이거나 결코 발휘할 수 없는 달라이 라마 같은 공감 능력이 필요하다고 생각했을 것이다.

나는 이 자리에서 앞서 제시한 생각이 현실적이며, 세계적인 영적 지도자의 공감 능력까지는 필요 없다고 밝힌다. 그러나 공감은 좋은 출발점이다. 공감이 인사팀 유행어로 자리 잡은 탓에 기업은 리더들이 더 공감하도록 교육하는 데 수백만 달러를 투자하고 있다. 놀랍게도 잘 짜인 교육 과정에서 놓치곤 하는 답을 신경과학자들이 가지고 있다. 이번 장에서는 공감에 관한 최신 신경과학 연구 결과와 함께, 공감이 어떻게 유용하며 어떻게 그 능력을 높일 수 있는지 살펴보겠다. 또한 공감이 아닌 '다른' 것에 집중하는 편이 왜 더 나을 수 있는지 그 이유까지도 알아볼 것이다.

고르는 재미가 있는 다양한 공감

공감이 정확히 무엇인지 궁금할 것이다. 많은 사람들이 그렇다. 2016년 기준으로 심리학자들은 공감에 관해 (무려) 43개 정의를 내렸고, 이후로 더 추가했다.[1] 혼란스럽다.

오늘날 많은 전문가들이 공감에 최소 두 가지 유형이 있으며, 둘 다 다른 사람의 감정을 이해하는 것이라는 데 동의한다. 한 유형은 정서적 공감(Affective empathy)으로, 다른 사람의 즐거움이나 고통을 느끼고 그들의 감정적 경험을 공유하는 것이다. 다른 한 유형은 흔히 조망 수용(Perspective taking)이라고 하는 인지적 공감(Cognitive empathy)으로, 다른 사람이 즐거움이나 고통을 느끼고 있다는 사실을 인지하고 그런 감정이 그들에게 어떤 영향을 미칠지 추론하는 것이다.[2]

두 공감의 차이점을 명확히 밝히기 위해, 동료가 기대했던 승진에 실패했다고 상상해 보자. 정서적 공감을 경험한다면, 승진에 실패했다는 말에 동료의 충격, 불신, 깊은 실망 혹은 치미는 분노를 느낄 수 있다. 그리고 기분이 나빠지거나 함께 울 수도 있다. 인지적 공감을 느낀다면, 동료가 고통스러워하고 깊이 실망한다는 사실을 인지하지만, 자신은 그 어떤 감정도 직접 느끼지는 않는다. 그러한 감정이 동료에게 어떤 의미인지 생각하고 동료가 오후에는 집중할 수 없을 거라 예상할 수도 있다. 혹시 두 가지 공감을 모두 느낀다면, 처음에는 동료와 함께 감정을 공유한 다음, 사고와 예측 모드로 진입한다. 간단히 말해 정서적 공감은 느끼는 것이고, 인지적 공감은 생각하는 것이다.

사람들은 어떤 공감을 누구와 함께 경험하느냐에 따라 다양한 모습을 보인다. 여러분은 친한 친구와 가족에게는 정서적 공감을 보이지만, 동료에게는 인지적 공감을 보일 것이다. 따라서 직장에서 누군가의 감정을 파악하고 문제 해결 모드로 빠르게 진입할 수 있지만, 바로 그 자리에서 고통을 함께 느끼지는 않기 때문에 상대는 자기만큼 속상해하지 않는다며 서운해할 것이다. 아니면 여러 사람에게, 별로 친하지도 않은 사람에게까지 높은 수준의 정서적 공감을 보일 수도 있다. 개인적으로 내가 이런 사람이라서, 좋든 싫든 잘 모르는 사람이라도 상대가 울기 1~2초 전에 먼저 울기 시작하는 것으로 유명하다. 혹은 어떤 공감도 경험하지 않아서, 다른 사람의 감정 신호와 그 감정이 그들에게 미칠 수 있는 영향을 판독하기 위해 더 열심히 노력해야 한다는 문제에 직면할 수도 있다. 상사가 눈썹을 찡그린다면, 집중해서일까, 혼란스러워서일까, 아니면 화난 것일까? 이럴 때는 상사에게 더 설명해야 할까, 아니면 입 다물고 가만히 있어야 하는 것일까?

정답은 없지만, 정서적 공감과 인지적 공감을 얼마나 경험하느냐에 따라 다른 문제를 마주할 것이다.

충성심을 유도하는 관심

자녀나 배우자에게 공감하려는 이유는 분명하지만, 직장에서 공감이 왜 중요한지는 와닿지 않을 수 있다. 직장에서의 공감은 집안일을 집에서만 챙기고 마는 사람이 별로 없기 때문에 중요하다. 개인 생활을 돌아보고, 직장 생활에 어떻게 영향을 미치는지 생각해 보자. 주말 내내 우는 아기를 돌보느라 잠을 못 잤다면, 월요일에도 그 피로가 그대로 느껴질 것이다. 오늘 하루에만 아빠의 치매 증상이 심해졌다는 엄마 문자를 세 번이나 받는다면, 집중하기 어려울 것이다. 아니면 자신의 건강 문제 탓에 의욕이 꺾일 수도 있다.

이러한 시험과 시련을 겪을 때 동료나 상사가 공감해 준다면 매우 도움이 된다. 연구자들은 직장 밖에서 마주하는 어려운 상황에 관해 리더가 걱정하고 이해해 주면 직원들이 몰입하며 더 열심히 일한다는 사실을 발견했다.[3] 공감 수준이 높은 회사의 직원들은 집안일로 스트레스를 받아도 더 혁신적으로, 적극적으로 일한다. 게다가 퇴사 의향이 별로 없다며 '충성심도' 느낀다. 그 결과, 일부 비즈니스 분석가들은 오늘날 직장에서 '공감 능력이 가장 중요한 리더십 기술'이라고까지 했다.[4]

우리는 대부분 누군가 더 관심을 보이고 마음을 써 주면 더 도움을 줄 거라 생각한다. 공감하는 상사가 무심한 상사보다 곤란한 상황에 더 귀 기울여 줄 것이고, 프로젝트에서 맡은 부분을 금요일 아침이 아니라 일요일 밤에 제출하고 싶다고 해도 이해해 줄 거라 가정한다. 공감이 직장 내 지지의 핵심이라고 생각한다. (이 문제는 곧 다시 살펴볼 예정이다.)

효과적인 행동

1. 나만의 동기를 찾아라

그러나 더 높은 수준의 공감에는 좋은 소식과 나쁜 소식이 있다. 좋은 소식부터 시작하자. 만약 '더 신경 쓰라'거나 '다른 사람의 관점을 받아들여라'라는 피드백을 받고 더 공감해야 한다는 압박감을 느낀다면, 희망적이다. 대부분 조금만 노력해도 정서적 공감과 인지적 공감을 높일 수 있어서, 아마 현재의 공감 수준에 머물러 있지 않을 것이다. ('대부분'이라고 말한 것은 공감을 심각하게 방해하는 특정 질환들이 있기 때문이다. 자기애, 자폐, 양극성 정동장애는 공감 부족으로 이어지는 질환 중 일부로, 그로 인해 주변 사람들은 큰 당혹감을 겪는다.)

여러분이 대부분의 사람들과 같다면, 어떻게 공감 수준을 높일 수 있을까? 의욕이 핵심이다. 연구자들은 공감하려는 의욕이 높을 수록 실제로 공감할 수 있다는 사실을 발견했다.[5] 의욕이 있으면, 다른 사람이 감정에 못 이겨 손톱을 물어뜯고, 어깨를 축 늘어뜨리고 또는 발을 떠는 데 주의를 기울이며, 어느새 그 사람의 감정에 함께 몰입하게 된다. 사실 연구자들은 대부분의 사람들이 공감하지 않는 것은 공감을 '못' 느껴서가 아니라 대체로 공감하려는 의욕이 충분하지 않기 때문이라고 (또는 상반된 동기를 느끼고 있기 때문이라고) 밝힌다.[6]

더 공감할 줄 아는 사람이 되는 데 여러 동기를 활용할 수 있다.[7] 하나는 연결되고 소속되고 싶은 욕구일 수 있다. 아니면, 더 가까워지고 싶거나 배려하는 사람 중 하나가 되고자 어려움을 겪는 사람에게 공감하려고 할 수도 있다. 또한 개인적으로 공감이 바람직한 특성이라 여기고 공감할 때 뿌듯해지기 때문일지도 모른다. 만약

'더 친절하고 배려심 많은 사람'을 올해의 우선순위 중 하나라고 정했다면, 자극을 받아 더 공감하려고 할 것이다. 마지막으로, 비슷한 사람에게 공감하려는 의욕이 더 생길 것이다. 다른 사람을 보고 (차이점보다는) 유사점에 집중한다면, 그들의 감정을 이해하거나 심지어 느끼는 것 또한 더 쉬워질 것이다.

이러한 동기 중 하나가 울림을 준다면, 공감하고 싶은 회의에 들어가기 전에 잠시 생각하자. 여러분의 목표는 연결되고 소속감을 느끼는 것인가? 더 나은 존재가 되는 것인가? 아니면 누군가와의 공통점을 발견하는 것인가? 모두 공감에 가까워지도록 도와줄 가치 있는 동기이다.

여기서 어려운 점은 어떤 날에는 공감에 의욕이 크게 꺾일 수도 있다는 것이다. 이처럼 동기가 의욕을 높이기도, 꺾기도 하며 양방향으로 작동한다는 사실이 바로 나쁜 소식이다. 여러분이 일정을 보고 어려움을 겪는 사람들과 몇 번이나 회의해야 한다는 사실을 깨달았던 그 순간으로 돌아가 보자. '어떻게 해내지?'라고 생각한다면, 공감하지 '않는' 데 의욕이 생겨 맹공에 살아남기 위해 충분한 에너지를 보존하는 데 집중할 것이다. 심리학자들이 '예기된 소진 (Anticipated exhaustion)'이라고 칭하는 이 현상은 일상에서 공감하지 못하게 만드는 주요 원인 중 하나이다.[8] 너무 깊이 신경 쓰거나 상대의 입장을 지나치게 헤아리다 보면 정신적으로나 감정적으로 부담이 클 것이라고 예상하고, 의식적이든 아니든 무장하고 공감하지 않으려 한다. 아주 현명한 자기 보호 전략이다.

✦ 나이가 문제일까?

60대라면 어느새 점점 더 자주 이렇게 생각하고 있을 것이다. '저런 식으로 행동하다니, 미쳤군.' 스물두 살인 카페 직원의 온갖 피어싱 때문일 수도 있고, 동네를 운전하다가 본 오래된 가전이 들어찬 마당 때문일 수도 있다. 한때는 남녀노소 가릴 것 없이 모든 사람을 이해한다고 생각했지만, 이제는 남들의 괴상한 선택에 점점 (부아가 치밀기도 하면서) 혼란스럽다.

나이가 들면 그런 일이 생긴다. 다른 사람의 관점을 받아들이는 능력인 인지적 공감은 대체로 삶의 전반에 걸쳐 변화한다. 10대부터 30대 후반이나 40대 초반까지 증가하여 정점을 찍고, 하락하기 시작한다.[9] 그래서 스무 살이나 어린 동료의 행동을 그 어느 때보다도 이해하기 어려울 수 있지만, 단순히 나이 차이만 문제가 되는 것은 아니다. 친구의 어이없는 사랑꾼 같은 선택에도 똑같이 당황할지 모른다. '3개월 만나고 동거하겠다고?' 친구와 동갑이라도 조망 수용은 아마 예전만큼 쉽지 않을 것이다.

두 가지가 도움이 될 수 있다. 첫째, 배움이다. 배움을 게을리하지 않아야 나이 들면서도 조망 수용을 실천하기 더 쉽다.[10] 그러나 나이 60이 넘어 뭘 더 배우라고 하는 것이냐고 생각할 수도 있을 텐데, 다행히도 또 다른 선택지가 있다. 바로 의욕을 가지려고 노력하면 된다.

인지적 공감을 가지려는 의욕이 높은 노년층은 까마득히 젊은 동료들만큼이나 능숙하게 조망 수용을 할 수 있다.[11]

따라서 '더 공감해야겠다'라고 생각한다면, 앞서 소개한 동기 중 어느 것에 울림을 느끼는지 생각해 보자. 아니면 자신만의 동기를 만들자. 다른 사람들을 배려하는 모습으로 기억되고 싶을 수도 있고, 더 많은 친구와 사귀는 즐거움을 느끼고 싶어 할지도 모르겠다.

정서적 공감은 어떨까? 연구에 따르면, 정서적 공감은 꾸준히 유지되거나 나이 들수록 높아진다고 한다.[12] 다른 사람의 감정을 공감하는 능력은 여전히 높고, 어쩌면 예전보다 더 높아졌을 수도 있다. 특히 누군가와 직접 소통했거나 어려운 일을 겪는 모습을 지켜본 후라면 더욱 그렇다.

직장에서 공감을 활용하기 어렵다면, 당황스러운 행동을 하는 사람과 커피를 마시러 나가자. 팀 회의에서 보인 행동 때문에 그들의 생각을 이해하기 어려울 수도 있지만, 더 잘 아는 사이가 되면 정서적 공감을 활용할 수 있다. 이렇게 말해도 좋다. "X 프로젝트에 대한 당신의 관점이 궁금해요. 듣고 무언가를 배우고 싶거든요. 생각을 공유해 주시겠어요?"

고통에는 조절 스위치가 있다

동기에는 이해하기 어려운 구석이 있다. 정서적 공감을 강하게 느낀다면, 무엇보다 가장 큰 방해꾼인 고통과 괴로움 때문에 의욕이 꺾일 수 있다. 다른 사람의 고통과 괴로움이 순식간에 내 것이 될 수 있다. 이런 현상이 어떻게 일어나는지 이해하려면 공감에 중요한 뇌 영역인 전측 뇌섬엽(Anterior insula)을 간단히 살펴보자.

나는 전측 뇌섬엽이 흥미롭다고 생각한다. 이 뇌 영역은 귀에서 2.5~5cm 정도 떨어진 안쪽으로 뇌의 양쪽에 하나씩 2개 있다. 섬엽 (Insula)이라는 말은 라틴어로 '섬'을 의미하며, 전측 뇌섬엽은 몸 전체 통증 수용체와 많은 연결을 가지고 있는 작은 타원형 섬이다. 고통을 인지하고 가장 아픈 원인이 무엇인지 평가하는 데 중요한 역할을 한다. 아침에 달리다가 넘어져서 일곱 살 아이처럼 찰과상을 입었다고 상상해 보자. 모든 통증 신호를 받아들이고 여러분을 향해 "손 좀 봐 줘! 피 나고 있잖아!"라고 말하는 것이 바로 전측 뇌섬 엽이다. 왼쪽 무릎도 다쳐서 피가 철철 나고 있을 수 있지만, 전측 뇌섬엽이 손을 우선순위에 놓고 있기 때문에 나중에야 눈에 띌 것이다.

전측 뇌섬엽의 매력은 무엇이 얼마나 아픈지를 결정한다는 점이다.[13] 나는 항상 신경에서 통증 신호가 나와야 고통을 느끼고, 신경의 발화 강도에 따라 객관적으로 고통의 강도가 정해질 거라 생각했다. 아마 여러분은 나처럼, 뜨거운 불꽃에 손이 닿으면 통증 신호가 척수로 전달되고 새로운 신호가 팔 근육으로 향하면 반사적으로 손을 떼는 생물학 개론에 등장하는 모식도를 떠올릴 수 있을 것이다. 이는 이야기의 일부일 뿐, 전체를 설명하지는 않는다.

손을 뻗어 촛불 위에 갖다 대라는 말을 들었다고 상상해 보자. "몇 초간 불꽃 위로 손을 들고 있어도 전혀 문제없이 안전한 거리이고, 다른 사람들도 잘 해냈다"라고 듣는다면, 손이 불꽃 위를 맴돌 때 전측 뇌섬엽은 잠자코 있을 것이다. 아프면 손을 떼기야 하겠지만, 전측 뇌섬엽에 동요가 일지 않아서 그다지 고통스럽지 않다. 심지어 이렇게 말할지도 모른다. "그렇게 나쁘지는 않았어요."

그러나 "불꽃에 이 정도로 가깝게 손을 대고 있으면 고통스러울 수 있고, 다른 사람들은 꽤 불편하다고 생각했다"라고 듣는다면, 전측 뇌섬엽은 여러분이 움직이기도 전에 발화한다. 위험 신호를 보내는 것이다. 그 결과, 손바닥 신경이 불꽃의 열에서 정확히 똑같은 통증 신호를 받지만, 전측 뇌섬엽이 그 신호를 증폭하는 탓에 훨씬 더 고통스러울 것이다. 어떤 의미에서 전측 뇌섬엽은 여러분이 느끼는 고통에 조절 스위치 역할을 한다. 즉 그 통증이 통증 척도에서 10점 만점 중 가벼운 3 정도인지, 아니면 7 정도의 극심한 통증인지를 결정한다.

남의 것이라도 고통은 진짜이다

딴소리처럼 들릴지도 모르지만, 고통스러운 일이 발생할 때 전측 뇌섬엽이 고통 강도를 조절하는 데만 그치지 않기 때문에 이번 내용은 중요하다. 전측 뇌섬엽은 특히 진심으로 아끼는 사람에게 고통스러운 일이 발생할 때도 통증 신호를 켤 수 있다. 신경영상 연구에 따르면, 친구나 사랑하는 이가 고통스러워하는 모습을 볼 때 전측 뇌섬엽이 매우 활성화된다고 한다.[14] (나는 부모가 아니지만, 많은 부모들이 자녀가 고통스러워할 때 마음이 너무 아프다고 말하는 것을 들었다.) 체내 통증 수용체가 아무런 신호를 보내고 있지 않아도 전측 뇌섬엽이 활성화되어 여러분 역시 아파한다. '상대'의 통증 중추인 줄 알았던 것이 사실 '우리'의 것이기도 하다. 공감은 우리를 하나로 합치고, 공유된 고통이 실제 고통이 될 수 있다.

그 결과, 공감은 상처를 줄 수 있다. 예를 들어 기대했던 승진에 실패했다는 사실을 막 알게 된 동료를 볼 때 여러분은 고통을 상상하는 데 그치지 않고 '자기 자신'이 승진하지 못했을 때 뇌가 느끼는 것과 거의 같은 방식으로 '느낄 것'이다. 심리학자들은 이를 '공감적 고통(Empathic distress)'이라고 부른다.

인간 생리의 사랑스럽고도 관대한 변덕처럼 보이지만, 공감적 고통은 실제로 진짜 문제일 수 있다. 공감이 남을 돕도록 이끄는 대신, 여러분의 앞을 가로막을 수 있다. 상처가 너무 클 때는 나 자신의 괴로움을 다루기 위해 물러서고 다른 사람을 도울 자원도 없다. 연구에 따르면 사실이다. 앞서 나는 공감하면 남을 돕는다는 가정을 소개했다. 가끔은 정말 가정대로 되지만, 공감이 특히 정서적 유형이라면 감정적으로 속상한 나 자신의 경험을 해결해야 하므로 물러나게 될 수도 있다.[15]

그러면 '직장에서는 정서적 공감을 피하고 대신 인지적 공감을 높이는 데 집중하자'고 생각할 수도 있다. 오답은 아니다. 인지적 공감은 전측 뇌섬엽을 활성화하지 않아서, 정서적 공감과 같은 방식으로 대리 불편(Vicarious discomfort)을 유발하지 않기 때문이다.

문제는 인지적 공감이 정신적으로 매우 부담스럽다는 점이다. 다른 사람의 관점을 받아들이는 데는, 특히 연이어 그래야 할 때는 정신적으로 많은 노력을 기울여야 하며, 연구 결과에 따르면 사람들은 대체로 그렇게까지 열심히 노력하고 싶어 하지 않는다는 사실이 드러난다.[16] 두세 명까지는 상대가 상황을 경험하는 미묘한 방식까지 모두 곰곰이 생각하면서 매우 효과적으로 조망 수용을 이룰 수 있다. 하지만 그 이후로는 너무 피곤해서 의욕을 잃고 남은 회의 동안 게슴츠레한 표정을 지을 것이다.

직장에서 하루에 두세 명하고만 상호작용한다면, 인지적 공감과 조망 수용은 다른 사람을 돌볼 때 즐겨 찾는 도구일 수 있다. 또는 공감이 감정적으로나 정신적으로 그다지 부담스럽지 않다면, 필요할 때 공감을 높이기 위해 앞서 소개한 동기를 활용해 보자. 그러나 대부분의 사람들과 다르지 않고 성가신 사람들 틈바구니에 있거나 몇 명한테만 공감해도 쉬이 지친다면, 또 다른 해결책이 필요하다.

공감 대 연민

다행히도, 해결책이 하나 더 있다. 바로 연민을 받아들이는 것이다. '공감'과 '연민'은 혼용될 수 있지만, 심리학자들은 구분한다(그리고 우리의 뇌도 마찬가지이다).

이미 살펴봤듯 공감은 다른 사람의 감정을 통해 생각하거나 그 감정을 간접적으로 체험하는 능력이다. 따라서 '함께' 느끼는 것이라고 일컬어지기도 한다.

반면, 연민은 '가엾게' 여기는 것이다. '도우려는 의욕이 따르는 걱정하는 마음'으로 정의된다.[17] 공감이 누군가의 슬픔을 느끼거나 이해하는 것이라면, 연민은 누군가의 슬픔을 보고 '행동'해야 할 필요를 느끼는 것이다.

공감은 다른 사람의 입장에서 세상을 바라보거나 느끼는 것이라고 할 수 있지만, 연민은 누군가 형편없는 신발을 신은 모습을 보고 구두 수선공을 부르겠다고 하는 것과 같다. 두 개념은 서로 연관되어 있어서 구분이 모호해 보일 수 있다. 두 경우 모두 다른 사람의 감정에 주의를 기울이지만, 연민은 감정적으로 조금 더 거리를 두고 도울 수 있는 일에 집중한다.

뇌에 활력을 불어넣는 스파

스파라니 무슨 말도 안 되는 소리인가 싶겠지만, 뇌는 공감 훈련과 연민 훈련에 매우 다르게 반응한다. 유럽 연구팀은 한 기발한 연구를 통해 처음에는 참가자들에게 어려움을 겪는 낯선 사람에게 감정적 공감을 높일 수 있는 고전적인 형태의 공감 훈련을 제공했다.[18] 연구팀은 공감 훈련을 받은 참가자들의 뇌 영상을 촬영한 후, 전측 뇌섬엽의 활성도가 증가했다는 사실을 발견했다. 본질적으로, 참가자들의 뇌는 '이것은 중요하고도 가슴 아픈 일'이라고 말하고 있었다. 다른 사람의 어려움에 더 민감해진 것은 맞지만, 자기 자신에게도 힘들었다. 공감을 느끼도록 훈련받지 않은 사람들에 비해, 훈련을 받은 사람들은 고통받는 사람을 보았을 때 그 고통이 크든 작든 더 강한 부정적 감정을 느꼈다.

이후 연구팀은 같은 참가자들에게 (이어서 소개할) 연민 훈련을 제공했다. 그리고 연민 훈련은 엄청난 차이를 가져왔다. 첫째, 연민 훈련은 공감적 고통을 제거했고, 참가자들을 평소 감정 상태로 돌려보냈다. 어려움을 겪는 누군가를 보고 여전히 신경 쓰이기는 했지만, 공감 훈련 이후와 같은 강도는 아니었다. 연민 훈련과 함께 감정을 더 잘 조절하고 힘든 일을 잘 다스릴 수 있는 것 같았다. 둘째, 누군가 어려움을 겪을 때 연민 훈련을 받은 참가자들은 실제로 긍정적인 감정이 증가하는 경험을 했다. 긍정적이라니 무슨 말인가 싶을 것이다. 샤덴프로이데(Schadenfreude; 남의 고통을 볼 때 느끼는 만족감)가 아니라, 어려움을 겪는 사람을 향하여 온정과 배려심이 싹튼 것이었다. 참가자들은 어려움을 겪는 사람을 알지 못했고, 그저 영상 속 낯선 사람을 보고 있었을 뿐이다.

마지막으로, 연민 훈련은 뇌에 활력을 불어넣는 스파 같았다. 공감 훈련이 전측 뇌섬엽을 자극하는 것과 달리, 연민 훈련은 전측 뇌섬엽을 잠재우고 대신 3장에서 소개했던 복측 선조체를 활성화시켰다. 이미 살펴봤듯, 복측 선조체는 보상과 의욕을 느끼는 것과 관련 있다. 게다가 무엇을 해야 할지 파악하고, 그것을 행할 가치가 있다고 스스로 확신할 때 활성화되곤 한다. 복측 선조체의 일부는 다른 사람, 특히 잘 모르는 사람들을 돕기 위해 무언가를 할 때도 매우 활성화되는 경향이 있다.[19]

복측 선조체가 공감 훈련이 아니라 연민 훈련 중에 활성화되었다는 점이 흥미롭다. 공감 훈련이 관찰자를 괴롭게 하고, 그들의 뇌를 '몹시 마음 아픈' 모드로 진입하도록 했지만, 연민 훈련은 문제를 뒤집어 아파하는 낯선 사람에게 온정과 친절함을 느끼게 하는 데 '그치지 않고' 돕고자 하는 강한 의욕을 일으켰다.

그리고 정말 돕는다. 공감 훈련은 때로는 도움을 주도록, 때로는 물러나도록 하지만, 연민 훈련은 지속해서 도움을 주게끔 유도한다.[20] 덜 아프고 의욕이 샘솟는 활력 넘치는 조합이다. 만약 자기 자신의 긍정적인 정신적 관점을 유지하면서 어려움을 겪는 사람을 돕고 싶다면, 연민 훈련이 필요하다.

2. 연민 훈련과 함께 다른 명상을 시도하라

다른 사람에게 더 공감하기 위한 두 번째 전략은 바로 연민 훈련이다. 연민 훈련은 보통 6장에서 알아본 마음 챙김 명상이 아니라 자애 명상(Loving-kindness meditation)이라고 하는 명상 수련법 학습을 포함한다. (명상이 다 똑같다고 생각했다면, 시야를 넓혀 보자.) 마음 챙김 명상이 현재에 집중하고 주의력을 다잡는 것을 포함한다면, 자애 명상은 다른 사람에게 긍정적인 느낌을 확장하는 것을 포함한다.

이러한 자애 명상은 어떤 모습을 하고 있을까? 연민 훈련이나 자애 명상은 저마다 고유하지만, 일반적으로 몇 가지 핵심 요소를 가지고 있다.

- 자신이 고통을 경험했던 시간을 시각화하도록 유도한다.
- 따스함과 자기 돌봄의 감정을 가지고 그 경험에 반응하라고 권장한다. 자신에게 "내가 평안하기를" 또는 "내가 행복하기를" 같은 말을 건넨다.
- 그런 다음, 그 배려의 감정을 순차적으로 확장해 나간다. 가장 먼저 가까운 사람에게, 이어서 갈등을 빚는 사람에게, 별 사이 아닌 잘 모르는 사람(예를 들어 카페 바리스타)에게 그리고 완전히 낯선 사람과 인류에게까지 배려심을 확장해 나가는 것이다. 이때 "당신이 평안하기를" 또는 "당신이 행복하기를"이라는 말을 반복한다.

일반적으로 이 단계들은 10~30분간 이어지는 단일 명상 수련을 구성한다. 이런 명상을 여러 번 수련하면서 매번 새로운 기술을 배우고 새로운 통찰을 얻어 보자. 하루를 꽉 채워서 집중 수련할 수도 있고, 한 번에 2시간씩 몇 주간 수련에 나서도 좋다. 자애 명상의 기본 요소를 배우고 실천하는 데는 최소 8시간은 들여야 할 것이다.

8시간이라니, 이 책에서 소개한 다른 실습에 비해 과하게 느껴질지도 모르겠다. 매일 아침 보충제를 복용하거나 헤드폰을 쓰는 것만큼 쉽지 않을 테지만, 효과가 상당하다. 자기 연민(Self-compassion)과 자애 명상에 관한 연구에 따르면, 꾸준한 수련을 통해 더 큰 행복감과 희망을 느끼는 것부터 심장 미주신경 긴장도(Cardiac vagal tone; 장과 심장을 강화하는 기능)를 개선하는 것까지 경험하며 여러 면에서 발전할 수 있다. 심지어 수명 연장과 관련된 텔로미어(Telomere)도 길어질 수 있다.[21] 곁에 있는 동료에게도 즉시 효과를 전할 수 있을 테고, 여러분은 즉시, 그리고 직장을 떠나고 오래 지나도록 효과를 누릴 수 있을 것이다.

온라인에서 연민 훈련 과정이나 자기 연민 훈련 과정 또는 자애 명상을 찾아보자. 어느 것이든 원하는 것을 제공할 것이다. 이름은 달라도 연민 훈련과 자기 연민 훈련 모두 일반적으로 가장 먼저 자신을 향해 연민을 보이는 법을, 이어서 그 감정을 다른 사람에게 확장하는 법을 가르친다.

회의론자를 위하여

직원들이 잘 공감해 주는 리더를 원한다는 결과는 도대체 무엇일까? 연민이 있어야 더 행동하고 더 돕기 때문에, 아마 직원들은 공감 수준보다는 연민 수준이 높은 리더를 훨씬 더 높이 평가할 것이다. 그러나 직장에서는 대체로 연민 훈련이 흔치 않다. 구내식당에 붙은 '관리자를 위한 자애 명상'이라는 게시물이라니, 상상할 수 있는가? 아마 금세 너도나도 비꼬고 있을 것이다. 연민이 유행어가 아닌 탓에 직원들은 상사에게 진정으로 원하는 것이 연민이라는 사실을 모른다.

이번 장을 쓰기 위해 조사 활동을 벌인 후, 나는 연민 훈련을 해 봐야겠다고 생각했다. 그리고 마음 챙김 자기연민 센터(Center for Mindful Self-Compassion)의 공동 설립자이자 이 분야를 선도하는 연구자들인 크리스틴 네프(Kristin Neff)와 크리스토퍼 거머(Christopher Germer)와 함께 온라인 자기 연민 훈련 과정을 이수했다. 12시간 과정이었고, 대체로 업무 시간에 진행되어서 일정을 잡기 힘들었다. 그러나 결과는 매우 혁신적이었다. 워크숍에 참여한 후, 6개월이 지나도록 그때 배운 내용을 계속 되돌아보게 되는 경우는 드물었다. 직접 경험한 주요 이점은 높은 스트레스 상황 속에서도 나 자신을 친구처럼 대하며 더 다정할 수 있었다는 것이다. 게다가 어려움을 겪거나 고통받는 동료와 가족에게 더 깊이 공감할 수 있었다. 나는 정서적 공감이 높아서 누군가 속상해할 때 쉽게 괴로워했는데, 그래 봐야 나 자신을 망가뜨리고 상대에게 힘을 주지도 못했다. 그러나 이제는 연민을 품도록 도와줄 도구 일부를 알기 때문에, 아끼는 사람이 속상해할 때 그들의 고통 속으로 끌려 들어가기보다는 냉철함을 잃지 않으면서도 진심으로 도움을 주는 것이 쉬워졌다.

아직도 뜬구름 잡는 것 같다면, 특정 직업군이 매우 성공적으로 연민 훈련을 수용했다는 사실을 아는 것이 도움이 될지도 모르겠다. 예를 들어 의료 전문가들은 의사와 간호사를 위한 연민 훈련의 이점을 강조해 왔는데, 환자와 간병인 모두에게 좋기 때문이다. 의료 전문가들은 환자와 자신에게 연민을 더 많이 느끼고, 동료와의 갈등은 줄어들며, 번아웃도 덜 겪는다.[22] 이를 두고 한 연구팀은 '간병인을 위한 자기 돌봄'이라고 했다.[23]

추천 실습

'공감'을 위한 도구 모음 ─────────── ✦

- **나만의 동기 찾기.** 공감을 높이고 싶다면, 활력을 불어넣는 동기를 찾아야 한다. 연결과 소속, 더 나은 존재 또는 누군가와 공통점을 찾고 싶은 욕구 등 다양한 동기에서 활기를 찾을 수 있다. 이러한 동기 중 하나를 발판 삼아 더 쉽게 공감해 보자.

- **연민 훈련과 함께 다른 명상 시도하기.** 연민은 공감보다 효과적이지만, 배우기 쉽지 않고 시간도 더 오래 걸린다. 온라인에서 '연민 훈련' 또는 '자기 연민 훈련'을 찾아, 자애 명상 수련법을 배우도록 하자.

- **나이가 문제일까?** 인지적 공감은 30대 후반에서 40대 초반 이후에 감소하는 경향이 있지만, 의욕을 찾으면 조망 수용 능력을 되찾을 수 있다. 반면, 정서적 공감은 나이 들수록 높아지는 편이라서 "X에 관해서 어떻게 생각하세요?" 같은 질문을 하며 누군가의 감정에 공감하려고 할 수 있다.

9장
편견을 버리고 공정하게 바라보자

빠르게 다가오는 기한을 맞추려고 팀원 전체가 열심히 일하고 있다. 마감일을 '반드시' 맞춰야 하는 중요한 일이다. 이때 참석자들을 대상으로 무의식적 편견에 관해 2시간 동안 진행되는 필수 워크숍이 이번 주라고 알리는 인사팀 이메일을 한 통 받는다. '이번 주라고?' 이번은 봐 달라고 하고 싶다. 워크숍이 중요하다는 것은 알지만, 압박감에서 해방되는 다음 달에 참석할 수는 없을까? 집중할 수 있을 때 워크숍에서 더 많은 것을 얻으리라 확신한다.

누구나 몇 달 전에 워크숍에 참석하겠다고 해 놓고 나중에는 불참하고 싶었던 경험이 있을 것이다. 그러나 미루지 말자. 타이밍이 이보다 더 나쁠 수 없을 것 같지만, 특히 여러분이 직원의 보고를 받는 상사라면 이번 장에서 살펴볼 내용처럼 이보다 더 좋을 수 없다.

마감일이 코앞으로 다가와 스트레스를 느끼고 있는 바로 지금이 편견을 가지고 다른 잣대를 들이댈 가능성이 크기 때문이다.

어라, 지금 누가 부당하게 굴고 있는 것일까?

나인 것 같다. 나는 당연히 여러분을 모르고, 압박감 속에서 어떻게 반응하는지도 모른다. 어쩌면 끄떡없을 것이다. 그러나 대부분은 불안해하고 스트레스를 받을 것이다. 편견을 무찌를 방법을 알아보기 전에, 편견에 숨은 과학을 간단히 살펴볼 것이다. 편견이 그 못난 얼굴을 쑥 내밀 때가 언제이며 압박을 받는 사람들에게서 어떻게 변하는지 이해해 보자.

나와 똑 닮은 사람

정의부터 내리자. 간단히 말해서, 편견은 주변 환경에서 무언가를 선호하거나 그 반대인 경향을 말한다. 특정 브랜드를 좋아하는 것처럼 무해할 수도, 부당한 대우로 이어지는 인종 편견처럼 유해할 수도 있다. 편견을 기울기라고 생각해 보자. 편견을 가지면, 무언가 또는 누군가에게 기울거나 그 반대로 멀어진다.

더 알아보기 전에, 흔한 오해부터 풀도록 하자. 편견이 어떤 집단을 부정적으로 생각할 때만 생긴다는 통념이 있다. 사실, 그렇지 않다. 백인 비율이 75%인 채용위원회가 둘 다 적합한 자격을 가졌지만 라틴계보다 백인 지원자를 채용하는 쪽으로 기울어 있다고 가정해 보자. "카를로 씨, 아주 훌륭해요. 그러나 이 직무에는 켄트 씨가 조금 더 잘 맞는 것 같습니다." 채용 위원회의 결정에 영향을 미치는 것이 라틴계를 향한 무의식적인 부정적 믿음일 수도 있지만, 연구에 따르면, 무의식적 백인 선호 탓에 훨씬 더 흔들린다고 한다.[1] 나와 똑 닮은 사람에게 호감이 가는 것이다. 이것이 편견이고, 심리학자들이 '내집단 편향(Ingroup bias)' 또는 '내집단 편애(Ingroup favoritism)'라고 부르는 현상이다. 누군가 동문이거나, 같은 스포츠팀 팬이거나, 동향 사람이라는 사실을 알게 되면, 갑자기 눈을 반짝이며 상대를 더 좋아하게 된다.

아마 내집단에 관해 생각해 본 적이 없겠지만, 잠깐 시간을 내어 무엇인지 알아볼 만하다. 우선 인종이나 민족, 성별, 연령, 성적 지향성이 어떻게 되는가? 만약 백인이라면, 내집단은 백인일 것이다. 만약 54세라면, 50세 이상의 사람들이 내집단일 것이다. (또는 54세지만 직장 구성원들이 대체로 30세 미만이라면, 농담에 진심으로 웃어주는 40세 이상 사람들만이 내집단일 수도 있다.) 정체성을 형성하는 데는 직업이나 직급, 국적, 정치 성향 등과 같이 중심이 되는 다양한 요소가 많다. 쉽게 말해서, 마음속으로 (비록 말로 표현하지는 않더라도) '편 가르기'라고 생각되는 모든 영역이 해당한다. 보다시피 여러분은 실제로 자신이 속해 있다고 느끼는 여러 내집단이 있다. 내 경우, 내집단은 여성이고 검소하며 50~60대에, 태평양 연안 북서부에 사는 사람들을 포함한다. 그러한 사람들이 일가친척처럼 느껴져서, 공통점이 많을수록 눈을 반짝이고 있을 것이다. 여러분도 이와 비슷한 목록을 만들 수 있다.

이제 내집단을 알아봤으니, 외집단(Outgroup)은 더 쉽게 파악할 수 있다. 외집단은 비판의 대상이 아니라, 단지 자기 자신이 속하지 않은 집단일 뿐이다. 호감 가지 않고, 존중하기도 싫고, 모든 면에서 다른 그런 집단이 아니다. 그러나 뇌는 사람들을 무의식적으로 '같은 부류' 또는 '다른 부류'로 분류한다. 행동과 반응에 편견이 스며드는 것을 경계하려면, 누구를 '다르다'라고 분류하는지 알아야 한다. 인종과 성별은 1초 안에 처리되기 때문에, 인종이나 성별이 다르면 외집단일 것이다.[2] 많은 직업에서 역할, 교육, 직급은 내집단과 외집단을 정의하는 강력한 요소이다. 학자인 내 눈에, 대학교에는 교수진과 직원 사이에 강력한 경계가 있다. 의료 분야에서는 의사, 간호사, 행정 직원 사이에 선이 그어져 있다. 썩 좋아 보이지 않을 수도 있지만, 잠시 시간을 내어 (SNS에는 올리지 말고) 여러분의 외집단을 파악해 보자.

내집단 편애에 맞서 싸우기

내집단 편애는 여러 방식으로 나타나지만, 그중 특히 우려되는 양상은 내집단 구성원에게 더 많은 공감을 느끼고, 외집단 구성원에게는 공감을 덜 느끼게 된다는 점이다. 8장에서 살펴봤듯, 공감은 다른 사람의 감정과 정신 상태를 이해하는 것이며, 때로는 감정을 공유하는 것이다. 연구자들은 우리는 같은 인종 사람에게 더 많이 공감하고, 그 결과 그들이 잠재력이 있다고 판단되면 더 많이 돕고 싶어 한다는 사실을 발견했다.[3] 이는 병원에서 심각한 문제인데, 백인 의료진이 흑인 환자보다 백인 환자에게 진통제를 더 많이 처방한다는 연구 결과가 있다. 그러나 내집단에 더 많이 공감하다 보면 직장에서는 팀 내 주요 불평등으로 이어질 수 있다.[4] 만약 같은 인종인 제니라는 직원이 업무량을 줄여 달라고 요청하면, 피부색이 다른 후안의 요청보다 잘 들어줄 가능성이 크다.

우리는 왜 내집단에 더 공감할까? 믿거나 말거나 통증 신호가 그 이유 중 하나이다. 신경과학자들은 같은 인종을 볼 때 상대의 얼굴에 드러나는 미묘한 고통 신호에 뇌가 더 민감하게 반응한다는 사실을 밝혀냈다. 반면, 다른 인종을 볼 때는 훨씬 더 분명한 신호가 있어야 비슷한 반응을 나타냈다.[5] 같은 인종을 볼 때, 뇌는 상대의 이마, 눈, 입에서 드러나는 아주 작은 변화로도 '그가 받고 있는 고통'을 느낄 수 있다. 그러나 다른 인종을 볼 때는 훨씬 더 분명하게 드러나는 고통과 괴로움의 징후가 필요하다.

이것이 기한을 맞추기 위해 오랜 시간 집중하고 있는 팀에게 무슨 의미인지 생각해 보자. 나는 백인이다. 상사도 백인이라면, 눈에 띌 정도로만 조금 괴로워해도 그의 뇌에서 무언가 잘못되었다는 사실을 인지하지만, 아시아나 중동 출신 동료는 훨씬 더 많이 눈에 띌 정도로 괴로워해야 한다. 상사는 내가 뭐라고 이야기하기도 전에 '테레스가 평소답지 않게 스트레스를 받는 것 같다'라고 생각하며 나를 좀 봐 주겠지만, 그러한 호의를 내 동료에게까지 확장하지는 않을 것이다. 상사 눈에는 그들이 잘 지내는 것처럼 보이기 때문이다. 동료들은 도움을 요청해야 하지만, 나는 아니다.

설상가상으로, 내집단에 속한 사람에게 호의를 베풀 때 즉시 보상받는 듯한 느낌을 받는다는 연구가 있다. 신경과학자들은 영상 기술을 통해, 보상받을 때 활성화되는 뇌 영역인 복측 선조체가 자신에게는 손해가 되더라도 내집단에 속한 누군가에게 도움이 되는 행동을 할 때 띌 듯이 기뻐하며 반응한다는 사실을 밝혀냈다.[6] 물론, 진짜로 폴짝폴짝 뛰지는 않는다. 더 정확히 말하면, 내집단 편애를 보일 때 복측 선조체가 갑자기 활성화된다. 3장과 8장에서 살펴봤듯, 이는 보상감을 느낀다는 의미이다. 내집단 사람을 돕는 것은 뇌에 '참 잘했어요' 도장을 찍어주는 것과 같다.

특히 힘든 한 주를 보내고 있을 때는 그런 행동이 얼마나 유혹적인지 이해할 수 있다. 자기 자신처럼 생긴 사람을 봐 주고, 그런 관대한 행동 탓에 큰 대가가 따르고 일이 더 생길 테지만, 좋은 사람이자 공정하고 합리적인 상사 같다는 느낌이 든다. 내집단에 관대한 것이 옳다는 직감을 품고 있을 것이다. 그리고 우리 대부분은 삭막

했을지 모를 시기에 온정과 보상감을 느낀다면 두 팔 벌려 환영한다. 그러나 문제는 외집단에 호의를 베풀 때는 똑같은 직감이나 보상감을 얻지 못한다는 것이다. 외집단 사람을 도울 때는 복측 선조체가 기뻐 어깨춤을 추지는 않아서, 상대를 봐 주는 행위를 옳다고 확신하기 위해 의식적으로 더 노력해야 한다. 그래도 즉각적으로나 본질적으로 보상감이 느껴지지 않을 텐데, 이는 상대를 돕지 않을 이유에 더 집중하게 된다는 것을 의미한다.

타인의 욕구에 무감각해지는 스트레스

편견에 관한 지금까지의 이야기도 좋은 것이 없었지만, 이제 더 안좋아질 참이다. 두려움과 불안감은 편견을 증폭시킨다. 스트레스를 받을 때 다른 사람의 욕구에 관심이 덜 가는 것을 알아차린 적 있는가? 한 심리학자 팀은 두려움과 불안감이 내집단 구성원을 향한 공감을 변화시키지는 않지만, 그 불쾌한 감정은 외집단 구성원, 특히 다른 인종에 대한 공감을 감소시킨다는 사실을 발견했다.[7] 우리는 잘 코팅된 프라이팬이 된다. 그래서 불안하거나 걱정스러울 때 외집단에 속한 사람이 욕구를 밝히면, 그 사람의 욕구는 주르륵 미끄러진다.

스트레스를 받을 때 편견이 더 커지는 이유가 바로 이 때문이다.

팀에서 다가오는 기한을 못 맞출까 봐, 또는 일이 잘 안 풀리면 상사가 낙담할까 봐 불안할 수 있다. 그 불안감은 돕고 싶은 상대를 구분하는 감각을 왜곡할 것이다. 내집단을 향한 공감은 그대로이므로 제니를 도울 때는 괜찮지만, 후안을 돕는 것은 그 어느 때보다도 가능성이 적다. 스트레스 탓에 그를 향한 공감이 곤두박질쳤기 때문이다.

흥미로운 건, 연구자들이 뇌의 스트레스와 불안 신호를 막으면 외집단을 향한 공감이 빠르게 회복된다는 사실을 발견했다는 점이다. 이 분야의 과학적 근거는 아직 비교적 새롭지만, 한 신경과학자 팀이 약물로 불안감을 막으면 외집단을 향한 공감이 높게 유지된다는 것을 밝혀냈다.[8] 여러분이 나와는 닮지 않았지만, 나는 스트레스 없는 편안한 상태라서 여러분을 돕고 싶은 마음은 여전하다.

요점이 무엇일까? 두려움과 불안감은 여러분을 편견에 더 빠지게 한다. 따라서 이번 기한을 맞추지 못할까 봐 몹시 걱정하고 있다면, 평소답지 않게 편견을 가지고 행동할 것이다.

타고났다는 생각 버리기

이번 장을 읽고 '만약 뇌가 편견에 매여 있다면, 내가 할 수 있는 일은 없다'라고 생각하는 사람이 있을 것이다. 그리고 인간이라면 편견을 피할 수 없다고 믿으며 어깨를 으쓱하고는 지금처럼 살아갈 것이다.

여러분은 이러지 않기를 바란다. 이 책에서 무언가 배웠다면, 뇌를 '바꿀 수 있다'는 것이다. 거의 모든 장에서 살펴봤듯, 뇌는 유전자로 정해져 바꿀 수 없는 신체 부위와는 다르다. 갈색 눈을 타고났다면, (파란색 콘택트렌즈가 있지만) 평생 갈색 눈일 것이다. 그러나 다들 그렇듯 편견에 빠지는 경향을 타고났다면, 그러한 무의식적 반응을 극복하고 외집단을 향한 공감을 품고 반응할 수 있다. 올바른 활동에 나선다면, 내집단에 호의를 베푸는 반사적인 경향을 줄일 수 있다. 편견을 극복하는 데 어떤 전략이 가장 효과적인지 살펴보자.

✦ 알고 보면 효과(가 덜하거나) 없는 행동

심리학자들은 편견과 선입견을 줄이기 위해 수많은 전략을 시도했고, 그 결과 어떤 전략이 더 효과적인지 꽤 알려진 편이다. 좋은 결과가 예상되고, 시도하면 기분까지 좋아질 수 있는 두 가지 접근법이 있지만, 연구에 따르면 이번 장에서 설명하는 다른 접근법보다 가치가 떨어진다.[9] (이 접근법이 효과적이지 않다고 주장하는 것이 아니다. 그러나 시간이 촉박하다면, 더 믿을 만한 다른 전략에 귀중한 에너지를 쏟는 편이 현명할 것이다.)

바라는 것보다 덜 효과적인 첫 번째 전략은 외집단 사람과의 단순한 대면 접촉이나 노출이다. 예를 들어 인종이나 민족이 다른 사람과 일해도 그 사람이 속한 더 큰 집단에 관한 여러분의 생각은 바뀌지 않는다. 그 사람이 마음에 들면 원래 생각에서 예외라고 여길 것이고, 마음에 들지 않으면 (의식적으로나 무의식적으로) 그 사실을 고정관념을 강화할 증거로 사용할 수 있다. 나는 기술 분야에서 어떤 남성 상사가 이끄는 팀에 첫 여성 소프트웨어 엔지니어가 들어왔을 때 고정관념이 강화되는 장면을 목격했다. 처음 몇 달간 엔지니어가 어려움을 겪자, 상사는 그 사실을 남성이 더 우수한 프로그래머가 된다는 고정관념을 강화하는 데 사용했다. 그래서 여성 엔지니어에게 에너지를 덜 썼고, 그 엔지니어는 상사에게 깊은 인상을 남길 기회를 잡지 못했다.

편견을 줄이는 데 덜 효과적인 또 다른 전략은 내집단에 속한 다른 사람들과 편견에 관해 대화하는 것이다. 백인끼리 인종차별에 관해 나누는 대화는 타당하고 통찰력 있는 데다가 죄책감을 덜어줄 수도 있다(그 자체로도 가치가 있을 수 있다). 하지만 이번 장에서 다룬 전략을 포함하지 않는다면, 연구에 따르면 이러한 대화도 원하는 만큼 편견을 억제하지는 못할 수 있다. 두 전략이 왜 부족한지는 명확하지 않지만, 기존 믿음과 행동에 이의를 제기하는 것보다 서로를 안심시키는 데 시간을 더 할애하기 때문일 것이다.

효과적인 행동

다행히도, 내집단 편향을 억제할 효과적인 전략이 있다.

1. 편견에 빠질 가능성이 클 때를 파악하고 행동 계획을 세워라

신경과학자들은 편견과 선입견을 줄이는 데 최소 2개의 핵심 뇌 영역이 있다는 사실을 발견했다. 하나는 편향된 방식으로 반응하려는 것을 감지하고, 나머지 하나는 '그러지 말고, 대신 이렇게 하라'고 말한다. 두 영역을 모두 훈련하는 것이 목표이다.

편견에 빠지려는 순간을 감지하는 첫 번째 영역은 배측 전측대상피질(dACC; Dorsal anterior cingulate cortex)이다. 배측 전측대상피질은 뇌 앞쪽 깊숙이에 있다. [심리학 개론을 들었다면 뇌의 두 반구를 연결하는 두꺼운 신경 다발인 뇌량(Corpus callosum)이 기억날 텐데, 그 위에 배측 전측대상피질이 있다.] 배측 전측대상피질은 뇌의 경계 영역, 즉 벽면에 다른 특정 뇌 영역을 감시하는 화면이 들어찬 보안실과 같다고 생각하자.[10] 이 영역은 '모든 사람을 공평하게 대해야 한다'는 덜 긴급하고 일상적인 목표뿐만 아니라 '중요한 기한을 맞춰야 해'라는 현재의 긴급한 목표를 인지한다. 배측 전측대상피질은 행동이 목표에 일치하는지 확인하기 위해 오류를 하나하나 확인하느라 분주하다. 따라서 편견을 줄일 수 있는 한 가지 방법은 내집단에 호의를 베풀 법한 상황을 인지하도록 배측 전측대상피질을 훈련하는 것이다.

내집단 중 하나에 호의를 베풀 가능성이 클 때를 어떻게 알아낼 수 있을까? 한 가지 방법은 'IAT'라고 불리는 암묵적 연합 검사(Implicit Association Test)를 하는 것이다. 온라인에서 검색하거나 웹사이트 implicit.harvard.edu에 접속하면 찾을 수 있다. 한 연구팀이 개발한 이 검사는 실제로 어디서 가장 강하게 무의식적 편견을 가지는지 파악하도록 도와주는 온라인 테스트 묶음이다. 결과를 보면 눈이 번쩍 뜨일 것이다. 뚱뚱한 사람보다 마른 사람에게 호의를 보이는 편인가? 여자는 집에 있고 남자가 일해야 한다는 무의식적 편견이 있는가? 아마 두 질문에 격렬하게 '아니'라고 하겠지만, 그것은 뇌가 보여주는 의식적인 부분이다. 암묵적 연합 검사는 '하지만 당신 뇌의 무의식적 부분은 무슨 말을 하고 있을까'라고 묻는다. 놀랄 수도 있다. 이 검사는 삶에서 무의식적 뇌가 의식적 뇌와 다른 견해를 가진 부분을 드러낼 것이다. 각 테스트는 10~15분 정도 소요되며, 이후 테스트를 한 사람들과 비교하여 편향 정도를 나타내는 점수를 받는다. 암묵적 연합 검사를 하는 데는 용기와 호기심이 필요하다. 여러분이 나와 같다면 '그럴 리 없어. 그렇게 생각하지 않아'라고 생각하며 즉시 몇 가지 테스트를 다시 해 볼 것이다. 그러나 공정하게 행동하기로 마음먹었다면, 암묵적 연합 검사는 사람들을 바라볼 때 무의식적인 마음이 의식적인 마음과 다른 지점을 파악하도록 도와줄 것이다. 자신의 맹점을 발견할 수 있다는 말이다.

물론, 맹점을 발견하는 것만으로는 충분하지 않다. 행동이 무의식적 마음보다는 의식적인 마음과 더 일치하도록 해야 한다. 이제 여기에서 두 번째 영역을 소개한다.

편견과 선입견을 줄이는 데 관여하는 두 번째 영역은 좌뇌에 있는 배외측 전전두피질이다. 쉽게 말해, 배외측 전전두피질은 일반적으로 '보다 나은 자아'를 관장하는 중추이다. 여러분이 부끄러워할 자아로 전락하는 대신 자랑스러워할 자아로 올라서도록 돕는다. 뇌 양쪽에 있는 배외측 전전두피질은 서로 다른 역할을 한다. 우리는 4장에서 지금 무언가를 열심히 하고 만족을 나중으로 미루는 법을 배울 때 우뇌에 있는 배외측 전전두피질을 살펴봤다. 기본적으로, 우뇌에 있는 배외측 전전두피질은 쉬운 길을 택하지 못하게 한다.

좌뇌에 있는 배외측 전전두피질은 약간 다른 기능을 한다. 편견에 사로잡힌 행동을 막을 수 있다. 성별과 인종에 따라 차별하는 대신 어떻게 행동할지를 결정할 때 활성화된다.[11] 더 나은 대안을 찾도록 도와주는 것이다. 따라서 기한을 연장해 달라는 후안의 요청을 거절하려 할 때 배측 전측대상피질이 '잠깐만, 오늘 아침에 제니한테는 된다고 했잖아. 이게 공정해?'라며 속삭이고, 좌측 배외측 전전두피질은 죄책감을 느끼게 한다. 다행히도 좌측 배외측 전전두피질은 기분을 안 좋게 만드는 데 그치지 않는다. '더 공정하거나 더 나은 해결책을 알아보자'라고 외치며 해결책을 찾기 위해 작동하기 시작한다.

여기서 문제는 뇌가 본질적으로 게으르고 가장 쉬운 길을 택한다는 것이다. 여러분은 잠시 움찔하고는 이내, '제니는 정말 어려움을 겪는 것처럼 보여'라고 생각하면서 내집단 편애를 정당화할 것이다. 제니는 그렇게 보이겠지만(적어도 여러분에게는), 다시 말하지만 제니의 고통 신호는 알아채면서 후안의 신호는 놓친 것은 바로 여러분의 편견이다.

따라서 쉽게 떠오르는 편향된 행동 계획 대신 이미 생각해 둔 공정한 행동 계획, 즉 내집단에 호의를 보이지 않는 계획을 좌측 배외측 전전두피질에 심어두자. 예를 들어 기한 연장 요청을 들어줄 때 스트레스가 아니라 더 객관적인 지표를 마련하도록 하자. 지표에 따라 지난번 초과 근무자에게 기한 연장을 제안할 수 있다. 무엇이 공정하고 합리적인지 결정해야 하며, 이럴 때는 직감을 따르지 말자. 좋든 싫든 직감은 십중팔구 무의식적 편견일 것이다.

요약하자면, 신경과학은 편견을 줄이는 두 가지 귀중한 방법을 알려 준다. 내집단에 호의를 보이는 경향이 있을 때, 배측 전측대상피질이 알아차리도록 훈련하고, 그러한 상황에 의존할 수 있는 공정한 행동 계획을 좌측 배외측 전전두피질에 심어두는 것이다.

2. 무의식적 편견 워크숍에 참석하라

중요한 기한이 다가오는 가운데, 여러분은 암묵적 연합 검사를 하거나 공정하고도 편견에 치우치지 않은 행동 계획을 파악할 시간이 없다고, 적어도 지금은 아니라고 생각하고 있을 것이다. 바로 이 시점에서 무의식적 편견 훈련이 도움이 된다. 물론 시간이 걸리지만, 공정하고도 편견 없는 행동을 빠르게 파악할 수 있어, 마음 쓸 일 없이 기한에만 집중할 수 있다. 인사팀이든 조직관리팀이든 훈련 제공 부서가 어디든, 아마 현재 조직 내에서 편견이 문제가 되는 특정 상황을 확인하고 그 상황에서 모든 사람을 공정하게 대할 수 있는 확실한 전략들을 알아내려 노력했을 것이다. 내가 방금 소개한 뇌 영역에 관해서는 말하지 않을 수 있지만, 굳이 말할 필요는 없다. 그들은 편견이 생기려 할 때를 인지하도록 배측 전측대상피질을 훈련시키고, 공정하게 행동할 수 있는 새로운 전략을 좌측 배외측 전전두피질에 제공할 것이다. 머리 쓸 일이 너무 많은 상황에 혼자서 끙끙 앓지 않아도 되는 것이다.

안타깝게도, 모든 무의식적 편견 훈련이 변화를 가져오는 것은 아니다. 무의식적 편견 워크숍의 효과를 검토한 한 메타분석은 훈련이 항상 편향된 행동을 줄이는 것은 아니라는 사실을 발견했다.[12] 이후 연구자들은 무의식적 편향 훈련이 때때로 실패하는 이유를 밝혀냈으며, 훈련이 효과적이려면 편견에 사로잡힐 가능성이 큰 특정 상황을 인지하도록 도와야 하고, 편견을 완화하기 위해 그런 상황에서 할 수 있는 일을 제안해야 한다는 점을 발견했다.[13] 다시 말해서, 방금 소개한 두 뇌 영역을 목표로 삼아야 하는 것이다.

모든 훈련에 두 가지 핵심 요소가 포함되는 것은 아니다. 따라서 조직에서 제공하는 무의식적 편견 훈련에 시간을 할애할 가치가 있는지를 판단하려면, 조직 내에서 편견이 일어날 가능성이 큰 상황과 편견을 줄이기 위해 할 수 있는 특정 행동이라는 두 가지 핵심 문제를 다루는지 이메일로 문의하자. 그러면 시간을 투자할 가치가 있는지 파악하게 될 것이고, 워크숍 담당자는 사람들이 무엇을 원하고 필요로 하는지 알게 될 것이다.

3. 집단의 경계를 모호하게 만들어라

연구자들이 발견한 또 다른 효과적인 전략은 내집단과 외집단 사이의 경계를 모호하게 만드는 것이다.[14] 일단, 외집단과 어떤 공통점이 있는지 파악해야 한다. 연구자들이 수행했던 작업을 따르려면, 종이 한 장을 놓고 (또는 기기에서 새 문서를 열고) 어떤 외집단에 집중할지 결정하자. 나이 차이에 집중하고 싶다면, 자신보다 20세 많거나 어린 집단을 고른다. 이어서 내집단과 외집단의 공통점을 최소 5개 나열한다. 이제, 새 종이에 (또는 새 문서에) 공통점 5개를 다시 적고 나서 각 항목에 몇 문장을 덧붙여 공통점을 생생하게 표현하자. (공통점을 직접 다시 쓰는 과정은 공통점을 강화하고 두 집단의 경계를 모호하게 하는 데 도움이 된다.) 외집단과의 공통점을 확인하는 과정에서, 집단 사이에 그어져 무의식적으로 영향을 미치던 강력한 경계를 일부 줄일 수 있다.

4. 영화나 시트콤을 몰아 봐라

개인적으로 가장 놀라운 전략은 엔터테인먼트였다. 심리학자들은 공감대를 형성하지만 외집단에 속하는 캐릭터가 등장하는 영화나 시트콤을 시청하는 것이 편견과 선입견을 줄이는 또 다른 효과적인 방법이라는 사실을 발견했다.[15] 기본적으로, 이 방법은 은근하고도 더 효과적으로 외집단과의 경계를 모호하게 한다. 따라서 백인이거나 히스패닉이라면, 흑인 배우가 주연으로 출연하는 영화나 시트콤을 시청할 수 있다. 인종적 부당함을 다루며 눈물샘을 자극하는 영화를 볼 필요는 없다. 사실, 그 반대가 나을 것이다. 여기서 목표는 일상에 있을 법한 등장인물에 공감하고 공통점을 찾는 것이므로, 재미와 호평을 둘 다 잡은 가벼운 작품을 선택할 수 있다. 이 방법은 특히 효과가 오래 지속되는 것 같다는 장점이 있다. 백인 성인들이 무슬림 공동체에 대한 캐나다 시트콤을 6회 연속 시청했을 때, 4~6주 후에도 편견과 선입견이 줄어든 상태 그대로였다.[16] 이 결과는 유용한 계획을 제시한다. 최소 2시간 분량의 영화나 회당 30분인 시트콤 6회를 시청 목표로 하자.

이 전략이 집단의 경계를 분명히 모호하게 하는 이전 전략만큼 효과적인 이유 하나는, 특히 내집단에 기울이는 관심을 줄이도록 도울 수 있다는 점이다. 자신이 생각했던 것보다 외집단과 공통점이 많다는 사실을 발견하면, 내집단 편애를 줄이는 데 도움이 된다. 우리는 이번 장 초반에서 내집단에 속한 사람을 도울 때 복측 선조체의 활성도가 증가한다는 사실을 살펴봤다. 이는 나와 다른 사람보다는 똑 닮은 사람을 지원할 때 보상감을 더 느낀다는 의미이다. 그러나 이러한 뇌 편향을 멈출 수 있다. 후속 연구에 따르면, 자기 자신과 매우 비슷하다고 '생각하면' 외집단에 속한 사람에게서도 같은 수준의 복측 선조체 활성도를 얻을 수 있다고 한다.[17] 외집단과 공통점이 더 많다고 느낀다면, 그들을 도울 때도 복측 선조체가 발화할 것이다. 그리고 기분이 좋아질 것이다.

***

나는 공책에 목록을 작성하거나 10분간 온라인 테스트를 한다고 해서 편견이 없어진다고 주장하는 것이 아니다. 그렇게 간단하면 좋겠다. 이러한 자기계발 전략의 문제는 장기적인 변화로 이어지는지 아직 모른다는 것이다. 대부분의 편견 방지 전략은 바로 시도해볼 수 있기 때문에 단기적으로 편견을 줄일 거라 확신할 수 있는 편이다. 그러나 이번 주에 어떤 활동을 한다고 해서, 3개월 후에 중요한 기한을 또 마주할 때 모든 사람을 공정하게 대하고 있을까? 이것이 연구의 한계 가운데 하나이다.

우리는 모두 편견을 가지고 있으며, 편견을 줄이기 위해 노력해야 한다. 새로운 상황을 마주하고 스트레스를 받을 때마다 모두를 공정하게 대하는지, 미묘하게라도 내집단에 호의를 보이는 편인지

구준히 점검해야 한다. "몇 년 전에 무의식적 편견 훈련을 받아서 모든 준비가 끝났어"라고 말할 수 없는 이유 중 하나이다. 새로운 워크숍에 참가할 시간을 내고 계속 노력하자. 이번 장에서 소개한 전략을 활용함으로써, 뇌의 무의식적인 부분이 모든 것을 좌우하지 못하도록 의식적인 부분을 재훈련하는 단계를 밟을 것이다.

추천 실습

'보다 공정한 잣대'를 위한 도구 모음 _____ ✦

- **편견에 빠질 가능성이 클 때를 파악하고 행동 계획 세우기.** 온라인에서 암묵적 연합 검사(IAT)를 해 보자. 어떤 집단에 편견을 보일 가능성이 큰지 파악해. 더 경계해야 할 때가 언제인지 알게 될 것이다. 또한 공정한 행동 계획을 세워야 한다. 예를 들어 어떤 사람에게 기한을 연장해 줄지 판단할 때 (내집단 편애를 드러내며) 상황을 보는 대신, '지난번 프로젝트에서 자기 분량을 빨리 제출한 사람들에게 기한을 연장해 줄 수 있어'와 같이 공정한 기준을 세우도록 하자.

- **무의식적 편견 워크숍에 참석하기.** 회사에서 무의식적 편견 훈련을 제공한다면, 참여하자. 편견을 가질 수 있는 상황을 파악하고, 더 공정하게 행동하기 위한 전략을 세우는 데 도움이 될 것이다. 만약 교육에 회의적이라면, 담당자에게 조직 내에서 편견이 일어날 가능성이 큰 상황과 편견을 줄이기 위해 할 수 있는 특정 행동이라는 두 가지 핵심 문제를 다루는지 문의하자.

- **집단의 경계를 모호하게 만들기.** 외집단 중 하나와 공통점을 5개 적어보자. 다른 데 옮겨 쓰고 각 항목에 몇 문장을 덧붙여 공통점을 생생하게 표현하도록 하자.

- **영화나 시트콤을 몰아 보기.** 외집단에 속하는 배우가 나오는 영화나 시트콤을 찾아 최소 2시간 동안 시청하자. 이 활동에는 인종적 부당함 같은 주제보다는 일상에서 볼 법한 인물을 보여주는 영상이 더 낫다. 목표는 등장인물에게 공감하고 서로 어떤 공통점을 가졌는지 파악하는 것이다.

인생 제대로
사는 법

-
-
-

이제 개인 생활에 도움을 받을 수 있는 전략으로 시선을 돌려보자. 뇌과학을 적용하여 그간 피하기만 하던 불쾌한 결정을 내릴 수 있도록 도와줄 전략부터 검토할 것이다. 이어서 고통을 줄여주는 놀라운 방법뿐만 아니라 스트레스를 줄일 수 있는 다양한 전략까지 파악할 예정이다. 마지막 장에서는 여러분이 아니라 배우자가 스트레스를 받을 때 곁에서 힘이 되어줄 수 있도록 도와주는 티 나지 않는 접근법을 알아보도록 하자.

운명을
주도하자

10장
더 나은 결정을 내리자

두려워 쉽사리 내릴 수 없는 결정이 있다. 부모님을 요양 시설로 모셔야 하는지 고민할 수도 있고, 치과에서 계속 권유받았지만 미뤄왔던 비싼 치료를 받을지를 망설이고 있을 수도 있다. 물론 선택지를 꼼꼼히 뜯어 볼 수는 있지만(벌써 열 번째지만), 지금 여러분은 의사 결정 도구를 좀더 갈고닦을 방법이 어디 없나 고민하고 있다.

놀랍게도 우리에게는 어려운 결정을 내릴 때 기댈 수 있는 도구가 별로 없다. 대부분이 알고 있는 의사 결정 전략 가운데 하나는 신뢰할 만한 장단점 목록을 작성하는 것이다. 중요한 통찰을 발견할 수도 있기 때문에 철저하게 적어야 유용할 때도 있지만, 실제로는 목록 중 2~3개만 중요하고 나머지는 혼란을 안길 뿐이다. 목록을 작성하면 뿌듯하지만, 결정에는 전혀 도움이 되지 않는다.

장단점 작성이라는 고전적인 전략은 적어도 벤저민 프랭클린 (Benjamin Franklin)까지 거슬러 올라간다.[1] 좋은 전략이지만, 200년이 지난 지금은 어떨까? 우리는 의사 결정에 어떤 과학이 숨어 있는지 훨씬 더 많이 알고 있다. 이번 장을 읽으면, 더 나은 결정을 내리도록 도울 수 있는 (믿기 어려운 것까지 포함한) 여러 도구를 장착하게 될 것이다.

결정할 때 우리는 모두 기분파

의사 결정을 개선하기 위한 전략을 살펴보기 전에, 속설부터 정정해야겠다. 특히 서양 사회에는 훌륭한 결정은 감정이 아니라 생각에서 비롯된다는 오해가 널리 퍼져 있다. 여러분은 마치 감정이 좋은 결정을 망치는 것처럼, '감정이 판단력을 흐리게 하지 말라'는 말을 들어봤을 것이다.

감정은 판단력을 '흐리게' 하지 않는다. 오히려 판단을 가능하게 한다. 의사 결정에서 감정의 중요한 역할은 서던캘리포니아대학교 신경과학 교수 안토니오 다마지오(Antonio Damasio)에 의해 처음 밝혀졌다. 그는 전전두피질에 작은 뇌종양이 있던 엘리엇이라는 남성을 치료하고 있었다. 종양은 안와 바로 위 복내측 전전두피질 (Ventromedial prefrontal cortex)이라는 영역에 있었다.[2] 종양을 제거하고 회복한 엘리엇의 IQ는 (상위 3%로) 수술 전과 거의 비슷했다.

그러나 엘리엇에게는 두 가지 주요 문제가 있었다. 먼저, 더는 감정이 느껴지지 않았다. 대부분의 사람들에게 감정적 반응을 일으키는 잘린 손 사진이나 실오라기 하나 걸치지 않고 뇌쇄적인 자세를 취한 여성의 사진을 봐도 아무 느낌이 없었다. 느낌만 없는 것이 아니었다. 신체에서도 아무 반응이 없었다. 아무리 기괴하거나 자극적인 사진이라도 우리가 대체로 반사적으로 나타내는 것과 같은 생리적 반응이 보이지 않았다. 의사들 입장에서 엘리엇의 감정 부족은 이상한 일이 아니었다. 종양을 제거했을 때, 감정을 조절하도록 돕는 뇌 영역을 제거했기 때문이다.

나머지 한 문제는 이상했다. 엘리엇은 결정을 내리기 어려워했다. 다마지오는 엘리엇이 망설이는 것을 알아차리고, 상담 시간이 끝날 무렵 다음 상담은 언제가 좋겠냐고 물었다. 엘리엇은 플래너를 꺼내더니 앞뒤로 넘기면서 여러 날짜의 장단점을 중얼거리며 고민에 빠지기 시작했다. 다마지오는 조용히 고개를 끄덕이며 시계를 봤다. 다마지오가 제지하기 전까지 엘리엇은 30분이나 고민했다. 엘리엇은 결정을 내리지 못했다. 이러한 망설임은 일상에 스며들어 피해를 주고 있었다. 수표를 쓸 때 파란 펜과 검은 펜 중 어떤 것을 쓸지, 책상 위 서류를 어떻게 정리해야 할지 등 좀처럼 감정적이라고 여겨지지 않는 그런 결정을 내리지 못했다. 감정이나 느낌의 안내가 사라지자 가장 간단한 결정조차 내릴 수 없었다.

후속 연구에 따르면, 의사 결정에 감정이 놀랍도록 중요한 역할을 한다는 사실이 드러났다. 가장 분석적인 사람들조차도 의식하든 아니든 결정을 내리기 위해 감정이 일으키는 미묘한 파장에 의존한다. 전문 주식 투자자를 생각해 보자. 그들은 전적으로 기업 실적 보고서, 신제품 발표, 인플레이션과 실업률 등 상세하고 객관적인 분석을 바탕으로 주식 매매 결정을 내리는 것처럼 보인다. 그러나 실제로 이러한 결정에 기분은 중요한 역할을 한다. 투자자가 기분이 좋을 때, 주가가 상승한다. 26개국의 주식 시장을 다룬 한 연구에 따르면, 며칠이나 연속해서 화창한 날이 이어지자 해당 국가의 주식 시장 가치가 상승했다. 그리고 투자자들의 기분이 안 좋으면 주식 가치가 떨어지는데, 이는 월드컵에서 탈락한 직후 해당 국가의 주식 수익률이 하락하는 사실에서 알 수 있다.[3] 기분이 좋으면 주가가 상승하고, 기분이 나쁘면 주가가 하락한다. 이렇듯 감정은 좋든 싫든 가장 분석적이어야 할 것 같은 선택에도 영향을 미친다.

치과에서도 바라는 우리의 이성

물론, 데이터와 가능한 결과를 이성적으로 분석하는 것 역시 의사 결정에 중심적인 역할을 한다. 우리를 안내하는 것이 감정뿐이라면, 아마 어떤 결정은 절대 내리지 않을 것이다. 대부분의 사람은 치과에 가거나, 대장 내시경 검사를 받거나 세금 납부를 하지 않을 것이다. 처가나 시댁에도 절대 가지 않을 것이다. 많은 사람이 이러한 것들을 두려워하지만(또는 적어도 긍정적인 감정보다는 부정적인 감정을 더 품고 있지만), 선택을 아예 피한다면 부정적인 결과가 따를 거라는 사실을 알고 있다. 그래서 감정을 이겨 내고 결국 하기로 선택한다. 아마 여러분은 1~2년(혹은 3년) 꽉 채워서 치과에 가지 않고 최대한 버틸 테지만, 이성이 살아나면서 치과 치료라는 어려운 길을 선택하게 될 것이다.

효과적인 행동

이제 곧 더 똑똑한 결정을 내리는 데 뇌과학이 무엇을 알려 주는지 살펴볼 것이다. 하지만 그에 앞서 심리학이라는 더 넓은 분야에서 의사 결정 개선에 사용할 수 있다고 밝힌 세 가지 전략을 알아보자. 어떤 신경 과학이 숨어 있는지는 아직 모르지만, 효과는 있다.

1. 운전석에 앉아라

스스로 "만약 ~하면 어떻게 될까?"라고 묻는 대신, "만약 또는 언젠가 ~하게 되면 나는 무엇을 할까?"라고 묻자.[4] 결정을 내리기 두려울 때, 우리는 일어날 수 있는 부정적인 결과를 전부 머릿속으로 몇 번이나 그려 본다. 여기서 흥미로운 점은 운전대에 손을 얹고 다음에 일어날 일을 주도할 수 있는 능동적인 성인보다는 길 한편에 서서 불행한 사건이 펼쳐지는 장면을 지켜보는 수동적인 방관자로 자기 자신을 상상하기가 더 쉽다는 것이다. 중대한 결정은 대부분 불확실성으로 가득 차 있으며, 자신을 무력한 방관자가 아닌 회복력 있는 대응자로 여긴다면 그 불확실성에 더 잘 대처할 것이다.

물론 모든 일을 통제할 수는 없다. 그러나 대부분의 상황을 개선할 수 있다. 예를 들어 부모님의 요양원 입소에 찬성했지만, 엄마가 외로워한다면 무엇을 할 것인가? 엄마가 가입할 모임을 찾도록 돕거나 일주일에 한 번 방문하여 같이 점심을 먹자고 할 수 있다. 심리학자들은 자기 자신을 믿을 때 위험을 감수하기 더 쉽다는 사실을 발견했다.[5] 그리고 자신을 믿는 한 가지 쉬운 방법 중 하나는 상상 속에서 회복력 있는 대응자로 그려 보는 것이다.

2. 다양한 선택지를 제시하라

심리학자들은 사람들이 스스로 적어도 2개, 바람직하게는 3개의 서로 다른 선택지를 제시할 때 결국 결정에 더 행복해한다는 사실을 발견했다.[6] 여러분은 자신에게 항상 예외 없이 2개의 선택지를 제시한다고 생각하겠지만, 많은 결정은 중요도에 상관없이 기본적으로 네/아니요 결정이다. 이 신발을 사야 하나? 케토 식단을 시도해 봐야 하나? 올해 파리에 가야 하나? 여러분은 네/아니요 결정을 앞두고, 단 하나의 선택지(이 신발, 이 식단, 그 휴가) 그리고 할지 말지만 생각한다. 그러나 2~3개 선택지를 동시에 고려하면 어떤 결정을 내리든 장기적으로 더 행복할 가능성이 크다. 자신의 욕구에 관하여 보다 폭넓게 생각하기 때문이다. 따라서 '이 신발을 사야 하나?' 하고 묻는 대신, '이 신발을 사야 하나? 한 짐 더 가볼까? 아니면 이 돈으로 발 마사지를 받을까?' 하고 따져 보자.

3. 회상을 시도하라

지금으로부터 12개월 후, 지난 한 해를 실감 나게 되돌아보는 상상을 해 보자. 후회할 만한 일이나 현명했다고 평가할 법한 선택에 대해, 이렇게 말할 것이다. "벌써 한 해가 지났구나. 돌아보니, 그때 그렇게 해서 너무 다행이야." 아니면 이럴 수도 있다. "벌써 한 해가 지났구나. 그때 그렇게 하지 않았으면 정말 후회했을 거야." 그리고 잠시 가만히 마음속에 무엇이 떠오르는지 살펴보자. 아마 놀랄 것이다. '겨울 전에 부모님이 요양원에 입소하셔서 너무 다행이야' 또는 '프랑스에 가지 않았으면 정말 후회했을 거야'라고 생각할지도 모른다. 나는 이러한 활동을 '회상하기(look back)'라고 부른다. 노벨상 수상자인 대니얼 카너먼(Daniel Kahneman)은 이 활동의 변형을 '사전부검(Pre-mortem)'이라고 부른다.

미래로 건너가 회상한다는 것이 언뜻 와닿지 않을 수 있지만, 연구자들은 회상할 때 다양한 세부 사항이 생생하게 떠오른다는 사실을 발견했다.[7] '지나고 나면 제대로 보인다'는 사실은 이미 알고 있겠지만, 가상으로 회상할 때도 더 또렷하다는 것까지는 몰랐을 것이다. 우리 부부는 새해 무렵 종종 이렇게 회상을 했는데, 덕분에 대단히 훌륭한 (가끔은 놀라운) 선택을 하게 되었다.

4. 숨을 천천히 내쉬며 더 나은 결정을 내려라

이제 신경과학에 바탕을 두었으며, 너무 간단해서 왜 지금까지 들어본 적이 없었는지 궁금할 정도의 의사 결정 개선법을 살펴보자. 이상하기도 해서 믿기 어려울 것이다.

결정을 개선할 기발한 도구가 무엇일까? 바로 호흡을 늦추는 것이다.

무슨 생각하는지 다 보인다. '이 책을 읽으면서도 숨 쉬고 있고 결정은 여전히 어려운데, 호흡을 다르게 한다고 무슨 도움이 된다는 거죠?' 아마 내가 과학을 뒤로하고 뜬구름 잡는 소리나 하는 것처럼 보일 것이다. 그래서 다음은 무엇일까? 신체 치유 효과가 있다는 팔찌라도 차야 할까?

아니다. 사실 나도 호흡법에 얽힌 과학을 더 파고들기 전까지는 회의적이었다. 호흡을 늦추면 어떻게 더 나은 선택을 할 수 있는지 이해하기 위해, 뇌에서 잠시 벗어나 미주신경(Vagus nerve)을 살펴보자.

우리의 방랑자 신경

미주신경은 흔히 '휴식과 소화' 시스템이라고도 한다. 부교감 신경계의 일부로서, 다양한 장기에 투쟁/도피 반응이 지나갔다는 신호를 보내 진정하도록 도울 수 있다. 부담스러운 발표를 막 끝내고 심박수가 천천히 원래대로 돌아오고 있다면, 여러분은 말 그대로 안도의 한숨을 쉴 것이다. 이렇듯 긴장을 풀 수 있게 도와주는 것이 바로 미주신경이다.

미주를 뜻하는 영어 'Vagus'는 ('방랑자'처럼) 배회한다는 뜻의 라틴어이고, 미주신경은 신체에서 아주 긴 신경에 속한다. 뇌에서 시작하여 경동맥(Carotid artery)을 따라 나 있지만, 심장, 폐, 장까지 이어지는 가지가 여럿 있다. 더 중요한 사실은 정보가 양방향으로 흐른다는 점이다. 뇌가 심장에 속도를 늦추라고 하거나 폐에 더 천천히 호흡하라고 지시하는 것은 놀랍지 않다. 부담이 큰 상황이 끝나면 뇌의 이러한 통제가 필요하다. 그러나 장기 역시 미주신경을 통해 뇌에 신호를 다시 보낸다는 사실은 잘 몰랐을 것이다. 폐, 심장, 위에서 '여기서는 모두 긴장을 풀고 있어'라고 전달하면, 뇌도 진정할 수 있다.

그러나 미주신경은 복잡하다. 얼마나 복잡한지는 곧 살펴볼 테지만, 지금은 이완이 미주신경의 역할 중 하나라는 사실만 알아도 충분하다.

미주신경이 의사 결정에 미치는 영향

가장 흥미로운 사실은 미주신경이 의사 결정과 기억에 중요한 뇌 영역 네트워크에 연결되어 있다는 점이다. 미주신경은 일련의 연결을 통해 편도체(감정 처리의 핵심 영역), 해마(기억에 중요한 영역), 선조체와 섬엽(보상감을 느끼는 데 중요한 영역) 그리고 의사 결정에 중요한 전전두피질의 특정 영역으로 신호를 보낸다. 이처럼 뇌의 여러 영역에 드나들 수 있는 출입증을 가지고 있어서, 즉시 들어가 많은 영향을 미친다.

심장, 폐 또는 장이 미주신경을 통해 '우리는 느긋하게 쉬고 있다'는 신호를 보내면, 그 신호는 직접과 간접 두 가지 방식으로 의사 결정을 개선할 수 있다. 우선, 직접적인 방식부터 살펴보자. 미주신경은 어려운 결정을 내리는 데 중요한 영역인 전전두피질을 활성화하여 직접 의사 결정을 촉진할 수 있다.[8] 연구자들은 미주신경을 자극하면 선택이 복잡할 때도 더 똑똑하고 보다 빠른 선택으로 이어진다는 사실을 발견했다.[9] 신체에서 '위기가 지나갔다'라고 말하면, 다음 할 일을 결정하는 뇌 영역이 행동에 나설 수 있는 것이다.

미주신경이 의사 결정을 촉진하는 간접적인 방식도 있다. 미주신경의 '휴식과 소화' 신호는 스트레스를 상당히 줄인다. 알다시피 스트레스는 의사 결정을 망친다. 5장에서 살펴봤듯, 스트레스 탓에 인지 유연성이 줄어들면, 현재 고려하는 선택지 외에 다른 선택지를 떠올리기 더 어려워진다. 스트레스가 어떻게 의사 결정과 인지 유연성에 영향을 미치는지를 알아보기 위해, 저녁 식사를 결정하는 상황을 상상해 보자. 스트레스에 시달리며 한 주를 보내고 금요일 밤에 집안으로 들어서는데 파트너가 이렇게 말한다. "나가서 저녁 먹자. 어디 가고 싶어?" 그 말에 잠깐 멍하니 있다가 이내 처음으로 떠오른 식당을 제안한다. 둘 다 좋아하는 집 근처 멕시코 식당이다. 그러자 파트너는 금요일이라서 오래 기다려야 한다는 사실을 지적한다. 너무 배가 고프지만, 다른 식당이 생각나지 않는다. 일주일간 겪은 스트레스에서 여전히 헤어 나오지 못했다. 부리토 생각이 간절해서가 아니라 다른 생각이 나질 않아서 힘없이 다른 멕시코 식당을 제안해 본다. 스트레스 때문에 의사 결정이 침체 상태에 빠지고 만 것이다.

삶의 많은 어려운 결정이 스트레스에 둘러싸여 있다. 부모님의 요양원 입소를 결정하는 것은 한마디로 스트레스를 받는 일이다. 비싸고 고통스러울지 모를 치과 치료를 받겠다고 선택하는 것도 마찬가지이다. 이러한 결정을 두려워하고 계속 미루는 것은 당연하다. 선택지를 유연하게 생각하기 어려울 수 있다.

다행히 미주신경을 자극하면 스트레스를 줄이고 결정을 더 쉽게 내릴 수 있다. 미주신경은 여러 경로를 통해 뇌에서 스트레스를 조절하도록 돕지만, 아마 가장 쉽게 설명할 수 있는 경로는 편도체로 향하는 경로일 것이다.[10] 편도체는 아몬드처럼 생긴 작은 뇌 영역이다. (실제로는 좌우에 하나씩 총 2개를 가지고 있지만, 어떤 이유에서인지 신경과학자들은 복수가 아닌 하나로 칭한다. 편도체는 눈과 거의 같은 높이에 있다. 관자놀이를 손가락으로 꾹 누르면 편도체를 가리키는 격이다.)

편도체는 오해를 사는 경우가 많아서 조금 더 소개하는 편이 좋을 것 같다. 여러분은 편도체가 '공포 중추'라는 말을 들어봤을 것이다. 수년간 연구자들이 편도체가 손상된 동물들이 무서운 상황에서도 무서움을 느끼지 못한다는 사실을 발견했기 때문이다. 예를 들어 편도체가 손상된 원숭이가 있는 우리에 뱀을 넣어도, 원숭이는 계속 평온할 것이다. 그러나 지난 20년간, 과학자들은 편도체가 보상감이나 즐거움처럼 다른 감정을 경험하는 데도 중요하다는 사실을 발견했다. 편도체가 손상된 원숭이는 포도가 맛있다는 것도 알기 어렵다. 무서운 뱀과 달콤한 포도? 편도체가 온전히 기능하지 못한다면, 둘 다 '별로'라고 생각한다. 이제 우리는 무언가를 보고 추구해야 할 즐거움인지, 피해야 할 위협인지 알아내는 데 편도체가 중요하다는 사실을 파악했다.[11]

미주신경과 의사 결정의 관계로 돌아가 보자. 미주신경은 특정 가지가 활성화되면 편도체에 위협이 없다는 신호를 보낸다. 두려워할 것도 없고, 그토록 많은 불안감을 안겨 주던 상황도 결국 그다지 나쁘지 않다는 것을 의미한다. 스트레스 수준이 낮아지고, 가장 안전한 선택지만 생각하게 하던 모든 불안감이 사라지면서, 모든 선택지를 비교하고 더 만족하게 될 결정을 내리기가 갑자기 훨씬 쉬워진다.

더 나은 결정으로 향하기 위한 카운트

앞서 나는 미주신경이 복잡하다고 했다. 지금까지는 미주신경이 마치 '긴장 풀기' 신경인 것처럼 설명했지만, 미주신경은 실제로 많은 가지를 가지고 있어서 특정 가지를 자극하면 에너지를 높이고 활력을 불어넣을 수 있다. 의학 연구자들은 미주신경을 자극해 혼수상태에 빠진 사람들을 깨우기 시작했다.[12]

내가 미주신경 자극을 소개하는 이유는 인터넷에 검색하면 최소 12개 이상의 전략을 찾을 수 있기 때문이다. 전략마다 모두 장점이 있지만, 의사 결정에 거의 영향을 미치지 않는 전략만은 좇지 않았으면 한다.

적어도 의사 결정 개선이라는 측면에서 지금껏 찾은 최고의 전략은 호흡을 느리게 하는 것이다. 폐와 횡격막이 미주신경을 통해 뇌에 신호를 보내기 때문에, 전전두피질, 편도체, 뇌의 나머지 부분에 강력한 이완 신호를 보낼 호흡법을 채택해야 한다. 몇 가지 다양한 호흡법을 테스트한 결과, 들이쉴 때보다 내쉴 때가 더 길어야 가장 효과적이었다.[13] 이렇게 해 보자. 5초간 숨을 깊이 들이쉬고, 2초간 참았다가 7초간 천천히 내쉰다. 다음 그래프에서 볼 수 있듯, 내쉬는 숨이 더 길기 때문에 일부 과학자들은 이 호흡법을 '편향 호흡(Skewed breathing)'이라고 부른다. 만약 7초간 숨을 내쉬기가 어렵다면, 빨대로 불듯 입술을 오므리고 내쉬어 보자. 내쉬는 속도가 느려질 수 있다.

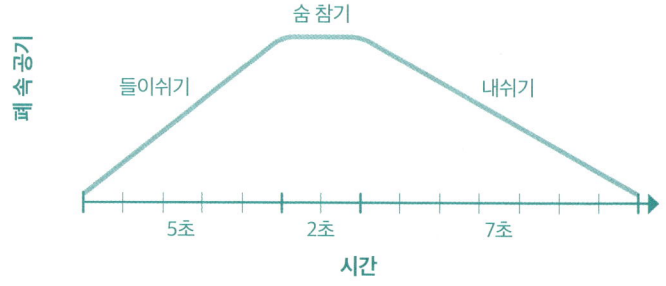

편안하지 않은가? 호흡 시간을 세면서 더 나은 결정으로 향할 수 있다고 누가 상상이나 했을까?

이 정도로 천천히 숨쉬기 어렵다면 당장 편하지는 않겠지만, 조금씩 시도해 보며 익숙해지자. 4-2-5 호흡법, 즉 들이쉬기 4초, 숨참기 2초, 내쉬기 5초로 시작하여 5-2-7 호흡법까지 늘려갈 수 있다.

이렇게 각 단계의 시간을 달리하며 호흡을 늦추는 법을 익히면, 어려운 결정을 마주할 때마다 이 호흡법을 이용할 수 있을 것이다. 한 국제 연구팀은 5-2-7 호흡법을 2분간 지속하면 미주신경을 자극하여 의사 결정을 즉시 개선한다는 사실을 발견했다.[14] 이 연구에서 실험 참가자들은 가상의 기업이 직면한 인력 및 조직 문제에 관한 많은 정보를 입수한 부담스러운 상황 속에서 그 정보를 바탕으로 결정을 내려야 했다. 예를 들어 같은 직급에 승진 후보자가 세 명이다. 이 직급에 승진 인원이 할당됐다면, 누가 승진해야 할까? 이 실험은 실험실에서 진행되었지만, 연구팀은 시간 압박을 가하고, 참가자들에게 어떤 정보가 관련 있는지를 가려내라고 요구하며 시나리오를 최대한 현실적으로 만들었다. 입수할 수 있는 정보를 고려하면 나쁜 선택을 포함하는 결정도 있었지만, 2분간의 편향 호흡만으로도 모든 것이 명료해져 머릿속에 있던 거미줄을 걷어낼 수 있었다. 편향 호흡을 한 참가자들은 대조군에 비해 좋은 결정은 많이, 나쁜 결정은 적게 내렸다.

그러니 잠시 시간을 내어 5-2-7 호흡법을 시도해 보고, 그간 미뤄왔던 결정을 다시 생각해 보자. 아마 새로운 통찰을 발견하거나 적어도 생각지 못한 해결책을 얻을 것이다.

인생에 맛을 더해 주는 변화

나처럼 과학에 흠뻑 빠져 있다면, 과학자들이 미주신경 활성도를 직접 측정하는 경우가 드물다는 사실에 관심을 가질 것이다. 할 수는 있지만, 복잡하고 몸에 칼을 대야 한다. 대신 과학자들은 심박변이도(HRV; Heart rate variability)를 측정한다. 보통 가슴에 전극을 부착하고 심전도(EKG; Electrocardiogram) 기계에 연결하는 과정을 포함한다.

심박수에서 변화는 긍정적이다. 매우 좋다. 심박수의 변동성이 크다는 것은 신체가 변화하는 세상에 적응할 수 있다는 의미이다. 심박수는 행동에 뛰어들거나 부담스러운 문제를 해결해야 할 때 빨라지지만, 텔레비전 앞에서 가장 좋아하는 프로그램을 보며 쉴 때는 느려진다. 이러한 변화는 미주신경 활성도를 간접적으로 보여주는 척도이다. 높은 심박변이도는 미주신경의 진정 기능이 있는 가지가 일정 시간 강력한 이완 신호를 보낼 수 있다는 것을 의미한다. 그래서 텔레비전 프로그램을 즐기고 있을 때 스트레스를 완전히 잊게 된다. 그러나 다른 때는 진정 기능이 있는 가지가 상대적으로 비활성화되어 부담스러운 문제를 해결하도록 열의를 불어넣는다. 진정 기능이 있는 가지가 항상 강력한 이완 신호를 보내기를 원하지는 않을 것이다. 그러면 아마 부진한 기분이 들고 소파에서 쉽사리 벗어나기 어려워질 수 있기 때문이다. 미주신경 활성도의 변이도가 높아지면, 심박변이도 역시 높아진다. 이때 두 변이도를 높이는 빠른 방법은 느린 호흡이다.

다른 이점이 또 있을까? 5-2-7 호흡법을 실천하면, 다른 측면에서도 삶이 나아질 것이다. 더 높은 심박변이도를 가진 사람들은 다음과 같은 특징을 보인다.

- 더 오래 살고 심혈관계 질환에 걸릴 위험이 낮다.
- 불안을 덜 경험한다.
- 알츠하이머병에 걸릴 위험이 낮다.[15]

호흡과 함께 심박변이도가 개선되고 있는지 궁금하다면, 측정해 볼 수 있다. 심전도 측정이 가장 정확하지만, 우리에게는 그러한 결과를 내놓을 수 있는 심장전문의가 따로 대기하고 있지 않다. 다행히 집에서 웨어러블 기기를 사용해 심박변이도를 측정할 수 있다. 체스트스트랩 모니터(Chest-strap monitors)는 시계보다 더 정확하고 믿을 만한 측정 결과를 제공하는 편이고 저렴하기까지 하다.[16] 온종일 착용할 정도로 편안하지는 않지만(나는 달리는 동안 착용했다가 풀고 나서 너무 기뻤다), 몇 시간 동안 착용하기에는 좋고 시간 흐름에 따른 심박변이도를 비교적 정확히 보여준다. 만약 의사 결정 개선을 위한 추가 전략을 찾고 있다면, 결정을 다룬 내 이전 저서[《여성의 결정 방식(How Women Decide)》]를 확인하기 바란다. 그 책에서는 남성과 여성의 의사 결정 방식을 둘러싼 여러 고정관념을 살펴보고, 극복 전략을 제시한다.

추천 실습

'더 나은 결정'을 위한 도구 모음 ————————◆

- **운전석에 앉기.** '이렇다면 어떨까?'보다는 '이렇다면 무엇을 할까?'라고 묻자. 자신을 무력한 방관자가 아니라 회복력 있는 대응자로 여긴다면 위험을 감수하기 더 쉽다.

- **다양한 선택지 제시하기.** 적어도 2개, 바람직하게는 3개의 서로 다른 선택지를 고려할 때 결국 결정에 더 행복해한다. '이 일을 해야 하나?'와 같은 네/아니요 결정은 선택지가 하나뿐이다.

- **'회상하기'에 나서기.** 지금으로부터 1년 후를 상상하며 "그때 그렇게 해서 너무 다행이야…" 또는 "그때 그렇게 하지 않았으면 정말 후회했을 거야…"라고 말해 보자.

- **숨을 천천히 내쉬기.** 들이쉴 때보다 더 오래 내쉬며 2분간 천천히 호흡하면, 이내 어려운 결정을 더 쉽게 내릴 수 있을 것이다. 5초간 숨을 깊이 들이쉬고 2초간 참았다가 7초간 천천히 내쉬는 5-2-7 호흡법을 목표로 하자.

11장

덜 아프게, 더 건강하게 생활하자

어느새 정기 검진 시기가 되어 마지못해 원래 가던 병원에 예약을 한다. 의사가 눈을 잘 마주치지 않아서, 컴퓨터 화면을 보듯이 관심을 담아 자신을 봐주기를 바란다. 아니면 나처럼, 항상 조금 나사가 빠진 것 같고 깜빡하는 의사를 마주할 수도 있다. 이러한 사소한 단점에도 불구하고 다른 의사를 찾기가 번거롭기 때문에 가던 병원만 찾는다. 새로운 절친을 찾는 것도 아닌데, 다른 의사 안 찾는다고 문제가 될까?

사실, 심각한 문제가 된다.

의사가 눈을 마주치지 않거나 많이 웃지 않으면, 환자의 건강 상태가 나빠지고 통증이 더 심해진다. 의사가 환자를 대하는 태도가 별로 중요해 보이지 않을 수 있지만, 만족스럽지 않다면 신체 역시 치료에 반응하지 않을 것이다. 훌륭한 의사는 결국 환자를 '이해'하는 사람이다.

우리는 대부분 건강을 위해 무엇이든 한다. 운동하고, 음식 조심하고, 선크림을 듬뿍 바른다. 그러면서 의사를 바꾸는 것이 건강에 필수라고 생각하는 사람은 별로 없다. 그러나 이번 장에서 살펴보겠지만, 다른 의사를 선택하는 것이 건강에 있어서 올해 최고의 결정일 수 있다.

가끔은 큰일을 해내는 우리의 뇌

호감 가고 믿을 수 있는 의사를 찾는 것이 어떻게 건강을 위해 할 수 있는 가장 현명한 일 중 하나인지 이해하려면, 플라시보 효과(Placebo effect)를 알아야 한다.

플라시보 효과는 오명을 안고 있다. 마치 '진짜는 아무것도 일어나지 않았다'는 식으로 "플라시보 효과일 '뿐'이야"라는 말을 들어봤을 것이다. 우리는 보통 플라시보 효과를 가짜 개선으로 치부하고, 할머니를 괴롭히던 통증이 위약으로 사라지면 눈을 굴리며 몸이 아니라 '마음의 병'이었다고 결론짓는다.

회의적인 시각도 이해는 간다. 과거에는 종종 위약이 실제 해결책의 대역이었다. 빵가루와 물 몇 방울은 알려진 치료법이 없던 시절 의사들이 환자들의 요구를 들어주기 위해 사용하던 '치료법' 중 하나였다.[1] 부엌만 들락날락하고도 높은 가격을 청구할 수 있었다는 점을 미루어 보면, 위약이 가짜 치료라는 오명을 얻은 이유를 잘 알 수 있다.

그러나 당시 의사들이 의심하던 것을 오늘날 과학자들이 증명하고 있다. 위약은 종종 '효과'가 있다. 통증을 완화하고, 증상을 줄이거나 없애며, 약을 평소의 절반으로 줄여도 치료 효과를 선사하기도 한다.[2] '절반'이라니!

일단, 플라시보 효과가 무엇인지 정의부터 하자. 정의는 아주 많지만, 대부분 플라시보 효과가 아닌 것에 집중한다. 위약에 관하여 세계 최고 전문가 중 한 명인 파브리치오 베네데티(Fabrizio Benedetti) 박사에 따르면, 플라시보 효과는 환자가 치료에서 뚜렷한 호전을 보일 때, 개선을 예상하는 뇌 메커니즘이 활성화되기 때문에 발생한다고 한다.[3] 기분이 더 나아질 것 같다는 생각이 들게 하는 일이 발생하는 것이다. 이러한 예상이 몸 상태를 개선하는 데 관여하는 신경 회로를 활성화시키고, 그 결과 기분이 더 좋아진다.

뇌 메커니즘은 중요하다. 다양한 플라시보 효과에 중요한 역할을 하는 여러 뇌 영역과 화학물질이, 표준 의학 치료를 받을 때 기분을 좋아지게 하는 뇌 영역과 화학물질에 정확히 일치하는 경우가 많다.[4]

통증을 생각해 보자. 통증을 줄이는 한 가지 방법은 체내에서 천연 진통제를 분비하는 것이다. 이 물질은 척수에서 나오는 통증 신호를 직접 차단한다. 위약은 뇌에서 엔도르핀(Endorphin)과 같은 진통제의 생성을 증가시키는 것으로 드러났다.[5] 뇌에는 진통 효과를 내는 체내 생성 물질인 내인성 오피오이드(Endogenous opioid)가 체내 시스템을 장악할 수 있게 유도하는 복잡한 네트워크가 있지만, 간단하게 설명하면 이렇다. 기분이 더 좋아질 거라 예상할 때, 그 예상에 복측 선조체에서 도파민이 생성된다. 복측 선조체는 지금까지 여러 번 등장했다. 우리는 3장에서 즐거움이 예상될 때 복측 선조체에서 도파민이 생성된다는 사실을 살펴봤다. 예를 들어 맛있는 피자를 파는 가장 좋아하는 식당 주차장에 차를 세우면 즐거울 것이라는 예상 속에서 도파민이 생성된다. 마찬가지로, 방금 복용한 약이 통증을 완화해 줄 것이라고 믿으면 도파민이 분비되고, 이는 오피오이드 생성을 유발한다.

이러한 예상은 불활성 위약에만 도움이 되는 것이 아니다. 표준 진통제에도 도움이 될 수 있다. 이부프로펜과 같은 일반의약품 진통제를 복용하면, 기본적으로 통증을 줄이기 위한 두 가지 시스템이 작동한다. 첫째로 통증을 일으키는 효소를 억제하는 이부프로펜 그 자체가 있고, 둘째로 이부프로펜이 도움이 될 것이라는 긍정적인 예상에 체내에서 생성되는 내인성 오피오이드가 있다. 만약 이부프로펜이 도움이 되지 않는다고 확신한다면, 실제로 원래보다 효과가 덜할 수 있다.

따라서 위약이 통증을 줄이거나 멎게 했다는 것은 '실제' 통증이 없다는 것이 아니라, '실제' 통증을 다루기 위한 도파민-오피오이드 회로와 같은 신체 시스템을 활용할 수 있었다는 것에 가깝다.

희망이 모든 것을 치료하지는 않는다

위약이 신체의 선천적 치유 시스템을 이용한다는 확실한 증거는 많지만, 개인적으로 특히 설득력 있는 연구 결과가 하나 있었다. 약물 복용 시 가장 큰 효과를 본 사람들이 플라시보 효과도 가장 컸다.[6] 흥미롭게도, 특정 약물에 신체가 전혀 반응하지 않는 환자들은 위약에도 반응하지 않는다. 따라서 희망이 모든 병을 낫게 하는 것은 아니지만, 실제로 여러분을 '치료할 수 있는' 뇌 시스템을 이용한다. 그러나 뇌 시스템으로 치료할 수 없다면, 희망 또한 효과가 없을 것이다.

위약이 모든 건강 문제에 효과적일까? 그렇지 않다. 위약으로는 터지기 일보 직전인 맹장을 치료할 수 없고, 우리가 아는 한 콜레스테롤을 낮추거나 종양을 줄일 수도 없다.[7] 위약은 기존 뇌 시스템으로 조절할 수 있는 문제에 효과적이다. 그러나 놀라울 정도로 다양한 건강 문제를 포함한다. 지금까지는 일반 감기 증상을 줄이고, 자폐 스펙트럼 어린이들이 다른 사람들과 더 쉽게 소통하도록 돕는 것으로 밝혀졌다. 위약은 통증과 우울증부터 파킨슨병과 과민대장 증후군까지 모든 질환에 효과적인 치료제로 사용되었다.[8]

약이냐 과정이냐?

이제, 약으로 두통을 치료할 수 있다고 믿는다면 그 믿음 덕에 기분이 더 좋아질 수 있다는 말이 이해될 것이다. 믿음이 통증을 다루는 뇌의 타고난 능력을 이용한다는 의미이다. 좋다.

그러나 의사의 성격과는 무슨 상관이 있을까? 의사가 약국에서 구입할 수 있는 표준 의약품을 처방한다면, 약은 처방할 때 의사가 얼마나 따뜻하고 친근한지에 상관없이 효과를 보여야 하지 않을까? 약은 체내 특정 수용체에 작용하므로 의사가 웃어주든 말든 효과가 있을 테니 말이다.

그러나 이번 장을 열며 암시했듯, 의사를 충분히 믿지 못한다면 놀랍게도 약효가 떨어질 수 있다. 의사가 붙임성 있을 때보다 무뚝뚝할 때 더 아프거나 오랫동안 통증에 시달릴 수 있다.

연구자들은 다양한 질병으로 이를 증명했다. 예를 들어 정신과 의사들을 대상으로 한 연구에서, 의사 절반은 우울증 환자들과 강한 유대감을 형성했으나 위약으로 치료했고, 나머지 절반은 환자와 유대감을 쌓으려 노력하지 않았으나 우울증 치료약을 처방했다.[9] 누가 더 빨리 회복했을까? 위약을 복용했어도 강한 유대감을 형성한 환자들이었다. 따라서 약만 중요한 것이 아니다. 과정 역시 중요하고, 약보다 더 효과적일 수 있다. 간단히 말해서, 의사에게 호감이 갈 때 약이 더 효과적이다.

혹시라도 눈살을 찌푸리며 의심하는 사람들이 있을까 봐 이 문제를 다룬 실험 중 개인적으로 가장 좋아하는 것을 소개하고자 한다. 이 실험은 성격의 힘을 보여준다.

스탠퍼드대학교의 한 연구팀이 대규모 연구의 일환으로 건강 검진을 실시하고 있었다. 한 의료인이 알레르기 유발 항원인 히스타민으로 모든 사람의 피부를 찔렀다.[10] 당연히 실험 참가자들의 피부에 간지러운 혹과 함께 그 주위로 홍반이 생겼다. (알레르기 피부 테스트를 한 적이 있다면 알 것이다.) 그러자 의료인은 혹에 무향 핸드 로션을 발랐다. 로션에는 약효가 없었지만, 환자 절반에게 로션이 홍반과 가려움을 줄일 것이라고 했고, 나머지 절반에게는 로션이 홍반과 가려움을 '증가'시킬 것이라고 말했다.

여러분은 홍반이 가라앉을 것이라고 들은 사람들의 혹이 줄어들었을 거라 생각할 것이다. 맞다. 플라시보 효과는 통증뿐만 아니라 면역계에도 작용한다. 그래서 로션이 증상을 악화시키는 것이 아니라 완화시킬 것으로 예상한 사람들의 혹이 훨씬 작아졌다. 로션이 부기를 악화시킬 거라 예상한 사람들에게는 예상이 곧 자기충족적 예언(Self-fulfilling prophecy)이었는지 매우 가렵고 퉁퉁 부어오른 혹이 생겼다. 이처럼 부정적인 예상이 부정적인 결과를 초래하는 현상을 '노시보 효과(Nocebo effect)'라고 한다.

그러나 이것은 시작에 불과했다. 이어서 등장하는 실험이 매우 흥미로워진다.

의료인은 환자를 치료하는 법을 교육받았으며, 구체적인 대본을 따랐다. 환자 중 4분의 1에게는 검진 내내 미소를 지으며 눈을 많이 맞추고, 명확하고 자신감 있는 어조로 말하며, 실수를 하지 않는 등 매우 다정한 자세로 높은 역량을 보여주었다. 우리 대부분이 그런 의사를 원한다. 또 다른 4분의 1 환자들에게는 검진하는 동안 컴퓨터만 보며 웃지 않고, 추임새('음…')를 많이 사용하면서 혈압 측정띠를 반대쪽 팔에 둘러서 다시 둘러야 하는 등 다정하지도 않고 역량도 별로 없는 모습을 보여주었다. 누구도 이런 의사를 원하지 않는다. 이 외에도 두 가지 다른 조건이 있었다. 환자 4분의 1은 다정하나 역량이 별로 없는 의사를, 나머지 4분의 1은 다정하지 않으나 역량 있는 의사를 만났다.

로션이 혹을 악화시킬 것이라는 말을 들은 사람들은 의사의 행동이나 말에 상관없이 히스타민에 부정적인 반응을 보였다. 의사가 친근하든 쌀쌀맞든 크고 붉은 혹이 생겼다. 부정적인 반응을 예상하는 것은, 유능하고 친근한 의사라도 지울 수 없는 분명한 신호를 신체에 전달하는 것이다. 노시보 효과가 꽤 강력해 보인다. 이처럼 나쁜 결과를 예상하면 나쁜 결과를 얻을 가능성이 더 크다.

그러나 대부분의 약물과 치료처럼 로션 역시 도움이 될 것으로 믿은 사람들에게는 의사의 행동이 '실제로' 차이를 만들어 냈다.

우선, 로션이 도움이 될 것이라는 말을 들었고, '또한' 다정하고 유능한 의사를 만났던 사람들을 생각해 보자. 그들의 혹은 다른 환자들보다 훨씬 작았다. 주입된 히스타민 때문에 여전히 혹은 있었지만, 그들의 신체는 자동 면역 반응을 조절할 수 있었고, 그 결과 피부에 자극이 훨씬 덜했다. 성난 벌에 쏘인 것이 아니라 모기에게 물려 작게 부풀어 오른 것 같아 보였다. 이 환자들을 행운 집단이라고 하자.

이제 불운 집단이라고 부를 환자들을 살펴보자. 로션이 도움이 된다는 말을 들었으나 무능하고 쌀쌀맞은 의사를 만났던 사람들은 '끔찍한' 반응을 보였다. 혹이 너무 크고 붉은 데다가 가렵기까지 해서 로션이 혹을 호전이 아니라 악화시킬 것이라고 들은 집단 같았다. 그들은 약이 도움이 될 것이라고 믿었지만, 어리석고 인간미 없는 의사 탓에 신체에서 치료 과정을 믿고 자연 치유 반응을 이용하기 어려웠다. (하지만 아마 일부 환자는 약이 도움이 될지 의심했을 것이다. 의사는 호감 가지 않았고 분명 실수도 저질렀기 때문이다.)

유능하나 쌀쌀맞은 의사 또는 무능하나 다정한 의사를 만났던 사람들은 어땠을까? 그들의 혹은 딱 중간이었다. 행운 집단보다는 크고, 불운 집단보다는 작았다. 인간미 없거나 무능한 의사를 만난다면, 건강이 나아질 수도 있지만 반대로 더 나빠질 수도 있다.

물론, 다들 유능하고 다정한 의사를 만나고 싶어 한다는 사실을 알고 있다. 정신적으로나 감정적으로나 바라는 상황이기 때문이다. 필요한 치료를 받았다고 느끼며 진료실을 나서고 싶을 것이다. 그러나 신체가 치료에 더 잘 반응하기 때문에 유능하고 다정한 의사를 원한다는 사실은 몰랐을 수도 있다. 믿을 수 있고 호감 가는 의사를 만나면, 체내 치유 자원을 끌어낼 수 있고 심한 통증이나 부작용을 보이지 않을 것이다.

그건 그렇고, 여러분 중 일부는 '약이 신체 상태를 악화시킬 수 있다는 말이 곧 현실이 된다면, 잠재적인 약물 부작용을 아는 것이 문제가 될지' 궁금해할 것이다. 이는 실제로 의학계에서 계속 논의되고 있다. 의료인이 약이나 치료의 잠재적인 부작용을 투명하게 밝히는 것은 중요하지만, 환자에게 그러한 부작용에 대해 알리면 환자가 부작용을 호소할 가능성이 더 높다.

옥시토신과 일단 믿어보는 자세

분명한 것은 의료 전문가들이 다정하고 능숙할 때 신체의 치유 능력을 이용하기 더 쉽다. 여기서 더 중요한 질문은 '왜'냐는 것이다.

두 가지 가능성이 있다. 일단 하나는, 여러분은 내심 인간미 하나 없는 의사가 도움이 될 것이라고 예상하지 않는다. 만약 의사가 눈한 번 마주치지 않고 자판을 치고 있다면, 또는 복잡한 일련의 증상을 설명할 때 산만해 보이거나 경청하지 않는 것 같다면, 여러분의 문제를 제대로 이해하지 못한다고 생각할 것이다. 의사가 문제를 이해하지 못한다면 진단과 치료에 회의적일 수 있다. 그리고 회의적이라면, 처방 약을 복용할 때 도파민이 생성되지 않아 체내 자연 치유 경로를 이용할 수 없다.

이렇게 간단하게 끝날 수도 있지만, 이 현상을 이해할 수 있는 또 다른 설명이 하나 더 있다. 다른 가능성은 옥시토신(Oxytocin)과 관련 있다. 옥시토신은 임상적 측면과 사회적 측면, 이 두 가지 방식으로 생각할 수 있다. 임상적 측면에서 옥시토신은 출산과 수유에 중요하다. 산모의 신체는 분만 중에 자궁 수축을 유도하고, 아기가 태어난 후에는 모유 수유를 위해 옥시토신을 분비한다.

그러나 여러분은 아마 옥시토신의 사회적 측면을 알고 있을 것이다. 옥시토신은 친밀한 관계에서 중요한 역할을 하기에 '사랑 호르몬' 또는 '포옹 호르몬'이라고도 한다. 포옹을 많이 하는 연인들이 덜 하는 연인들보다 옥시토신 수치가 높고, 옥시토신 수치가 높은 부모는 낮은 부모보다 자녀와 더 긍정적이고 즐거운 상호작용을 한다.[11] 옥시토신의 효과는 인간 사이의 상호작용에만 국한되지 않는다. 반려견을 쓰다듬으면 옥시토신 수치는 인간과 개 모두에게서 즉시 상승한다.[12]

그러나 옥시토신은 좋아하는 사람이나 반려동물과의 유대감을 형성하는 데만 중요한 것은 아니다. 방금 만난 사람들과 (스킨십 없이도) 유대감을 형성하는 데에도 중요하다. 성인들 코에 스프레이로 옥시토신을 분사해 단시간 노출시켰을 때, 낯선 사람과 평소보다 더 오래 눈을 마주쳤다.[13] 다른 연구자들은 옥시토신이 증가하면 낯선 사람과 협력하려는 의지가 더 강해진다는 사실을 발견했다.[14] 그리고 꽤 흥미로운 또 다른 연구에서는 성인들이 낯선 사람들과 게임을 하고 있을 때 코에 스프레이로 옥시토신을 분사하자, 게임 중에 그 낯선 사람들이 방금 자신을 배신했음에도 계속 신뢰했다.[15] 사람들은 대체로 천천히 신뢰하고 배신당한 후에는 신뢰를 끊어내지만, 옥시토신을 분사한 집단은 '일단 믿어보겠다'라고 생각하는 것 같았다.

결국 이 모든 일은 옥시토신이 다른 사람들과의 상호작용을 평소보다 더 본질적으로 보람 있게 만들기 때문에 일어난다고 이해할 수 있다. 누군가를 만날 때 뇌에서 옥시토신 수치가 높으면, 그 사람에게서 특별히 보상받을 만한 요소가 없어도 상대와의 상호작용이 보람 있다고 느끼게 된다. 옥시토신 수치가 높을수록 '이 상호작용이 즐겁다'라는 생각이 들고 관대한 마음으로 상대를 더 신뢰한다.

의사가 처방하는 옥시토신

옥시토신은 진료실에서 의사를 만나는 것과도 관련 있다. 다정하고 친근한 의사를 만날 때 옥시토신이 증가할 가능성이 있기 때문이다. 과학자들이 아직 직접 실험하지는 않았지만, 스탠퍼드대학교의 신경생물학자 댄 볼링(Dan Bowling)과 동료들이 제시한 작업가설이다.[16] 의사와 마음이 맞고 보살핌을 받는다고 느끼면, 옥시토신 수치가 상승한다는 것이다.

옥시토신이 증가하면 의사를 더 좋아하게 되지만, 또 다른 이점이 있다. 뇌에서 옥시토신을 분비하는 영역인 뇌하수체(Pituitary gland)는 도파민에 반응하는 뇌 영역인 복측 선조체와 직접적으로 연결된다. 그래서 옥시토신이 분비되면 도파민 분비가 유도된다. 호감 가는 다정한 의사와 편안히 시간을 보내면 뇌에서 연쇄작용이 일어나 여러 화학물질의 이점을 누릴 수 있을 것이다. 옥시토신, 도파민, 오피오이드 순이다. 만약 문제가 있어서 정말 믿을 수 있는 의사를 찾아가 진료실에 앉자마자 '이상하게도 어제만큼 아프지 않다'는 생각이 들었다면, 잘못된 것이 아니다. 의사와의 긍정적인 경험은 여러 화학물질을 생성하여 앉은자리에서 통증과 증상을 줄일 것이다.

내게도 그런 일이 있었다. 여행 중에 복통이 너무 심해서 잠에서 깼고, 응급실에 가야 할 정도였다. 머무르던 도시를 잘 몰랐기 때문에, 약혼자가 여기저기 전화한 끝에 지역 최고 병원을 소개받았다. 나는 담당 의사가 정말 마음에 들어서 이렇게 말했다. "저, 통증이 줄었어요. 괜찮은 것 같아요." 그래도 의사는 CT 촬영을 했고 터지기 직전이었던 맹장을 응급수술로 제거했다. 앞서 말했듯, 플라시보 효과가 맹장을 치료해 주는 것은 아니지만 연관된 통증을 줄일 수는 있다.

효과적인 행동

지금까지 한 말을 요약하자면, 의사에게 좀처럼 호감이 가지 않는다면 새 의사를 찾아야 한다는 것이다. 지금은 건강에 별로 문제가 없을 수 있지만, 호감 가고 존경하는 의사가 있으면 정말 아플 때 더 빨리 회복할 수 있다.

무엇을 눈여겨봐야 하나

체내 치유 능력을 이용하려면 의료 전문가의 어떤 점을 눈여겨봐야 할까? 다정하고 인간미 있는지를 살펴봐야 한다. 한 논문에서 주장하는 다정한 의료인의 특성은 다음과 같다.[17]

- 이름을 부르며 친근하게 자기를 소개한다.
- 자주 눈을 마주친다.
- 환자 가까이에 앉는다.
- 컴퓨터는 가끔만 본다.
- 미소 짓는다.
- 편안하거나 기분 좋은 이미지가 벽에 걸려 있다.

신뢰성 역시 체내 치유 능력에 중요한 역할을 했다는 점을 기억하자. 다음과 같은 행동도 의료인의 신뢰성을 높인다.

- 말할 때 분명하고 자신감 있는 어조를 사용한다.
- 불필요한 추임새(예를 들어 '음')를 사용하지 않는다.

- 진료 중에 실수하지 않는다.
- 정돈되고 단정하며 깨끗한 상태로 진료실을 유지한다.

'여러분'의 미소 역시 좋은 신호이다. 연구자들은 웃는 것이 건강에 도움이 된다는 사실을 발견했다.[18] 따라서 진료 중에 잘 웃는지 (진심으로 행복해서 웃는지, 웃어야 할 것 같아서 웃는지) 주의를 기울이도록 하자.

개인적인 취향과 기준이 있다는 점도 명심하자. 의사가 가족 관계를 물어보면 긴장을 풀 수도 있지만, 이상하다고 생각할 수도 있다. 벽에 학위증을 걸어두고 자신의 성취를 드러내는 의사를 존경할 수도 있지만, 그런 모습이 자랑처럼 느껴질 수도 있다. 결국 중요한 것은 그 만남이 좋게 느껴졌느냐는 것이다. 그러니 진료를 마치고 나올 때, '오길 잘했다'는 생각이 드는지, 아니면 '끝나서 다행이다'는 생각이 드는지를 스스로 살펴보자.

만나는 의사를 전부 좋아해야 할까? 그건 현실적이지 않은 일이다. 점이 하나 생겼는데 의심스러워서 처음에는 상담을 받으러, 그 다음에는 점을 없애려고 피부과 의사를 두 번 만난다면, 시술의 효과를 위해 의사와 유대감을 쌓을 필요는 없다. 응급수술을 받아야 한다면 여러 의사를 만날 시간이 없다. (내 약혼자처럼 10분 정도 더 시간을 들여서 평판 좋은 병원을 찾을 수 있다.) 그러나 정기적으로 의사를 만나야 하거나 급성 질환으로 즉각적인 치료가 필요하지 않다면, 시간을 투자해 호감 가는 의사를 찾으면 더 나은 결과를 얻을 수 있다.

***

새 의사 찾기가 번거롭다는 것을 잘 안다. 나는 이번 장을 쓰기 시작하면서 다른 의사를 찾아야겠다고 결심했지만, 결국 찾지 않으려 변명을 늘어놓고 있었다. 그러나 연구를 접하고 나서 두 명의 의사를 만나 본 후에 정말 호감 가는 의사를 찾았다. 이제 나는 내 말을 들어주고, 나를 봐주고 돌봐주는 사람이 생긴 기분이 든다. 호감가고 믿을 수 있는 의사를 찾는 것은 언제가 될까 싶어 뒷목을 잡는 일일 수 있지만, 훗날 실제 통증에서 여러분을 구원할 것이다.

'덜 아프고 더 건강한 생활'을 위한 도구 모음 ────✦

- **좋아하고 신뢰하는 의사 찾기.** 통증을 줄이고 치료를 돕는 뇌 시스템을 이용하고 싶을 것이다. 이때 놀랍고도 강력한 한 가지 방법은 호감 가고 믿을 수 있는 의사를 찾는 것이다. 의사 성격이 마음에 들지 않거나 실력이 의심스러우면 치료 효과가 떨어질 것이다.

긴장을 풀고
마음과 마음을
연결하자

12장

만성 스트레스를 관리하자

주머니 사정이 빠듯하다. 식비는 계속 오르고, 오랫동안 미뤄왔던 자동차 수리도 해야 하고, 자녀 교육비도 껑충 뛰어올랐다. 이 와중에 화장실 수도꼭지에서 물이 뚝뚝 떨어지는 것까지 생각하고 싶지는 않다. 지금 당장 연봉이 더 높은 일자리를 찾을 상황도 아니고, 그 모든 돈을 어떻게 충당할지 걱정하며 (물 떨어지는 소리가 들리지 않게 화장실 문을 닫고) 하루하루 뜬눈으로 밤을 지새운다.

삶은 스트레스의 연속이다. 금전 문제, 직장에서의 압박감, 건강 문제, 인간관계 문제 또는 뉴스로 접하는 충격적인 사건 사고 등 우리는 모두 상황이 능력 밖이고 스트레스가 휘몰아칠 때를 마주한다. 이러한 상황에서 똑똑한 전략을 사용할 수 있는 영역을 하나 고르라면, 스트레스 관리라고 단언할 수 있다. 이번 장부터 총 두 장에 걸쳐, 우리 삶을 더 즐길 수 있도록 스트레스를 관리하는 방법을 살펴볼 것이다.

이번 장에서는 몇 주, 몇 달 또는 최악의 경우에 몇 년이나 지속될 수 있는 돈 문제와 같은 만성 스트레스에 대처하는 법을 알아보려 한다. 다음 장에서는 처가나 시댁 방문, 곧 있을 발표와 같은 급성 스트레스 요인을 살펴볼 예정이다. 이런 경험은 불쾌하지만 일반적으로 몇 분, 몇 시간, 며칠이면 해결된다.

✦ 알고 보면 효과 없는 행동

만성적인 재정 스트레스를 관리하는 건강하지 않은 방법들은 많다. 청구서를 뜯지도 않고 쌓아두는 것부터 하루를 보내고 나서 와인 한 병을 통째로 마시는 것까지 다양하다. 심리학자들은 이를 '회피 전략(Avoidance strategy)'이라고 부르는데, 스트레스를 유발하는 요인이 무엇이든 피하는 방법이기 때문이다. 회피 전략은 단기적으로 기분을 좋게 할 수 있지만, 친구나 사랑하는 이를 보면 알 수 있듯이 건강하지 않은 회피 전략에 너무 자주 기대면 (당연히 말끔히 사라지지 않은) 기존의 스트레스 요인이 더욱 심해질 수 있고, 완전히 새로운 스트레스 요인을 만들어 낼 수도 있다.

술로 문제를 잊으려는 것이 좋은 방법이 아니라는 사실은 이미 알 테고, 다른 회피 전략은 또 무엇이 있나 궁금할 것이다. 예를 들어 좋아하는 취미활동 중 하나를 하거나 점심시간에 인터넷 서핑을 하며 주의를 환기하는 것이 더 건강한 대처 방법일까? 주의를 환기하면, 적어도 단기적으로는 기분이 나아지고 아이스크림 한 통을 다 먹는 것만큼 자기 파괴적이지도 않다.

사실, 주의를 환기하는 데는 섬세한 균형이 필요하다.

새로운 연구에 따르면, 주의를 환기하는 행동을 하는 이유가 중요하다고 한다.[1] 만약 긍정적인 기분을 느끼고 싶어서 주의를 환기한다면, 그때의 행동은 건강한 대처 전략이다. 토요일 아침에 부엌에서 쿠키를 굽거나 양궁장에서 활시위를 당기는 일이 기분을 좋아지게 하고 오후에 돈 문제 중 일부를 쉽게 해결할 수 있도록 돕는다면, 하던 대로 하면 된다. 긍정적인 기분은 정신과 감정을 충전하고 이후에 스트레스 상황에 다시 참여할 에너지를 줄 수 있다.

그러나 돈 문제와 스트레스 상황을 피하려고 주의를 환기하는 행동을 한다면, 건강하지 않은 대처 전략일 것이다. 오븐에서 마지막 쿠키 판을 꺼내거나 양궁장에서 그날의 마지막 화살을 쏘고 나면 오히려 기분이 더 우울하고 스트레스를 더 많이 느끼게 될 가능성이 높다. 현실 도피가 끝났기 때문이다. 어느새 '이 문제가 그냥 없어졌으면 좋겠고 더는 생각하고 싶지 않아'라고 생각한다면, 취미 생활에 보낸 시간은 스트레스를 줄이는 것이 아니라 증가시킬 것이다.

주의를 환기할 때는 '도망치는 것이 아니라 재충전하는 것'이라고 생각해야 한다.

물론, 우리 자신의 동기를 정직하게 평가하는 일은 까다롭다. 무엇이나 합리화할 수 있기 때문이다. 회피 전략을 얼마나 자주 사용하는지 알아보려면, 다음 문장들을 읽고 각 문장에 1점에서 4점까지 점수를 매겨 보자. '평소의 모습과 거리가 멀다면' 1점, '평소에 가깝다면' 4점을 주면 된다.[2]

상황이 사라지거나 어떻게든 끝나기를 바란다. ＿
일반적으로 사람들과 함께 있는 것을 피한다. ＿
상황을 가볍게 여기거나 너무 진지하게 바라보는 것을 거부한다. ＿
주의를 돌리기 위해 일이나 다른 활동에 의존한다. ＿
감당할 수 없다는 사실을 인정하고 더는 노력하지 않는다. ＿

점수는 5점에서 20점까지 나올 수 있다. 점수가 높을수록 회피에 대한 동기가 높아지고 주의를 환기해도 스트레스를 완화하기는커녕 증가시킬 가능성이 높다는 것을 의미한다. 점수가 높다면 이번 장 후반에 소개할 전략을 채택하기 어렵겠지만, 그 전략은 여러분을 구원할 수도 있다.

자발적으로 쳇바퀴 위에 서기

건강하고 생산적인 방식으로 스트레스를 관리하는 법을 이해하려면, 쳇바퀴 이야기를 해야 한다. 아마 "직장에서 쳇바퀴만 도는 것 같아"는 말처럼 반복적이고 지루한 일을 비유적으로 설명할 때 '쳇바퀴'라는 표현을 들어본 적 있을 것이다.

그러나 우리는 설치류가 달리는 진짜 쳇바퀴를 살펴볼 것이다. 빙그르르 도는 이 작은 바퀴가 실제로 스트레스를 '피하는' 방법에 관하여 놀라운 깨우침을 제공해 주기 때문이다. 연구자들은 종종 운동, 특히 달리기가 건강에 어떻게 영향을 미치는지 알아보기 위해 쥐를 쳇바퀴에 (또는 작은 러닝머신 위에) 태운다. 이러한 연구 전에는 운동한 쥐가 하지 않은 쥐보다 건강할 것이라는 생각이 일반적이었다. 달리는 사람들이 건강하지 않은가? 연구자들은 달리기가 심혈관과 근육에 다양한 이점이 있고, 5장과 6장에서 살펴봤듯 중등도에서 고강도의 유산소 운동이 뇌에 도움이 될 거라 예상했다.

그러나 그들은 달리기라고 해서 다 같지는 않다는 사실을 빠르게 깨달았다. 쥐를 쳇바퀴가 있는 우리에 넣고 원할 때 달릴 수 있게 했을 때, 예상하는 것보다 더 많은 이점을 얻었다. 나이가 들수록 심장이 더 건강해졌고 근육도 늘었다.[3] 게다가 우울증 증상도 덜 나타났다. 우울증 결과는 특히 흥미롭다. 쥐들에게 24시간 동안 음식과 물을 주지 않거나 우리를 45도 기울여 놓는 등 예상치 못한 스트레스 상황을 주었을 때, 끔찍한 상황을 그저 견뎌야만 했던 쥐보다 쳇바퀴를 주기적으로 이용할 수 있던 쥐가 스트레스로 가득한 생활환경에 더 잘 대처했다.[4] 쳇바퀴를 사용할 수 있는 선택지가 주어졌을 때, 쳇바퀴가 없는 쥐보다 우울증 같은 증상이 적게 나타났다.

쥐들이 24시간 동안 음식이나 물을 공급받지 못했다면 쳇바퀴 위에 올라탈 수 없을 정도로 지쳤을 거라 생각할 수 있다. 특히 쥐는 인간보다 신진대사가 훨씬 빠르다. 신진대사가 인간보다 약 7배 빠른 쥐에게 영양소 없이 지내는 24시간은 너무 길다.[5] 그러나 쥐는 쳇바퀴에 올라탔다. 운동하며 스트레스를 줄였다. (어이없을 정도로 스트레스를 받고 지친 하루를 보내고 헬스장에서 30분을 보낸 후 상쾌해져서 나온 경험이 있다면, 이 대목을 이해할 수 있을 것이다.)

달린다는 선택지가 있을 때는 그랬지만, 억지로 달려야 했던 쥐들은 어떨까? 그들은 대체로 건강하지 않은, 매우 다른 경험을 했다. 움직이는 작은 러닝머신 위에 놓여 달릴 수밖에 없었을 때, 기존의 건강 문제가 훨씬 더 악화되었다. 대장에 문제가 있는 쥐들이 달리도록 강요받으면, 대장 문제가 악화되었다. 흥미롭게도, 쥐가 원할 때 달릴 수 있게 되면 문제는 사라지기 시작했다.[6] 알츠하이머병처럼 비정상적으로 축적된 단백질 덩어리인 플라크가 있는 쥐가 어쩔 수 없이 달려야 했을 때는 플라크가 심해졌다. 그러나 쥐가 원할 때 달릴 수 있으면 플라크가 사라지기 시작했다.[7]

따라서 원할 때 운동해야 한다고 결론지을 수 있는데, 이는 제시할 수 있는 한 가지 가능한 결론이기도 하다. 그러나 훨씬 중요한 사실이 있다. 선택과 통제의 부재가 믿을 수 없을 정도로 스트레스를 유발한다는 것이다. 억지로 해야 한다는 느낌을 받을 때, 평소에는 스트레스를 줄여 주던 활동이 스트레스를 유발하게 된다. 쥐의 경우, 억지로 했던 운동 탓에 이점은 누리지 못하고 스트레스 호르몬이 증가하면서 광범위한 조직 손상을 겪었다.[8]

그러나 아무리 힘든 활동이라도 그 활동에 참여한다고 선택할 수 있을 때, 선택과 통제는 치유 효과를 가져올 수 있다. 스트레스를 관리하고 싶다면, 억지로 달리는 쥐가 아니라 달리겠다고 선택하는 쥐가 되자. 통제하고, 선택하자.

복권 번호만 골라도 신나는 이유

쥐를 대상으로 실시한 연구에 별 감흥을 느끼지 않을 수도 있으니, 인간을 대상으로 한 연구도 살펴보자. 우리 대부분은 당연히 환경과 운명을 통제하고 싶어한다. 추우면 난방하고 싶고, 텔레비전 프로그램이 마음에 들지 않으면 채널을 돌리거나 최소한 휴대전화로 다른 것을 보고 싶어 한다. (청소년들이 흔히 말하듯이) 가만히 앉아서 싫은 상황을 견디라는 말을 듣고 싶지는 않을 것이다.

선택과 통제의 이점이 단순히 환경이 조금 더 마음에 든다는 것에만 있지는 않다. 선택은 뇌에 즉시 보상을 제공한다. 사람들은 선택과 통제를 무척 좋아해서 선택을 하기도 전에 예상만 해도 뇌의 보상 중추가 발화한다.[9]

마지막 문장이 흥미롭다. 선택을 하고, 그 현명한 선택의 결과로 예를 들어 1000달러를 받는 것처럼 즐거운 일이 생긴다면, 뇌의 보상 중추가 발화할 것으로 예상할 수 있다. 1000달러에 보상 중추가 발화하는 이유는 명백하다. 돈 문제를 상당 부분 해결할 수 있을 테니 말이다! 그러나 1000달러를 손에 쥘 확률이 낮을 때도 선택을 손꼽아 기다리는 것만으로 보상 중추가 발화한다는 사실은 잘 와닿지 않는다. 이미 내린 선택이 성공적이라면 뿌듯한 것이 당연하지만, 우리는 미래의 선택이 지닌 가능성에도 기분이 좋아진다. 뇌가 선택과 통제를 추구하도록 설계되었기 때문이다.

복권 번호를 고를 때 사람들이 신이 나는 이유를 이제 어렴풋이 이해할 수 있을 것이다. 당첨 확률은 극히 낮지만, 숫자를 고른 것은 우리이다. 이러한 선택 자체가 보상감을 안긴다.

선택은 뇌에 즉각적인 보상만 제공하지는 않는다. 쥐 연구에서 살펴봤듯, 선택과 통제는 신체에 장기적인 이점을 가져다준다. 사람들은 자신의 삶에 대한 통제력이 클수록 더 오래 산다.[10] 심장이 더 건강하고, 병원을 덜 찾고, 약물에도 쉽게 중독되지 않는다. 선택권이 많은 사람은 그렇지 않은 사람들보다 정신적, 신체적으로 더 건강하다.[11]

지각된 통제력
(마음대로 안 되는 것이 인생이니까)

그렇다면 다른 사람들보다 더 많은 선택권과 통제력을 가지는 억만장자가 가장 건강할까? 꼭 그렇지는 않다. 자신의 상황을 보는 방식에 달렸다. 억만장자는 대중의 시선 속에서 부와 지위를 지키는 데 갇혀 있다는 기분이 들어 돈이 적은 사람보다 선택권과 통제력 모두 제한적이라고 느낄 수 있다. 지금 나는 억만장자가 불쌍하다고 전달하려는 것이 아니다. 미의 기준이 서로 다른 것처럼, 선택 역시 제 눈에 안경이라는 사실을 말하고 있을 뿐이다. 사회과학자들에 따르면, '지각된' 통제력이 '실제' 통제력보다 건강에 훨씬 더 중요하다고 한다.

지각된 통제력은 환경, 관계, 삶에서 일어나는 사건들, 행동, 자신의 내적 상태에 영향을 미칠 수 있다는 믿음이다.[12] 지각된 통제력이 높은 사람은 자신에게 선택권이 있다고 믿으며, 올바른 선택을 하면 상황을 개선할 수 있다고 생각한다. 여러분이 학생이라고 가정해 보자. 통제력이 별로 없다고 지각하면, 아무리 열심히 노력하고 배워도 시스템이 불리하다고 생각하며 C+보다 더 좋은 성적을 받을 수 없을 거라 믿을 것이다. 그러나 통제력이 높다고 지각할 때는 열심히 노력하고 수업 자료를 모두 이해하면 좋은 성적을 받을 수 있다고 생각할 것이다.

반대로, 실제 통제력은 살면서 결과를 완전히 결정지을 수 있는 곳에서 발생한다. 고양이와 함께 살고 있다면, 여러분은 고양이에게 줄 먹이에 실제 통제력을 가진다. 이상하거나 예상치 못한 일(누군가 함부로 고양이 먹이를 버리는 경우 등)을 제외하면, 고양이의 식사를 정말로 통제할 수 있다. 그러나 안타깝게도 학교 성적에는 '실제' 통제력이 없다. 교수가 성적 산출 기준을 명확하게 밝히지 않았을 수도 있고, 또는 다른 학생들이 여러분에게는 부족한 지식을 가지고 있을 수 있는 등 둘 중 어떤 이유 때문이라도 성적이 떨어질 수 있다.

상상할 수 있듯이 우리 대부분은 살면서 마주하는 많은 사건에 실제 통제력이 거의 없다. 삶은 고양이 먹이가 아니다. 정시 퇴근은 스스로 통제할 수 있지만, 정시에 집에 도착하는 것은 교통 상황부터 도로 공사, 위기에 처한 친구의 연락까지 여러 요인이 작용한다.

그러나 어떤 상황에서든 '지각된' 통제력을 발휘할 수 있다. 암 환자도 스스로 통제력이 높다고 지각할 수 있다. 진단 결과를 통제할 수는 없지만, 진단 이후 친구와 가족과의 관계, 치료 계획, 의료 정보 접근에 관하여 통제력을 지각할 수 있다. 예를 들어 말이 퍼지는 것은 통제할 수 없어도 암에 걸렸다는 사실을 가족 중 누구에게 털어놓을지는 결정할 수 있다. 그러나 어쩌면 '우리만의 비밀'이라고 말하며 지각된 통제력을 높이면, 질병에 관한 경험을 더 많이 통제할 수 있다.

아니면 이 모든 일에 통제력을 별로 발휘할 수 없다고, 무슨 일이 일어나든 자신의 영향력 밖에 있다고 지각할 수 있다. 지각된 통제력이 낮다면, 삶이 뜻대로 풀리지 않는다고 느껴진다.

여러분은 첫 번째 집단처럼 지각된 통제력을 발휘하고 싶을 것이다. 연구에 따르면, 통제력이 높다고 지각하는 암 환자들이 반대의 경우보다 우울감과 고통을 훨씬 덜 느낀다. 지각된 통제력이 낮은 암 환자들은 증상의 심각성에 상관없이 훨씬 더 아프다고 느낀다. 이런 경우, 환자가 비교적 경미한 증상을 보이더라도, 더 심각한 증상을 보이는 지각된 통제력이 높은 환자들보다 기분이 더 좋지 않다고 보고한다.[13] 지각된 통제력은 신체 상태보다 환자의 기분에 더 큰 영향을 미친다.

결국, 지각된 통제력은 살면서 겪는 매서운 시련에서 우리를 보호하는 작은 방패와 같다.

통제감에서 비롯하는 희망과 무력감

아프지는 않지만 돈 문제가 있다면, 그것만으로도 충분히 스트레스가 될 수 있다. 좋은 소식은 통제감을 높일 수 있다면 스트레스 수준을 크게 줄일 수도 있다는 사실이다. 스트레스를 연구하는 심리학자들은 운동부터 치료에 이르기까지 효과적인 대처 전략이 일반적으로 통제감을 높인다는 것을 발견했다.[14] 이때 여러분의 말투는 주도적으로 바뀌어야 한다. 지각된 통제력을 높이는 기법은 잠시 후에 살펴보자.

일단 지금은 통제감을 느낄 때 스트레스를 덜 받도록 도와주는 뇌 영역을 이해해 보도록 하자. 첫 번째로 중요한 뇌 영역은 복측 선조체이다. 의욕을 다룬 3장에서 살펴봤듯, 복측 선조체의 역할 중 하나는 미래에 무언가 즐겁거나 만족스러울 거라 예상하는 것이다. 복측 선조체는 보상 중추 중 하나이다. 곧 선택할 수 있게 된다는 사실, 그것이 보상이다. 앞서 파악했듯, 아직 아무것도 선택하지 않았어도, 선택권이 있다는 것만으로도 만족스럽다. 신경과학자들은 곧 선택할 수 있다고 믿기만 해도 복측 선조체가 활성화하여 희망을 품게 된다는 사실을 발견했다.[15]

그러나 선택권이 주어졌다고 해서 모든 사람의 복측 선조체가 동일하게 발화하는 것은 아니다. 선택을 하나 이상의 가능한 경로로 나아갈 기회로 여기고, 시도해 볼 경로를 고를 때 스스로 통제력이 높다고 생각하는 사람들은 복측 선조체의 활성도가 높을 것이다.[16] 정확히 같은 경로를 앞에 두고 있지만, 스스로 선택할 수 있다고 생각하지 않는 사람들은 무력감을 느껴 복측 선조체의 활성도도 0에 가깝다. 금전 문제를 겪고 있는 사람이 한 친구에게서 은행에 전화하여 선택지를 논의해 보라는 조언을 받았다고 상상해 보자. 하지만 그 사람이 너무 쑥스러운 나머지 은행에 전화하여 그런 대화를 나누는 모습을 상상할 수 없다면, 통제력을 거의 느끼지 못할 것이다.

눈앞에 있는 선택지가 실현 가능해 보이지 않거나 손에 닿지 않는 곳에 있다면, 극심한 스트레스를 받는다.

여기서 요점은 세상에 있는 선택지를 보는 것만으로는 보상 중추를 발화시키기에 충분하지 않다는 것이다. 그러한 선택이 현실적이고 어느 정도 통제할 수 있는 것이라고 믿어야 한다.

효과적인 행동

어떻게 하면 지각된 통제력을 높일 수 있을까? 심리학자들은 종종 '통제 위치(Locus of control)', 즉 삶에서 일어나는 일을 통제할 수 있다고 지각하는 일반적인 정도에 대해 논한다.[17] 연속선상의 한쪽 끝에는 '외부' 통제감이 강한 사람들이 있고, 이들은 외부 세계가 운명을 정한다고 생각한다. 아마 주변에도 삶에서 외부 통제감이 강한 사람이 있을 텐데, 그런 사람들은 자신이 세상에 휘둘린다고 느끼며 처한 상황에 영향력을 행사할 수 없다고 생각한다. 식당에서 유리잔에 립스틱 자국이 있다는 이유로 불평하지만, 가만히 앉아서 직원의 주의를 끌 만한 행동은 무엇도 하지 않는 그런 사람이다. 연속선상의 반대쪽에는 '내부' 통제감이 강한 사람들이 있고, 이들은 어떤 일이 닥쳐도 자신이 결정할 수 있다고 믿는다. 그래서 열심히 손을 흔들거나 손에 유리잔을 쥔 채 직원에게 다가가는 등 직원의 주의를 끌기 위해 무엇이든 할 것이다.

여러분은 연속선상 어디엔가 있다. 각자 기본값을 가지고 있을 테지만, 연구자들에 따르면 지각된 통제력이 떨어진다고 생각될 때 이를 높일 수 있는 몇 가지 방법이 있다.

1. 획득에 집중하고 고통을 줄여라

첫 번째로 제안할 전략은 의아하지만, 강력하다. 지각된 통제력을 높이는 중요한 방법 한 가지는 얻어야 할 것을 중심으로 상황을 재구성하는 것이다. 하버드대학교와 럿거스대학교의 연구진은 '잃는 것'보다 '얻을 수 있는 것'을 생각하며 선택을 구성할 때 상황을 훨씬 더 잘 통제할 수 있다고 느낀다는 사실을 발견했다.[18]

여기서 예시 하나가 도움이 될 것 같다. 이번 달에 청구서를 전부 지불할 수는 없다는 사실을 깨달았다고 상상해 보자. 집세를 내고 나면 금액이 큰 청구서 2개나 금액이 적은 청구서 3개를 해결할 수 있지만, 5개 모두는 안 된다. 무엇을 지불하고, 또 무엇을 지불하지 않을지 선택해야 한다. 이 선택을 머릿속에서 어떻게 구성할 수 있을까?

만약 '무엇을 선택해도 모든 청구서를 다 지불할 수는 없다'라고 생각한다면, 잃는 것으로 상황을 구성한 것이다. 무엇을 해도 곤경에 처한다고 스스로 털어놓은 꼴이다. 이렇게 구성하면, 돈 문제에 대한 통제력이 약해져, 스트레스를 받고 잠재적으로 무력감을 느낄 것이다. 잃는 것에 관심 없는 복측 선조체도 발화할 가능성이 낮아서 어떤 선택을 하든 보상감을 느낄 수 없을 것이다.[19]

그러나 똑같은 선택을 '얻을 수 있는 것'으로 구성한다면, 통제력을 더 많이 가지고 있다고 느낄 것이다. '금요일에 친구들과 피자 먹으러 갈 수 있게 25달러는 남겨야겠다'라고 구성할 수 있다. 얻어야 할 것에 집중하는 것만으로 통제력이 높다고 생각할 것이며, 복측 선조체가 발화할 가능성이 훨씬 더 커서 보상감도 느낄 것이다.

어느 쪽이든 어떤 청구서는 지불하고 나머지는 다음 달까지 미루겠지만, 한쪽에서는 스트레스 수준이 낮아지고 다른 한쪽에서는 높게 유지된다. 얻을 수 있는 것을 중심으로 재구성해도 금전 문제를 해결할 수는 없겠지만, 해결할 수 있는 더 나은 위치에는 도달할 수 있을 것이다.

✦ **나이가 문제일까?**

지각된 통제력이 10년이 지날 때마다 계속 증가한다면 좋겠지만, 70세 이상이라면 누구나 종종 그렇지 않다고 말할 것이다. 지각된 통제력은 일반적으로 (경력을 쌓고, 취미생활을 하고, 가정을 꾸리는 여러분과 같은) 20대, 30대, 40대에 증가하며, 긍정적으로 느껴질 수 있다. 그러나 중년 무렵에 정점을 찍고, 은퇴 시기에 약간 떨어지기 시작해서 안타깝게도 70~80대에 급격히 감소한다.[20]

지각된 통제력 상실에는 여러 요인이 관여한다. 은퇴와 동시에 직장 지위가 사라진다. 요통과 관절염 탓에 만사가 어렵다. 기술이 계속 변하는 사회에서 SNS 계정을 가진 것은 자랑스럽지만, 도대체 어떻게 해야 텔레비전을 켤 수 있을까?

연구에 따르면, 이러한 모든 문제에도 불구하고 비교적 높은 지각된 통제력을 유지할 수 있다면 크나큰 이점을 얻을 수 있다고 한다. 65세 이후로 정신 건강과 신체 건강 모두 더 나을 것이고, 더 오래 살 수 있으며, 기억력이 더 선명하게 유지될 것이다.[21]

분명, 노년층 중 일부는 더 높은 지각된 통제력을 가진다. 비결이 무엇일까?

세 가지로 추릴 수 있다. 첫째, 나이가 들면서 손실보다 획득에 집중하라는 조언이 핵심인 것 같다. '정말' 원하는 결과에 대한 통제력을 얻는 데 집중하는 노년층은 원하지 않는 결과에 대한 통제력을 얻으려고 하는 경우보다 훨씬 큰 통제력을 누린다.[22] 예시 하나를 살펴보자. 여러분은 신체 활동을 더 많이 하고 싶지만, 만성 요통이 있어서 의사에게서 재활 운동 목록을 받았다. 핵심 질문은 이렇다. 재활 운동을 하는데 스스로에게 어떤 이유를 대는가? 통증이 갑자기 심해지는 것을 피하고 싶다는 이유, 즉 원하지 않는 것에 대해 통제력을 얻는 데 집중할 수 있다. 아니면 주말마다 더 오래 자전거를 탈 수 있는 성장 능력, 즉 '정말' 원하는 것에 대해 통제력을 얻는 데 집중할 수 있다. (게다가 매일 오후 재활 운동을 하며 가장 좋아하는 영상물을 본다면, 더할 나위 없이 좋을 것이다.) 만약 두 번째 동기를 받아들인다면, 무언가를 얻고 있다는 생각에 지각된 통제력을 더 많이 가질 것이다. 자. 그러면 재활 운동을 해야 할 이유가 명확하지 않은가?

이제 소개할 두 번째, 세 번째 조언은 모두 사회적 고립과 관련 있다. 외로운 노년층은 지각된 통제력이 낮아진다. 친구가 하나도 없는 것 같은 느낌이 들면 방황하게 된다. 따라서 신체 활동을 더 많이 하고 싶다면, 여럿이서 자전거를 타거나 6장에서 살펴본 것처럼 춤 수업을 듣는 등 사교적인 활동으로 고르자. 마지막으로, 노년층 중 자원봉사를 많이 하는 사람들은 지각된 통제력이 더 높다.[23] 자원봉사가 외로움을 억제하기 때문에 지각된 통제력을 높인다고 볼 수 있지만. 사실 그 이상의 효과가 있다. 자원봉사를 하면 새로운 기술을 익히고 안 쓰고 말았을 기존 기술을 사용할 기회를 얻는다. 이 두 가지가 삶에 영향을 미치는 모습을 목격할 수 있다.

2. 이름을 붙여 길들여라

암 환자 이야기로 돌아가 지각된 통제력을 높이는 두 번째 전략을 알아보자. 암 환자들은 일부 암이 퇴행성이고 치명적이기 때문에 절대적인 통제력이 낮다. 그러나 앞서 살펴봤듯, 암 환자들도 높은 지각된 통제력을 가질 수 있다. 무력감을 느끼는 사람도 있지만, 그렇지 않은 사람들은 질병에 훨씬 잘 대처한다.

암 환자들을 대상으로 실시한 연구에 따르면, 스스로 감정을 통제할 수 있다고 생각하는 데서 가장 큰 이점이 나온다는 사실이 드러난다.[24] 그것은 바로 여러분도 할 수 있는 일이다. 돈 문제를 해결하기 위해 생각하는 것만큼 많은 일을 할 수는 없을지 몰라도, 감정은 통제할 수 있다. 만약 불안감을 느낀다면, 어떤 대처 전략을 세울 수 있을까? 6장에서 살펴봤던 마음 챙김 명상은 많은 사람의 불안감을 줄이는 데 도움이 된다.[25] 10장에서 살펴본 호흡법 또한 도움이 되는 것으로 나타났다. 금전 상황에 화가 난다면, 대처 전략이 있는가? 운동은 화를 억누르지 않고 관리하는 매우 효과적인 방법이다.[26]

만성 스트레스에 시달리고 있다면, 시간과 에너지만 있어도 고통스러운 감정을 줄일 수 있다고 확신할 것이다. 그래서 이렇게 생각할지도 모르겠다. '일이 이렇게나 쌓여 있는데 명상법을 배우거나 헬스장까지 가라는 거예요?'

좋은 소식이 있다. 문제 있는 감정을 통제할 때 개인적으로 좋아하는 방법 중에 단순하면서도 빠른 방법이 있다. 감정에 '이름을 붙이는 것'이다. 많은 연구에 따르면, 고통스러운 감정을 되돌아보고 그 감정에 이름을 붙이는 행위가 별것 아닌 것 같아도 감정을 길들이고 통제할 수 있는 효과적인 방법이다.[27] 일부 심리학자들이 즐겨 말하는 것처럼 '감정을 길들이려면 이름을 붙여야 한다'.

여기서 핵심은 미묘한 것 하나까지 구체적으로 파악하는 것이다. 단순히 '속상하다' 또는 '최악이다'라는 말은 너무 모호하고 도움이 될 가능성이 별로 없다. 현재 느끼는 미묘한 감정을 파악해야 그 감정의 강도를 줄이고 관리하는 데 크게 도움이 될 것이다. 지금 당장 스트레스 원인을 떠올리면, 걱정, 당황, 좌절, 공황을 느끼는가? 어쩌면 다른 말로 더 자세히 표현할 수 있을 것이다.

감정에 이름을 붙일 때 하우 위 필(How We Feel)이라는 앱이 정말 괜찮다. 예일대학교 산하 과학 기반 비영리 단체가 제작한 이 앱은 온종일 자신의 감정을 잘 인지할 수 있도록 어떤 기분인지 확인하도록 유도하고, 어떤 활동과 환경에 따라 기분이 개선되거나 악화되는지 추적하도록 도와준다. 게다가 무료이다. 2024년 초에 사용하기 시작한 이 앱은 이제는 내가 거의 매일 사용하는 몇 안 되는 도구 중 하나이다. 나는 많은 여성들처럼 화가 나면 힘들어하는데, 화에 이름을 붙이는 법을 배우면서 더 생산적으로 대응할 수 있었다. 개인적으로 문제 있는 감정에 대처하는 방법에 관하여 이 앱에서 제공하는 동영상 수업이 무척 마음에 든다.

3. 자신감을 담당하는 뇌의 활동을 키워라

앞서 소개한 전략들은 지각된 통제력을 높여 복측 선조체를 활성화하는 방법이다. 스트레스와 통제력과 관련하여 알아둬야 할 핵심 뇌 영역이 하나 더 있다. 바로 복내측 전전두피질이다. 영어로는 워낙 길고 복잡해서 신경과학자들은 보통 vmPFC라고 줄여서 부른다. [나는 80년대를 풍미하던 힙합 그룹의 이름을 따서 장난삼아 뇌 속의 런 디엠씨(Run D.M.C.) 영역이라고 부른다.] 아마 10장에서 등장했던 엘리엇을 기억할 것이다. 결정을 내리기 너무 어려워서 다음 진료 일정조차 못 정하고 30분간 선택지를 곰곰이 따져 봤지만 모두 허사였던 그는 안와 위 뇌 영역인 복내측 전전두피질에 손상을 입었다.

복내측 전전두피질은 '지금 기분을 생각하면, 나는 무엇을 하고 싶을까?'라는 질문에 대한 답을 알아내도록 돕는다. 스트레스를 받을 때, 여러분에게는 크게 두 가지 선택지가 있다. 무언가를 하려고 할 수도 있고, 포기할 수도 있다. 예를 들어 돈 문제에 관하여 계속 무언가를 하려고 할 수도 있고, 아니면 "할 수 있는 게 아무것도 없어"라고 말할 수도 있다. 신경과학자들은 스트레스를 받아도 복내측 전전두피질이 전력을 다하면 계속 노력한다는 사실을 발견했다.[28] 스트레스 상황을 실제로 통제할 수 없더라도, 복내측 전전두피질이 작동하면 이전에 해 보지 않은 것을 끈기 있게 시도할 것이다. 예들 들어 챗지피티에 '내향형 인간이 돈 문제를 다룰 수 있는 10가지 창의적인 방법은 무엇일까?'라고 질문하는 것이다. 우리가 오뚝이처럼 다시 일어나도록 복내측 전전두피질이 계속 일으켜 주는 것 같다. 어쩌면 꽤 안 좋은 감정일 수 있겠지만, 지금 느끼는 감정을 받아들이고 그 부정적인 감정을 '할 수 있을 것 같아. 적어도 시도는 해 봐야지'라고 바꾸는 것이다.

그러나 복내측 전전두피질이 조용하면, 포기한다. 죽지는 않지만, 시도하지도 않는다. 복내측 전전두피질이 별로 활동하지 않을 때, 사람들은 비교적 쉽게 포기하고 새로운 전략을 시도하는 데도 관심을 보이지 않는다.

다행히도 희망이 보이는 소식이 있다. 스트레스를 받을 때 복내측 전전두피질의 활성도가 매우 높다면 더 빨리 회복할 수 있다. 스트레스 상황을 겪을 때 복내측 전전두피질이 매우 활성화된 사람들은 잠잠한 사람들보다 스트레스에서 더 빨리 회복한다. 아름다운 곳, 어쩌면 꿈에 그리던 섬에서 휴가를 보내던 중에 지갑을 열었는데 신용카드가 사라진 것을 발견했다고 가정해 보자. 스트레스가 밀려온다. 은행에 전화해서 카드를 취소하고 새 카드를 신청하기는 했지만, 스트레스가 절정에 달하는 순간이 지나고 나면 금세 좋은 기분을 되찾고 여행을 즐길 수 있을까? 아니면 몇 시간이나 속상해하며 곰곰이 생각에 잠겨 기분을 떨쳐내지 못할까?

신경과학자들은 복내측 전전두피질이 반응 방식을 결정하는 데 핵심 역할을 한다는 사실을 알아냈다. 스트레스 상황 한가운데 있을 때 복내측 전전두피질의 활성도가 매우 높다면, 상황이 끝난 후 긍정적인 감정은 강해지고 부정적인 감정은 줄어들 것이다.[29] 아마 '스트레스가 심하긴 했지만, 훨씬 더 안 좋을 수도 있었다'라고 생각하며 상황을 재구성하거나 재평가하고는 잊을 것이다. 그러나 스트레스 상황이 이어지는 동안 복내측 전전두피질이 덜 활성화된다면, 계속 불안해하며 소중한 휴가를 즐기기 어려울 가능성이 크다. 따라서 스트레스 상황을 겪을 때 복내측 전전두피질이 매우 활발히 작동해야 한다. 그래야 계속 시도할 수 있는 에너지를 얻고, 극심한 스트레스 상황이 지난 후에 다시 긍정적인 기분으로 돌아가는 데 도움이 되기 때문이다.

지금까지 모든 내용을 살펴보고 분명 이렇게 생각하고 있을 것이다. '음, 복내측 전전두피질의 활성도를 어떻게 높일 수 있지?' 상황이 힘들 때 회복력과 끈기라는 두 마리 토끼를 한 번에 잡으려면 복내측 전전두피질이 활발히 작동해야 하는 것 같다. 이어서 소개할 두 가지 스트레스 감소 전략을 통해 복내측 전전두피질의 활성도를 올리는 방법을 알아보자.

천천히 숨 내쉬기: 복내측 전전두피질의 활성도를 높이는 한 가지 전략은 심박변이도를 증가시키는 것이다. 의사 결정을 다룬 10장에서 심박변이도(HRV)를 자세히 살펴봤기 때문에 모든 내용을 다시 설명하지 않겠지만, 심박변이도를 높이는 한 가지 방법이 5-2-7 호흡법과 같은 편향 호흡이었다는 점을 기억하자. 5초간 숨을 깊이 들이쉬고 2초간 참았다가 7초간 천천히 내쉬면 된다. 2분간 한다면, 심박변이도가 일시적으로 증가할 것이다.

왜 심박변이도를 높여야 할까? 10장에 따르면, 심박변이도가 증가할 때 의사 결정이 개선되며, 이는 분명 스트레스 상황을 마주했을 때 도움이 된다. 그러나 추가적인 이점이 있다. 다른 연구팀은 심박변이도가 높은 사람들이 복내측 전전두피질의 활성도 역시 더 높다는 사실을 발견했다.[30] 정확한 메커니즘은 아직 밝혀지지 않았지만, 아마 미주신경과 관련 있을 것이다.

따라서 스트레스를 받을 때는 심호흡만 하지 말고 5-2-7 호흡을 하자. 2분 꽉 채워서 5-2-7 호흡을 할 수 있다면, 회복력과 끈기를 선사하는 뇌 영역을 자극할 가능성이 크다.

행복감에 (잠깐이나마) 젖어 들기: 복내측 전전두피질의 활성도를 높이는 두 번째 전략은 마치 서툴게 팝송을 따라 하는 것처럼 보일지도 모른다. 회복력을 가지고 싶다면, 걱정하지 말고 행복하자("Don't worry, be happy"). 신경과학자들은 몇 분간 더 행복하거나 신나는 기분에 도달하면 복내측 전전두피질의 활성도가 증가한다는 사실을 발견했다.[31] (긍정적인 기분은 복측 선조체의 활성도까지 높여서 일석이조이다.) 실험실에서, 과학자들은 참가자들에게 경쾌한 음악을 듣고 "오늘 기분이 정말 좋네"와 같은 긍정적인 글귀가 담긴 긴 목록을 읽게 함으로써 기분을 끌어올리고 복내측 전전두피질의 활성도를 높였다. 좋아하는 음악을 듣거나 취미 활동 또는 재미난 영상으로 주의를 환기하면 기분이 좋아질 수 있다.

주의를 환기하기 위해 시작한 행동을 지속하며 좋은 기분을 최대한 오래 느끼고 싶다는 유혹을 느끼겠지만, 그것은 원래 목적이 아니다. 아직 기분이 좋고, 복내측 전전두피질이 작동하는 동안 돈 문제나 기타 스트레스 원인을 처리하러 돌아가는 것이 핵심이다. 여기서 목표는 이 뇌 영역의 능력을 활용하여 스트레스를 견뎌 내고 더 영구적인 해결책을 찾는 것이다.

닭과 달걀 중 무엇이 먼저인지 따지는 문제와 비슷하게 느껴질 것이다. 전에 나는 복내측 전전두피질의 활성도를 높일 수 있다면 기분이 더 좋아진다고 말했다. 그렇다면 무엇이 먼저일까? 복내측 전전두피질의 활성도가 높아져서 기분이 좋아지는 것일까, 아니면 기분이 좋아져서 복내측 전전두피질을 활성화시키는 것일까? 일리 있는 질문이다. 사실, 두 가능성을 모두 뒷받침하는 증거가 있는 것 같다. 앞으로의 연구를 통해 이 메커니즘을 더 정확하게 구분할 수 있기를 바라지만, 일단 지금은 행복해지는 일을 찾으면 다시 스트레스 상황에 대처했을 때 회복력이 전보다 더 생겼다고 느낄 것이다.

신경과학이 완벽하지 않을 수는 있지만, 그래도 놀라울 정도로 도움이 될 수 있다.

추천 실습

'만성 스트레스 관리'를 위한 도구 모음 ————————◆

- **'얻을 수 있는 것' 생각하기.** 가능한 선택이나 행동을 고려할 때, '잃는 것'보다 '얻을 수 있는 것'을 따져 보자.

- **이름을 붙여 길들이기.** 감정을 통제할 수 있다고 생각하자. 마음속에서 피어오르는 감정을 더 구체적이고 미묘하게 파악하도록 연습하는 것이 좋다. 하우 위 필이라는 앱의 도움을 받을 수도 있다.

- **자신감을 담당하는 뇌의 활동 키우기.** 복내측 전전두피질의 활성도를 높이면 회복력을 늘리고 좌절해도 스트레스 상황을 해결하려 끈기 있게 노력할 것이다.

  ◇ **천천히 숨 내쉬기.** 2분간 5-2-7 호흡(5초간 숨을 깊이 들이쉬고 2초간 참았다가 7초간 천천히 내쉬는 호흡)을 하며 심박변이도를 높이자.

  ◇ **기분 끌어올리기.** 재미난 영상 시청 또는 취미 생활과 같이 행복감에 젖어 들 수 있는 일을 하자. 그런 다음, 아직 기분이 좋을 때 스트레스를 일으키는 상황에 다시 대처하도록 하자.

- **나이가 문제일까?** 노년층은 원하지 않는 결과보다 원하는 결과에 대한 통제력을 얻는 데 집중할 때 지각된 통제력을 높일 수 있다. 65세 이상에서는 자원봉사와 함께 외로움을 줄이는 것 또한 지각된 통제력을 높인다.

13장
급성 스트레스를 관리하자

연말연시를 맞아 집에서 떠들썩하고 북적이는 저녁 식탁 앞에 앉아 있는데, 시어머니가 속을 긁어대는 말을 한다고 상상해 보자. 그 당이 뭐가 좋다고 지지하냐, 일은 뭐 하러 하냐, 애는 또 왜 그렇게 키우냐는 소리에 심장은 빨리 뛰고 아래턱이 당겨온다. 평소라면 남편이 중재할 텐데, 다른 대화에 열중하고 있다. 계속 앉아 있다가는 볼썽사납게 반박할 것 같아서 양해를 구하고 자리에서 일어나고 싶다. 하지만 한편으로는 갑자기 자리를 피하는 것 말고 스트레스 상황에 대처할 수 있는 다른 방법이 있었으면 좋겠다.

모두 투쟁-도피 반응(Fight-or-flight response)이라는 말을 들어본 적 있을 것이다. 이런 상황에서 신체는 둘 중 어느 쪽이든 준비하는 것 같다. 다행히도 신경과학자들은 우리의 대처 전략이 욕설을 내뱉는 것을 넘어설 수 있다는 사실을 발견하고 있다.

이번 장에서 소개할 전략들은 가족과의 말다툼부터 불안감을 유발하는 치료를 앞두고 있는 상황까지, 개인 생활에서 일어나는 급성 스트레스 상황에 대처하는 법을 다룬다. 전략을 살펴보다 보면 알겠지만, 일부는 직장 스트레스에도 쉽게 적용할 수 있다.

효과적인 행동

신체 접촉은 놀라운 효과를 발휘한다. 급성 스트레스를 줄이는 처음 세 가지 전략은 모두 신체 접촉의 치유력을 이용하고, 이후 세 가지 전략은 다른 접근법을 바탕으로 한다.

1. 건강을 위해 포옹하라

잠재적인 스트레스 상황을 마주하기 전에 할 수 있는 가장 간단한 스트레스 해소법 중 하나는 사랑하는 이와 포옹하는 것이다. 다른 사람과 이야기하면서 팔만 휙 두르거나 형식적으로 등을 두들기는 것이 아니라, 서로에게 집중하며 충분히 길게 포옹해야 한다. 간단해 보인다. 그러나 연구에 따르면, 적어도 여성에게는 놀랍도록 효과적이다. (남성의 경우는 잠시 후에 자세히 살펴보자.)

많은 연구에서 부드러우면서도 힘이 되는 신체 접촉이 스트레스를 줄인다는 사실이 드러났다. 그중 간단한 연구 하나를 살펴보자. 한 국제 연구팀은 관계에 만족하는 커플을 실험실로 데려왔다.[1] 그리고 커플 중 절반은 대기실에서 20초간 포옹하도록 했고, 나머지 절반은 같은 방에서 아무 지시 없이 20초간 기다려 달라고 요청했다. (두 번째 집단은 원하는 대로 시간을 보낼 수 있지만, 파트너와 대기실에 앉아본 적이 있다면 아마 긴 포옹은 자주 하는 일이 아니라는 사실을 알 것이다.)

이후 두 집단 모두 스트레스 상황에 처했다. 한 사람도 빠짐없이 얼음물(섭씨 0~3.9도)에 한 손을 담그고 몇 분간 그대로 있어야 했다. 얼음물에 손 담그기는 사람에게 스트레스를 심하게 주는 빠르고 확실한 방법이다. 시댁 식구들이 달달 볶는 것만큼 스트레스가 심할 것 같지는 않지만, 혈압과 코르티솔(Cortisol) 수치가 치솟는다.

이 책에서 아직 소개하지는 않았지만, 스트레스를 다룬 글을 읽은 적이 있다면 코르티솔을 들어봤을 것이다. 코르티솔은 체내 주요 스트레스 호르몬으로서, 위협을 느낄 때 신체 각성도를 높게 유지하도록 도와준다. 게다가 혈류 내 코르티솔의 양은 스트레스 수준을 객관적으로 나타내는 지표이다. 일반적으로 코르티솔 수치에는 여러 요인이 영향을 미칠 수 있지만, 하루 동안 스트레스 상황을 많이 겪으며 괴로워질수록 코르티솔 수치도 높다.[2]

이때, 포옹이 도움이 된다. 얼음물에 손을 넣기 전에 포옹했던 여성들은 파트너와 함께 앉아서 기다리기만 했던 여성들보다 손을 꺼

냈을 때 코르티솔 수치가 훨씬 낮았다. 포옹은 보호용 완충제, 말하자면 일부나마 갑옷 역할을 하여 신경계를 진정시키고 스트레스 상황에 위협을 덜 느끼게 하는 것 같았다.

그러나 놀랍게도 포옹은 남성들의 코르티솔 수치를 낮추지는 못했다. 내가 '놀랍게도'라고 한 이유는, 다른 연구들에서는 단 10~20초간의 포옹만으로도 남성의 혈압, 심박수 그리고 코르티솔 수치를 낮추는 데 충분하다는 걸 발견했기 때문이다. 하지만 포옹은 여성의 스트레스를 줄이는 데 훨씬 더 일관된 효과를 보였다.[3] 여성은 포옹을 남성보다 훨씬 더 만족스럽다고 평가하는 경향이 있고, 이 사실을 바탕으로 여성의 신체가 다르게 반응하는 이유를 부분적으로나마 설명할 수 있다.[4] 포옹을 즐기는 남성은 여성과 같은 스트레스 완화 효과를 보일 가능성이 높다.

참고로, 참가자들은 모두 여전히 얼음물에 손을 담그는 것을 불쾌해했다. 포옹 여부에 상관없이 다들 기분이 조금은 나빠졌기 때문에, 포옹이 완벽한 갑옷 역할을 했다고는 볼 수 없다. 그러나 시댁에 들어가기 전에 배우자와 포옹한다면 스트레스 상황을 보다 쉽게 대면할 수 있을 것이다.

일부 독자들은 '포옹할 파트너만 있다면 좋은 전략'이라고 생각할 것이다. 어쩌면 파트너가 20초 포옹에 결사반대할 수 있고, 파트너가 아예 없을 수도 있다. 좋은 소식이 있다. 꼭 파트너와 포옹할 필요는 없다. 한 연구팀은 스트레스 상황에서 낯선 사람과 20초간 포옹해도 코르티솔 수치를 낮추기에 충분하다는 사실을 발견했다.[5] 우리는 대부분 20초간 안기고픈 낯선 사람을 찾기는 힘들지만 친한 친구에게 부탁해 볼 수는 있다.

2. 셀프 터치를 하라

같은 연구진은 진정 효과가 있는 셀프 터치(Self-touch)도 코르티솔을 낮추는 데 긴 포옹만큼이나 효과적이라는 사실을 발견했다. 혼자서 신체 접촉을 해도 신경을 진정시킬 수 있다. 이 연구에서 참가자들은 대부분 한 손을 심장 위에, 다른 한 손은 배 위에 얹기로 했지만, 자기 자신을 껴안고 팔 위쪽을 부드럽게 문지르거나 뺨과 이마에 손을 부드럽게 갖다 대는 것 역시 진정 효과가 있는 셀프 터치일 수 있다. 여기저기 손을 대면서 차분하고 편안하며 긴장이 풀리는 듯한 느낌을 주는 신체 부위를 찾아보자. 여기다 싶은 곳을 찾으면, 손을 대고 20초간 살살 어루만지며, 손의 온기와 호흡의 리듬에 집중하도록 하자. 더 차분하고 안정된 느낌을 느낄 수 있을 것이고, 그후에 어떤 스트레스 상황이 닥쳐도 이전만큼 자극적이지 않을 것이다.

3. 애정을 비축하라

신체 접촉을 다룬 이 연구에는 중요한 주의 사항이 하나 있다. 타이밍이다. 방금 설명한 연구에서, 사람들은 스트레스 상황을 마주하기 직전에 포옹이나 셀프 터치로 자기 자신을 안정시켰다. 20초 꽉 채워서 포옹이나 셀프 터치를 이어갔고, 몇 분 후 스트레스 상황에 처했다. 그러나 저녁 식탁에 앉기 직전에 그 앞에서 20초간 혼자 껴안고 있는 것은 이상할 수 있다(다른 사람이 없는 화장실로 몰래 가서 팔로 자신을 감쌀 수는 있다).

하지만 다행인 점은, 연구자들이 하루 동안 애정을 많이 받을수록 코르티솔 수치가 낮은 경향이 있다는 사실을 발견했다. 특히 배우자에게서 애정 담긴 신체 접촉이든 '사랑해'와 같은 애정을 확인할 수 있는 말이나 애정 어린 소통을 경험한다고 보고한 사람들은 그런 경험이 덜한 사람들보다 전반적으로 코르티솔 수치가 낮았다.[6] 따라서 잠재적으로 스트레스를 받을 수 있는 상황이 있기 전날이나 아침에 포옹, 입맞춤, 애정을 확인할 수 있는 표현을 비축해 보자. 코르티솔 수치가 낮은 채로 대화를 시작하면 반갑지 않은 말이 덜 위협적으로 다가올 것이다.

4. 적합한 방법으로 숨쉬어라

신체 접촉이나 애정 없이도 스트레스를 줄이는 몇 가지 방법으로 시선을 돌려보자. 효과적이면서도 쉬운 한 가지 전략은 자발적 호흡(Voluntary breathing) 또는 통제된 호흡(Controlled breathing)이라고 하는 방법이다. 여러분은 이미 (능숙하게) 무의식적으로 호흡하고 있지만, 여기서 핵심은 신체의 타고난 진정 능력을 이용하기 위해 호흡을 조절하는 것이다.

과학자들은 호흡을 늦추면 스트레스 수준을 상당히 줄일 수 있다는 사실을 발견했다.[7] 12장에서 우리는 복내측 전전두피질을 활성화하고 만성 스트레스를 마주할 때 회복력을 주는 한 가지 방법으로 2분간의 편향 호흡을 살펴봤다. 이번 장에서는 급성 스트레스를 살펴보자. 편향 호흡이 해롭지는 않겠지만, 급성 스트레스를 위한 최고의 호흡법은 두 가지 측면에서 다르다.

스트레스 상황을 마주할 가능성이 크다는 사실을 안다고 가정해 보자. (시댁 식구들이 여러분을 달달 볶는 것은 어제오늘 일이 아니니 말이다.) 우선 2분보다 조금 더 길게 천천히 호흡해야 한다. 과학자들은 급성 스트레스에는 5~10분이 훨씬 더 효과적이라는 사실을 발견했다.[8] 펜실베이니아대학교에서 실시한 한 연구에서, 긴장된 상황을 앞둔 청년층을 대상으로 5분간 매우 천천히 심호흡하라고 요청했다. 그들은 몇 분간 휴식을 취한 후 다시 5분간 천천히 호흡하고 나서 스트레스 상황을 마주했다. 미리 심호흡해 둔 덕에 스트레스를 받고도 더 낮은 심박수를 유지하고 편안함을 느낄 수 있었다.[9] (그러나 연구진은 코르티솔 수치를 측정하지 않았다.) 흥미로운 점은 또 다른 대중적인 스트레스 감소 기법인 점진적 근육 이완(Progressive muscle relaxation)을 사전에 하는 것보다 지금 소개한 심호흡 기법이 스트레스를 훨씬 더 많이 줄였다는 사실이다.

이 심호흡 기법은 어떻게 하면 될까? 숨을 배꼽까지 천천히 들이마시며 복식 호흡(Diaphragmatic breathing)을 하자. 익숙하지 않다면, 한 손을 배에 대고 숨을 들이마실 때 배가 나오는 것을 느껴야 한다. 실험 참가자들이 요청받은 것처럼 호흡을 분당 5회로 점차 늦추도록 하자. 1분에 호흡을 다섯 번 하려면, 들이쉬고 내쉴 때까지 호흡 한 번에 12초가 걸린다는 뜻이다. 따라서 4초간 깊이 들이쉬고, 4초간 참았다가 4초간 내쉬려고 해 볼 수 있다.

정상 호흡(Normal breathing)은 일반적으로 분당 12~18회라서, 처음에는 분당 5회 호흡이 불가능해 보일 수도 있다. 천천히 호흡하며 얼마나 늦출 수 있는지 알아보자. 서서 하는 것보다 앉아서 해야 도움이 된다. 혹시 어지럽다면 바로 멈춰야 한다!

연구자들은 이런 유형의 복식 호흡을 할 때는 혼자서 숫자를 세기보다 음성 오디오 안내와 함께한다면 스트레스를 줄이는 데 가장 효과적이라는 사실을 발견했다.[10] (안내 없이 혼자 힘으로 한다면 정신이 쉽게 산란해져서 음성 안내를 따르는 편이 도움이 될 것이다.) 이때 확실히 앱이 유용하다. 많은 명상 앱에서 명상과 함께 호흡법을 제공하지만, 브레스워크(Breathwork)는 호흡에 특화된 앱이다. 이 장을 쓰면서부터 사용하기 시작했는데, '진정' 훈련 안에 여러 가지 느린 호흡 패턴이 포함된 무료 옵션도 있다. 나는 이 앱을 무척 좋아하고, 이제 거의 매일 사용한다. 1분간 호흡 훈련을 시도하며 효과적인지 파악하고, 스트레스 완화 효과를 극대화하기 위해 5분까지 연장할 수 있다.

5. 요가 자세를 취해라

급성 스트레스를 줄이기 위한 방법을 조사하기 시작하면서 6장에서 살펴봤던 마음 챙김 명상이 맨 처음 등장할 거라 예상했다. 실제로 최근 한 메타 분석에 따르면, '마음 챙김과 명상 중재'가 평균적으로 코르티솔 수치를 상당히 줄이고 치료사와 대화하는 것보다 더 효과적이었다고 한다.[11] 치료법을 찾을 수 없거나 형편이 안 되는 사람들에게 좋은 소식이다. 그러나 문제는 대부분의 연구에서 8주 이상의 명상 수련 이후 코르티솔 수치가 감소했다는 점이다.[12] 따라서 명상은 내일 있을 스트레스 상황에는 도움이 되지 않을 것이다.

그러나 마음 챙김 문헌을 샅샅이 살펴본 결과, 단 한 번으로 즉시 효과를 볼 수 있을 듯한 한 가지 방법을 발견했다. 바로 하타 요가이다.

많은 연구에 따르면 요가가 스트레스 수준을 줄인다고 하며, 코르티솔 수치를 많이 감소시킨다는 것을 발견한 일부 연구도 있다.[13] 요가를 꾸준히 수련하면 스트레스를 줄이는 데 더 큰 효과를 누리겠지만, 내가 이 글을 쓰는 시점에 두 연구에 따르면, 스트레스 상황에서 하타 요가 30분이면 충분히 코르티솔을 줄인다고 한다.[14]

만약 요가가 처음이라면, 다양한 유형이 있다는 것을 알아두자. 한 번으로도 가장 효과적이라고 밝혀진 하타 요가는 자세를 잡고 오래(30초에서 수분) 유지하는 느리고 명상적인 형태로서, 마음 챙김 기법을 포함하기도 한다. 연구진이 사용한 초보자용 하타 요가 영상을 온라인에서 시청하자. 나무 자세, 아기 자세, 강아지 자세처럼 힘들지 않은 자세가 좋을 것이다.

요가에 익숙한 사람이라면, "봐, 역시 하타 요가가 최고지!" 하고 기뻐하거나, "그럼 빈야사 요가는 어쩌고? 아주 편안한 느낌을 주는 인 요가는?" 하며 이의를 제기할지도 모른다. 스트레스 받는 직장에서 20년 넘게 근무할 수 있는 것이 모두 쿤달리니 요가 덕이라고 하는 친구도 있다. 이처럼 다른 유형의 요가도, 특히 오랫동안 수련했을 때 스트레스를 줄일 수 있다. 그러나 통제된 실험실 연구에서 코르티솔을 줄인 것은 단 한 번의 하타 요가 수련이었다.

이 연구의 주요 한계는 다시 한번 말하지만 타이밍이다. 실험 참가자들은 요가 매트에서 일어나 몇 분 후 바로 스트레스 상황을 마주했다. 시댁 손님용 방에 혼자 들어가 30분간 요가를 한 다음, 모두가 자리에 앉을 즈음 우아하게 저녁 식사 자리에 나타나는 그런 여유를 갖기는 어려울 것이다. 앞으로 연구진이 요가 수련 한 번이 몇 분 후에 보호 효과를 제공하는지 살펴보기를 바라지만, 지금으로서는 요가 수련을 하나의 잠재력 있는 도구로 생각하자.

✦ 하지 말아야 할 일

아마 시어머니와의 대화를 위협으로 간주하고 싶을 것이다. 시어머니는 여러분이 너무 오래 일해서 '아이를 방치한다'는 말까지 해가며, 그래서 아이가 학교에서 고생하는 것이라고 한다. 시댁에 갈

날이 가까워지면, 여러분은 자기도 모르게 이 위협적인 대화를 정교할 정도로 세세히 예상하고 머릿속으로 영리하게 반박하는 모습을 그리고 있다.

그러나 이 접근법에는 문제가 하나 있다. 이러한 짜증나는 대화를 예상하거나 영리하게 반박하는 모습을 그리는 것이 문제는 아니다. 말할 내용을 연습하면 지각된 통제력을 높이고, 지난 장에서 살펴봤듯, 지각된 통제력이 높아져 만성 스트레스를 줄일 수 있다. 문제는 여러분이 앞으로 있을 시어머니와의 대화를 위협으로 보기 때문에 통제력 증가로 인한 스트레스 완화 이점을 쉽게 상쇄할 수 있다는 점이다. 연구자들은 만약 어떤 상황을 위협으로 간주한다면, 본질적으로 자기 자신에게 충분한 대처 자원이 없다고 말하는 것이며, 앞으로 살펴볼 이런 식의 정신적 틀은 추가적인 문제를 일으킨다는 사실이다.[15] 따라서 어떻게 대응할지 머릿속으로 연습하는 것은 훌륭하지만, 위협에 관한 인식을 바꿔야 한다. 이어지는 내용에서 그 방법을 알아보자.

6. 스트레스 상황을 재구성하라

지금까지는 스트레스 반응이 진행되지 않도록 도와주는 예방 전략 몇 가지를 살펴봤다. 그 전략들의 핵심은 어려운 상황에 대한 신체 반응을 줄이는 것이며, 쉽게 와닿는다. 이러한 접근법 중 하나를 시도한다면, 아래턱이 당기거나 손바닥에서 땀이 흥건하게 나지는 않을 것이다. 차분함이 찾아오고, 혼란은 줄어든다. 아마 이보다 더 좋을 수는 없다고 생각할 것이다.

이제부터는 쉽게 와닿지 않는 완전히 다른 접근법을 생각해 보자. 신체를 진정시키고 스트레스를 줄이려고 노력하는 대신, 지금 살펴볼 마지막 전략은 신체의 스트레스 반응을 받아들이고 이용한다. 신체가 겪는 스트레스를 억누르지 않는다. 오히려 생산적으로 전환하여 활용할 수 있도록 해 준다.

이 전략은 '스트레스 재평가(Stress reappraisal)'라고 한다. 스트레스 재평가는 스트레스 반응이 보이면 스트레스를 감당할 수 없는 신호가 아니라, 처리할 수 있도록 신체를 동원하는 신호로 재구성하는 방식이다. 심장이 더 빠르게 뛰거나 땀이 날 때 '재밌네. 이제 더 집중하고 스트레스 상황에 반응할 준비가 됐어' 또는 '좋아, 이 일은 정말 중요하니까 잘 대처할 거야'라고 생각한다. 스트레스를 받는다는 사실을 알아차리고 신체 반응이 나쁜 신호가 아니라 좋은 신호라고 자기 자신에게 말하는 것이다.[16] 이런 식으로 신체 각성을 활용할 수 있는 적응 반응으로 재해석한다.

여기서 비유 하나가 도움이 될 것 같다. 스키장에 가서 가파르고 얼음투성이인 산꼭대기에 있다고 상상해 보자.[17] 유일한 탈출구는 스키를 타고 내려가는 것뿐이다. 미끄러운 경사면을 내려다보면, 호흡이 가빠지고, 심장이 두근거리고, 위가 살짝 조이는 높은 각성을 경험할 것이다. 스키 애호가들은 그 길이 자신의 기술을 시험에 들게 해도 타고 내려갈 수 있는 도전적인 길이라고 생각하며, 신체 반응을 흥분으로 해석할 것이다. 그러나 초보자들은 신체 반응을 두려움, 심지어 공포로 해석하며, 이렇게 어려운 코스를 내려갈 수 없다고 생각할 것이다. 두 경우 모두 근본적으로 동일한 생리학적 반응을 보인다. 문제는 그 반응을 해석하는 방식이다.

스트레스 상황을 마주할 때, '나는 아마 못할 거야'라고 생각하는 초보자보다는 '어렵겠지만, 나는 할 수 있어'라고 생각하는 스키 애호가처럼 바라봐야 한다.

그러나 잠깐 짚고 넘어갈 것이 있다. 스트레스 재평가는 여러분이 스스로, 즉 '시어머니가 내 일을 맹비난할 때 좋아. 정말, 기운이 펄펄 나'라고 말하는 것을 의미하지는 않는다. 그런 식이라면 스키 애호가와 거리가 멀다. 좋아하는 척하지 말자. 힘들고, 스트레스 받고, 정말로 심장이 두근거린다. 이 중 어느 것도 부인할 수 없다.

우리는 스트레스 상황과 그에 대한 신체 반응을 재해석해야 한다. '이건 내게 위협이야'라고 생각하는 대신, '내 몸의 강력한 반응이 내가 이것을 해내도록 도와줄 거야'라고 생각하는 것이다. 스트레스 탓에 반응하기 어렵다고 믿는 대신, 스트레스를 '조력자'라고 생각해야 한다.

연구자들은 스트레스를 쇠약함의 원인이 아니라 유익한 대상으로 재구성할 때, 다양한 이점을 누린다는 사실을 발견했다. 첫째, 스트레스 상황이 이어지는 동안 부정적 감정이 덜 것이다.[18] 시어머니가 말할 때 그 말 때문에 불안함을 덜 느낄 수 있고, 나중에 그 말을 곱씹을 가능성도 적다. 둘째, 머리가 더 맑아지고 반응을 더 잘 할 것이다. 스트레스 재평가 기법을 배운 대학생들은 배우지 않은 학생들보다 이후 시험에서 성취도가 더 좋았고, 스트레스 재평가를 사용한 성인들은 사용하지 않은 사람들보다 인지 유연성이 더 높았다.[19] 발 빠르게 생각하는 방법을 다룬 5장에서 살펴봤듯, 인지 유연성은 변화하는 상황에 적응하는 능력, 즉 일이나 양육 문제로 한 소리 들을 때 반응하려면 분명히 원할 능력이다. 마지막으로, 스트레스 재평가를 하면 힘든 경험에서도 긍정적인 면을 더 잘 알아차릴 것이다. 예를 들어 평소라면 시어머니가 비판적인 말을 세세하게 세네 번쯤 했을 텐데, 이번에는 한 마디만 하고 그냥 넘어갔다고 해 보자.[20] 물론 뭐라고 하지 않았다면 더 좋았겠지만, 스트레스 재평가를 통하면 진전을 알아차리고 희망을 품을 수 있게 된다.

신경과학자이자 노스이스턴대학교 심리학과 교수인 리사 펠드먼 배럿(Lisa Feldman Barrett)은 이러한 정신적 재구성을 멋지게 표현했다. 배럿은 초조할 때 마치 나비가 날갯짓하듯 속이 꿈틀거리는데, 이때 느껴지는 나비를 없애려 하는 대신 '대형을 맞춰 날도록' 해야 한다고 주장한다.[21]

마음가짐을 바꿔라

("우리 시어머니를 본 적 있느냐"며) 이건 불가능하다고 생각할 수도 있

지만, 과학자들은 마음가짐을 바꿀 수 있도록 도울 방법을 찾았다. 여기서 이들이 발견한 핵심은 스트레스 상황을 감당할 수 없는 '위협'이 아니라 다룰 수 있는 '도전'으로 재구성하는 것이다.

스키 애호가가 할 수 있다는 정신 상태에 도달한 방식은 쉽게 이해할 수 있다. 아마 점차 더 어려운 경사면에서 연습한 덕에 가파른 경사면이라는 도전을 받아들일 준비가 되었다고 느꼈을 것이다. 하지만 아무리 대비해도 부족한 스트레스 상황 속에서 어떻게 "나는 이 도전을 받아들일 준비가 되었어"라는 마음가짐을 가질 수 있을까?

연구에 따르면, 사람들은 자신의 몸이 스트레스를 받을 때 나타나는 자연스러운 반응(예를 들어 심박수 증가나 빠른 호흡)이 실제로는 수행 능력을 떨어뜨리는 것이 아니라 오히려 향상시킬 수 있다는 내용을 읽는 것만으로도 그러한 정신 상태에 도달할 수 있다고 한다. 앞으로 살펴보겠지만, 신체 각성도가 높아지면 단호하고 사려 깊으면서도 세련된 방식으로 반응할 수 있다. 스트레스 중에서도 특히 급성 스트레스는 본질적으로 나쁘지 않다. 앞서 말했듯, 코르티솔 덕에 몸과 마음이 바짝 긴장할 수 있으며, 가족 저녁 식사 자리에서 누군가의 비판에 신중하게 대응하려면 이러한 각성이 필요하다. 5분 전에 식탁 위에 차려진 음식 이야기를 나눌 때처럼 느긋하게 있어서는 안 된다.

마음가짐을 바꾸는 또 다른 방법은 이 정도 기술이면 충분하다고 자기 자신을 안심시키는 것이다. 여러분은 자기 자신에게 이렇게 말할 수 있다. "나는 이 문제를 배우자/치료사/친구들과 이야기해 봤고, 스트레스 상황을 마주해도 대처할 능력이 분명히 있어." 앞서 말했듯, 속으로 또는 소리 내어 말할 수 있는 몇 마디를 미리 준비해 자신감을 끌어올릴 수 있다. 나는 가족 문제로 힘들면, 종종 스스로 에게 "이건 위협이 아니라 도전이야"라고 말하며, 일어난 일을 재구 성하거나 "넌 할 수 있어"라는 작은 응원을 건넨다. 또한 "미안한데, 그 얘기는 하지 말자"와 같이 긴장되는 순간 사용할 수 있는 구절을 연습해 둔다. 간단하면서도 직접적으로 상황을 끝낼 수 있는 말이 다. 이렇게 연습하면, 앞으로 다가올 도전에 한껏 준비되었다는 느 낌이 든다.

리사 펠드먼 배럿 교수는 갑자기 스트레스를 받는다는 건 소중 한 무언가를 우연히 발견했다는 확실한 신호이며, 이러한 통찰 덕에 모든 것이 명확해진다는 사실을 예리하게 포착한다.[22] 따라서 호기 심을 가지고 이렇게 생각해 볼 수 있다. '재밌네. 내가 이걸 정말 소 중하게 여기나 봐. 이 중에 어떤 부분을 소중하게 생각하는 걸까?' 나는 스스로 이런 질문을 던질 때 스트레스 상황에 집중하고 더 명 확히 생각할 수 있다. 종종 잠자리에 들기 전에 하루에 있던 일을 되 새기며 이 질문을 하는데, 그러면 확실히 차분해져서 잠들 수 있다.

나는 다가오는 강연 때문에 긴장할 때도 재구성을 이용한다. 가 끔 중요한 강연 전날에 잠을 잘 수 없을 때가 있는데, 재구성 연구를 처음 접하고 스스로 "나는 불안한 게 아니라 들뜬 거야"라고 말해야 한다는 법을 배웠다. 흥분과 불안은 걷잡을 수 없이 밀려드는 생각, 높은 심박수 등 종종 신체 반응이 매우 비슷하게 나타난다. 마음 속 깊은 곳에서는 흥분했다고 생각하지 않았지만, 그래도 나 자신에게 들뜬 거라고 말했다. 나는 침대에 누워 벽이나 천장을 보며 가끔씩 이 주문을 되뇐다. 그러면 대부분 몸의 흥분이 서서히 잦아들어 잠에 들 수 있다. 우리는 신체가 어떻게 반응할지 재해석하도록 돕는 능력이 있다. 여러분은 지금 혼란에 빠진 게 아니라, 사실 해답을 찾고 있는 것이다.

위기에 대처하는 뇌와 신체

마음가짐을 바꾸라니 무슨 소리인가 싶겠지만, 스트레스 상황을 도전으로 여긴다면 자기 자신에게 대처 자원이 있다고 말하는 셈이다. 그러면 뇌와 신체는 모두 다르게 반응하게 된다.

신체부터 살펴보자. 스트레스를 받으면 심박수가 높아진다는 것쯤은 알고 있을 것이다. 그러나 높아진 심박수가 도움이 될까, 아니면 그 반대일까? 연구자들은 스트레스 상황을 감당할 수 있는 도전으로 재평가하면, 혈관이 확장되고 심박출량이 증가한다는 사실을 발견했다.[23] 간단히 말해서, 더 많은 혈액이 뇌와 근육에 도달하여 사고력과 행동력이 향상된다. 그러나 스트레스 상황을 너무 큰 위협으로 해석하면, 심장이 마구 뛰어도 혈관이 수축하여 뇌와 근육으로 가는 혈액이 줄어든다. 만약 극심한 큰 스트레스와 위협을 느낄 때 머리가 잘 돌아가지 않는다면, 많은 팟캐스트 진행자들이 즐겨 말하듯 일명 '도마뱀 뇌(Lizard brain)'라는 본능을 따르는 영역이 뇌를 지배하는 것이 아니다. 오히려 위협을 인식하며 혈관이 수축한 탓에, 뇌에 도달하는 혈액이 줄어들어 다음에 무엇을 해야 할지 결정하기 더 어려워지는 것이다.

스트레스 상황을 재평가할 때 뇌의 신경 활동이 어떻게 변하는지는 현재 신경과학자들 사이에서 논쟁의 대상이다. 단, 증거를 바탕으로 한 이론에 따르면, 어떤 상황의 '의미'를 바꾸려 할 때 전전두피질과 측두엽(Temporal lobe)의 특정 영역이 더 활성화된다고 주장한다.[24]

우리는 이미 전전두피질 일부 영역의 역할을 살펴봤다(9장에서 행동 계획을 세우는 데 좌측 배외측 전전두피질이 중요하다는 사실을 살펴봤다). 이제는 아직 논의하지 않았던 측두엽의 역할을 자세히 살펴보도록 하자. 측두엽은 (편리하게도) 관자놀이 바로 안쪽에 있으며, 여러 가지 중요한 기능이 있지만, 그중 하나는 언어를 이해하고 단어와 이미지의 의미를 처리하는 것이다. 예를 들어 '요구르트'라는 단어를 듣거나 냉장고에서 요구르트 한 컵을 보면, 그것이 무슨 의미인지를 생각할 때 측두엽이 발화한다. 아마 '맛있겠다', '건강한 아침'을 떠올릴 것이다(우리 엄마라면 '울렁거린다', '누가 대신 먹는 게 좋겠다'라고 생각할 것이다). 그러나 요구르트를 음식이 아니라 미용 목적으로 재평가할 수 있다. 요구르트를 얼굴에 바르면, 여드름 염증을 줄이거나 각질을 제거하기 위한 마스크팩으로 사용할 수 있다.[25] 요구르트를 음식이 아니라 피부에 바르는 것으로 재평가할 때, 즉 새로운 의미를 연관 지을 때 측두엽이 활성화된다.

요구르트는 대부분의 사람에게 두려움이나 불안감을 유발하지 않기 때문에 요구르트에 관하여 새로운 의미를 생각하면, 증가한 뇌 활동의 상당 부분이 대부분 개념의 의미를 처리하는 측두엽에 국한될 것으로 예상할 수 있다. 이 경우에는 감정적으로 매우 중요할 때 활성화되는 편도체까지 활동이 확장되지는 않을 것이다. 편도체는 시어머니가 양육 문제를 꺼내며 '방치한다'는 말을 하거나 여러분이 일하는 방식을 못마땅하게 꼬집으며 '이기적'이라고 할 때처럼 감정적으로 격앙된 일을 생각할 때 발화한다.[26]

연구자들은 스트레스 상황을 거대한 위협보다는 감당할 수 있는 도전으로 보며, 재평가할 때 측두엽이 점점 더 활성화되면서 편도체가 덜 활성화된다는 사실을 발견했다.[27] 따라서 가능한 설명 중 하나는, '이건 심각한 위협이야'라는 마음가짐을 '내 생각에 충분히 있을 수 있는 도전이고 분명 해낼 수 있어'라고 바꾸는 식으로 측두엽이 상황에 새 의미를 할당하느라 바쁠 때, 측두엽과 전전두피질이 편도체까지 억제하는 거라 생각해 볼 수 있다. 결국 도전을 해결할 수 있으니, 편도체가 과잉 반응을 보일 필요가 없는 것이다. 그러나 상황에 새로운 의미를 할당하기 위해서는 측두엽이 꼭 필요하다.

따라서 마음가짐을 바꾸자는 말은 헛소리가 아니다. 뇌와 신체가 문제에서 벗어나는 것이 아니라 집중할 수 있도록 도와주는 진지한 조언이다.

추천 실습

'급성 스트레스 관리'를 위한 도구 모음 ────────✦

- **누군가와 포옹하기.** 안전함을 느낄 수 있는 대상과 20초를 꽉 채워 포옹하자. 스트레스 상황에 앞서 이렇게 포옹한다면, 코르티솔 수치를 상당히 낮출 것이다.

- **스스로 껴안기.** 스트레스 상황을 마주하기 전에 20초간 진정 효과가 있는 셀프 터치를 하자. 손으로 팔과 어깨를 감싸거나 한 손을 심장 위에, 다른 한 손은 배 위에 얹는 등 편안한 느낌을 주는 신체 부위에 손을 갖다 대면 된다.

- **애정 비축하기.** 스트레스를 받을 수 있는 상황이 있기 전날이나 아침에 포옹, 입맞춤, 애정을 확인할 수 있는 표현을 비축해 보자.

- **천천히 심호흡하기.** 5분간 횡격막까지 천천히 심호흡하고 잠시 쉬었다가 다시 5분간 심호흡하자. 이때 안내해 주는 앱이 도움이 될 것이다. 분당 5회(한 호흡을 12초 만에 끝내는 방식) 호흡할 수 있도록 서서히 호흡을 늦추도록 하자.

- **하타 요가 30분 하기.** 초보자용 30분 하타 요가 영상을 온라인에서 찾아 두고, 스트레스 상황을 마주하기 전에 하타 요가를 조금 해 보자.

- **스트레스 상황 재구성하기.** 상황을 감당할 수 없는 위협이 아닌 다룰 수 있는 도전으로 바라보자. 실제로 스트레스에 대한 신체 반응은 유익하다고 인지되는 한 스트레스 상황에 더 효과적으로 대응하는 데 도움이 될 수 있다.

14장
배우자에게 힘이 되어주자

아내가 몇 달째 구직활동을 하며 롤러코스터를 타고 있다. 어느 하나 부족한 것 없이 딱 맞는 것 같은 일을 찾고는 희망을 한가득 품었다가, 2주가 지나도 아무 소식이 없자 절망의 구렁텅이로 빠지고 만다. 적임자를 찾았는지 채용 공고도 내려간다.

이런 일을 한두 번 겪었다면 그럭저럭 견딜 만하지만 열다섯 곳이나 지원했고, 받은 소식 중 가장 좋은 것이 지원자가 너무 많아서 답장할 수 없을지 모른다는 자동 응답 이메일이었다. 아내는 주말인데도 울적하다. 그리고 이런 말을 한다. "내가 뭘 잘못하고 있나? 회사에서 원하는 기술을 가지고 있는데, 왜 나를 원하는 데가 한 군데도 없지?"

여러분은 힘이 되어주고 싶어서 아내와는 아무 상관이 없다고 말한다. 아마 경제 상황, 다가오는 불황 때문에 그럴 것이고, 어쩌면 기업들이 자금 문제로 채용 공고를 내린 것인지도 모른다고 말한다. 아내는 낙심한 듯 고개를 돌린다. 그때 여러분은 아내의 부담을 덜어줘야 할 것 같아서 이렇게 말한다. "오늘 저녁은 내가 만들어 줄까?"

조금은 편한 얼굴로 "수프가 좋겠다"라고 작게 말하거나 가볍게 안아 줄 거라 생각했지만, 돌아오는 대답은 이랬다. "그냥 조용히 있으면 안 될까?" 이어서 문이 쾅 닫힌다. 여러분의 '도움'은 분명 도움이 되지 않았다.

기분 좋아지는 사회적 지지

이렇게 여러분은 사회심리학의 가장 큰 역설 중 하나, 즉 지지가 역효과를 낳기도 한다는 사실을 발견했다. 평소라면 순수하고 좋은 의도를 품고 아내가 좋아할 일을 하기 위해 최선을 다할 수도 있다. 그러나 지금은 오히려 그러한 표현 탓에 아내에게 스트레스만 더한 것 같다.

여러분은 사회적 지지(Social support)라고 알려진 행동을 한 것이다. 사회적 지지는 다른 사람이 어려운 상황에 대처하도록 도와주거나 위로하는 것을 말한다.[1] 사회적 지지는 많은 친밀한 관계의 중추로, 폭설이 내린 후 부모님 댁 앞 눈을 치우는 매우 실질적인 것부터 어쩔 줄 모르는 친구의 말을 주의 깊게 들어주는 감정적인 것까지 여러 형태로 나타난다.

이런 사례에서 느끼겠지만, 사회적 지지는 위대한 것까지는 아니어도 종종 좋은 효과를 낸다. 수많은 연구자들은 사회적 지지가 웰빙, 즉 정신적 건강과 정서적 건강뿐만 아니라 신체 건강에도 필수라는 사실을 발견했다. 고립되어 사회적 지지를 거의 받지 못하는 외로운 사람들은 가까운 친구와 가족이 있는 사람보다 심장병, 유방암 발병률이 더 높아 요절하기도 한다.[2] 관계는 면역계까지 강화한다. 한 흥미로운 연구에 따르면, 면봉으로 참가자들의 콧속에 활성화된 감기 바이러스를 묻혔더니 친밀한 관계가 적은 사람들이 많은 사람들보다 감기에 잘 걸리고 증상도 심하게 나타났다.[3] (연구자들은 휴지통에 버린 콧물 묻은 휴지의 '무게'까지 쟀다. 그 결과, 친구가 적을수록 콧물이 더 많았다는 사실이 드러났다.)

요점이 무엇일까? 건강한 관계가 건강을 지켜준다는 것이다.

아무도 신경 써 주지 않는다고 느끼면 감정적 부담도 커진다. 코로나-19 첫해에 실시된 한 연구에 따르면, 자가 격리자 중에서 사회적 지지를 많이 받고 있다고 느끼는 사람들이 거의 받지 못한다고 생각하는 사람들보다 덜 우울해했다고 한다.[4] 참가자들은 모두 혼자 살았고 밖으로 나가지 못했지만, 아무도 자신을 생각해 주지 않는다고 느끼는 사람들이 격리를 특히 힘들어했다. (2020년에 엄마가 몇 주나 매일 메시지를 보냈다면, 조금 성가셨을지는 모르나 그 덕에 정신 건강을 지킬 수 있었을 것이다.)

놀라운 일은 아니다. 우리는 대부분 지지받는다고 느낄 때 잘 살아가기 때문이다.

그렇다면 왜 아내에게는 지지가 통하지 않는 것일까? 아내에게 무슨 문제라도 있을까?

사회적 지지가 역효과를 낼 때

여러분이나 아내에게는 모두 문제가 없다. 사회심리학자들에 따르면, 문제는 스트레스가 심하고 오래갈 때 친밀한 사이에서 특정 사회적 지지 행위가 상대의 기분을 풀어주는 것이 아니라 더 나쁘게 만들 수 있다는 것이다.

사회심리학자들은 임신과 출산, 변호사 시험 공부 또는 취업 실패와 같은 스트레스 상황이 몇 주 또는 몇 달간 이어지는 높은 스트레스 상황에서 부부가 어떻게 반응하는지 연구했다. 수면 부족에 허덕이며 빽빽 울어대는 첫 아이를 달랠 방법을 절실히 찾았을 때처럼, 때로는 부부 모두 똑같이 힘들어한다. 하지만 종종 부부 중 한쪽이 다른 쪽보다 더 힘들어하는 경우가 있다. 예를 들어 구직 중인 사람이나 스트레스를 많이 받는 로스쿨 학생을 떠올려 보자. 연구자들은 고통을 겪고 있는 배우자를 돕기 위해 하는 말이나 행동에, 도움을 받은 쪽이 오히려 가끔은 복잡한 심경을 느끼거나 전보다 훨씬 더 좌절하고 우울해하며 방어하려 하고 어쩔 줄 몰라 한다는 사실을 발견했다.[5] 그러면 도와주려던 배우자는 '내가 지금 뭐라고 했길래?' 하고 당황하며 혼란스러워지고 만다.

✦ 알고 보면 효과 없는 행동

이번 장을 열었던 예시를 다시 살펴보자. 아내를 도와주려던 행동에 무슨 문제가 있었을까? 돌아가서 눈에 띄는 문제가 있는지 알아보자.

문제가 무엇인지 모르겠다면, 혼자만 그런 것이 아니다. 아마 우리 모두가 사랑하는 이에게 "네가 어쩔 수 없는 일이야" 또는 "너와는 아무 상관이 없어"라는 말을 한 적이 있을 것이다. 상대가 잘못해서 곤경에 처한 것이 아니라는 점을 지적하며 기분을 좋게 해 주려고 노력한다.

그러나 경제 탓이라느니 자금이 없어질 수도 있다는 말을 하며, 무심코 아내의 통제력 중 일부를 제거한 것이 문제이다. 구직자들은 대부분 새 일자리를 얻기 위해 많은 시간과 에너지를 투자한다. 겉으로 드러난 면만 보면 아내는 왜 기회 한 번을 못 잡는지 알아내려 하고 있고, 만약 그것이 유일한 문제였다면 여러분이 건넨 말은 완벽했을 것이다. 그러나 속을 들여다보면 아내는 자신의 상황을 어떻게든 바꾸고 싶어 안절부절못하며, 스스로 통제력을 가질 방법을 찾으려 필사적이다. 직무 설명서에서 몇 마디를 더 복사해서 이력서에 붙여 넣어야 하나? 링크드인에서 업계 중요 인물을 찾아 채용 중인지 메시지를 보내 봐야 하나? 아내는 결과에 영향을 미칠 수 있다고 느끼고 싶어 하며, 느낄 필요가 있을 수도 있다.

그런 그녀 앞에서 여러분은 그럴 수 없다고 말한 것이다.

12장에서 배운 내용을 떠올려 보자. 지각된 통제력이 실제 통제력을 이긴다. 그러니 아내에게서 스스로 어려움을 바꿀 수 있다는 건 강하고 가치 있는 인식을 빼앗지 말자.

두 번째 문제는 여러분이 저녁 준비를 하겠다며 아내의 책임 중 하나를 빼앗아 가 버린 것이다. 스트레스가 덜할 때는 환영받았을 테지만, 지금은 어떨까? 아내가 여러분에게 더 의존한다고 느끼게 되고, 의도치 않게 능력이 부족하다거나 가족에게 필요 없다는 신호를 받을 수 있다. 만약 요리를 잘한다고 자부한다면, 이번 일이 정말 쓰라릴 것이다.[6] 여러분은 의도하지 않았지만, 아내가 '할 수 있다'라고 생각하는 의미 있는 기여 하나를 빼앗겠다고 제안한 것이다.

따라서 "오늘 저녁은 내가 하는 게 어떨까?"라고 묻는 것보다 이런 말이 더 나을 것이다. "당신 요리 정말 맛있지만, 오늘은 부엌에서 시간을 보내고 싶은 날인지, 아니면 좀 쉬고 싶은 날인지 궁금해."

쾅 하고 닫힌 문이 꽤 나쁜 결과처럼 느껴지겠지만, 그런 일이 계속된다면 상황은 훨씬 더 나빠질 수 있다. 만약 힘들어하는 배우자가 원하거나 필요로 하지도 않는 지지를 반복해서 제공한다면, 배우자의 건강을 해치기 시작할 것이다. 함께 사는 부부를 대상으로 10년간 실시한 연구에 따르면, 배우자가 원하지 않는 도움을 많이 제공한 부부의 사망률이 더 높았다.[7] 10년이 지나고 누가 사망할 가능성이 더 높았을까? 원치 않는 도움을 제공한 쪽이 아니라, 그 도움을 '받은' 쪽이었다. 잘못된 도움은 정말 해롭다.

그렇다면 친밀한 관계에서 사회적 지지가 언제 정확히 역효과를 낼까? 연구자들은 다음 세 가지 조건에서 그런 경향이 있다는 사실을 밝혀냈다.

① 도움을 주었지만, 상대의 통제감이 줄어든다.

② 원치 않거나 필요하지 않은 도움을 제공한다.

③ 관계에서 이미 많은 긴장이 느껴진다(안타깝게도 부부 중 한쪽이 오랫동안 스트레스를 겪고 있을 때 이럴 가능성이 크다).

효과적인 행동

좋은 소식이 있다. 연구자들은 스트레스에 시달리고 있는 사랑하는 이를 지지할 수 있는 비교적 확실한 세 가지 방법을 발견했다.

1. 인정받으려고 하지 말고, 티 나지 않게 도와라

첫 번째 전략은 좀 엉큼하다. 지금까지 소개한 지지는 눈에 보이는 형태이다. 여러분이 저녁을 하겠다고 제안하거나 아내의 구직 실패가 다 경제 탓이라고 한다면, 아내는 도와주려고 한다는 것을 알 수 있다. 그리고 방금 말했듯 오히려 아내의 기분이 더 나빠질 수 있다.

그러나 보이지 않게 지지해 본다면 어떨까? 보이지 않는 지지는 의식적으로 알아차리지 못할 수도 있지만, 배우자의 삶을 보다 편하게 해 주고 기분이 조금 나아지도록 도와주는 지지이다.[8] 평소와 달리 배우자 대신 조용히 쓰레기나 재활용품을 들고 나갈 수 있다. 이럴 수도 있다. 배우자가 가장 좋아하는 식당에서 포장을 해 와서는 "당신이 좋아하는 캘리포니아 롤 사 왔어"라고 말하지 않고, 아내가 음식을 보면 "초밥이 먹고 싶어서"라고 둘러대는 것이다. 아니면 배우자가 가장 좋아하는 커피가 다 떨어지기 전에 다시 채워놓을 수도 있다.

보이지 않는 지지는 눈에 띄지 않을 정도로 티 안 나게 도와주는 것을 의미한다.

스트레스에 시달리는 사람들은 배우자가 분명하게 지지할 때 '당신이 끼어들어야 할 정도로 내가 무능해?'라고 생각할 정도로 기분이 나빠질 수 있다. 하지만 연구자들에 따르면 티 나지 않게 지지하면 보통 기분이 더 좋아진다고 한다.[9] 꽤 영리하다. 배우자가 의식하지 못하게 지지한다면, 그들은 다양한 측면에서 이득을 본다. 조금 덜 고된 하루를 보내고, 보답해야 한다는 압박 없이 무의식적으로 돌봄 받는다는 느낌을 받으며, 도움이 필요한 사람이라는 데서 비롯할 수 있는 불쾌한 감정을 하나도 느끼지 않는다.

그러나 그날 밤 잠자리에 들 때, "당신은 아마 몰랐겠지만, 내가 오늘 선행을 좀 했어"라며 티 내고 싶은 욕구를 이겨 내야 한다. 만약 스트레스를 받는 사람이 도움 받았다는 사실을 깨닫는다면, 말짱 도루묵이다. 눈에 보이지 않던 지지가 눈에 보이게 되면서, 자기 자신이 아무것도 할 수 없고 생각보다 더 도움이 필요한 사람이라는 생각이 들기 때문이다.

눈에 보이는 지지는 평소의 선택이어야 한다

눈에 보이는 지지가 역효과를 냈다고 해서 배우자를 지지할 때마다 티 내지 말아야 한다는 말은 아니다. 눈에 보이지 않는 지지는 배우자가 능력이 떨어지고, 할 줄 아는 게 생각보다 적고, 목표를 절대 달성할 수 없을 것만 같다고 느끼며 장기간 높은 스트레스에 시달릴 때 가장 유용하다.

그렇다면 스트레스를 받지 않을 때는 어떨까? 눈에 보이는 지지가 어려움을 면할 수 있게 한다. 일상에서 사소한 문제를 겪을 때, 배우자가 통근길에 대해 불평하거나 형제에게서 받은 답답한 이메일 이야기를 할 때는 평소처럼 도와주자. 이메일에 어떻게 대응할지 조언해 주거나 교통체증 때문에 짜증났을 배우자의 마음을 달래 줘 보자. 카페에 당신이 좋아하는 단호박 라테가 다시 나왔다고 알려주자. 그 참에 "하나 사다 줄까?" 하고 물어도 보자. 연구에 따르면 이렇게 눈에 보이는 지지가 대부분의 행복한 관계를 지탱하는 핵심이라는 사실이 밝혀졌다.[10]

2. 반응하라

이렇게 생각할지도 모르겠다. "10년에 걸쳐 한쪽이 더 많이 지지했던 부부의 사망률이 더 높다는 사실을 발견했던 연구는 무슨 뜻이죠? 지지를 덜 해야 한다는 뜻 아닐까요? 티 안 나게 지지할 수 있을지 확신이 서지 않아서 그런데, 배우자가 힘들어하면 가만히 둬야 할까요?" 잘못된 생각이다. 그 연구와 이후 등장한 여러 연구에 따르면, 핵심은 반응성(Responsiveness)이었다.

여기서 두 번째 전략이 등장한다. 여러분은 배우자의 취향에 맞춰 지지할 수 있다. 힘들어도 자신의 필요에 반응해 주는 배우자가 있는 사람이 더 오래 살았다.[11] 건강 문제를 겪고 짧게 살다 간 사람들은 "배우자가 나를 이해하려고 노력하는 대신 많은 시간 나를 도우려고 노력해요"라고 말하며, 스트레스에 시달리는 사람들이었다.

반응하는 방법에 대해서는 구체적으로 조언하기 어렵다. 왜냐하면 배우자가 필요로 하는 것에 맞춰서 도와야 하기 때문이다. 필요는 다양하다. "주말에 내가 우리 부모님 댁에 애들 데리고 갈 테니까 당신은 혼자 일할 수 있을 거야"라는 말에 평생 고마워하는 사람이 있는가 하면, 48시간 동안 혼자 집에서 10분마다 휴대전화와 받은 편지함을 확인할 생각에 훨씬 낙담하는 사람도 있다.

지금 당장 배우자가 무엇을 원하거나 필요로 하는지 판단하는 게 어려울 수도 있으니, 적절할 때 배우자에게 물어보자. 그러나 배우자가 힘들어할 때는 제외해야 한다. 배우자가 아무렇지 않거나 즐거워할 때, 어떻게 해야 지지받는 기분이 드는지 알아보자. 이렇게 말하면 된다. "지금 스트레스를 받는 것 같은데, 내가 정말 당신을 엄청 생각한다고. 당신에게 이겨 낼 힘도 있고 원래대로 돌아올 정도로 회복력이 있는 것도 알지만, 할 수 있다면 나도 돕고 싶어. 당신 생각에 어떤 게 지지인 것 같아? 당신 삶을 조금 더 쉽게 만들기 위해 내가 하거나 하지 말아야 할 일이 있을까?"

3. 따스한 손길로 기적을 일으켜라

스트레스에 시달리는 사랑하는 이를 지지할 신경과학적인 방법이 있을까?

다른 접근법보다 간단하다는 장점이 있는 방법이 하나 있다. 바로 신체 접촉이다.

첫째, 신체 접촉은 자연이 선사하는 스트레스 완화제이다.[12] 13장에서 살펴봤듯, 소중한 사람의 애정 어린 신체 접촉은 불안감과 압박감을 줄인다. 참가자들이 매일 일기를 썼던 연구에 따르면, 애정이 넘쳤던 날에는 스트레스 수준이 낮아졌다.[13] 신체 접촉의 진정 효과는 다음날까지도 이어졌다. 하루만 신체 접촉을 해도, 다음 날 겪는 일을 덜 속상해하고 감당하기 쉽다고 생각했다.

그러나 어쩌면 훨씬 더 중요한 것은 소중한 사람과의 신체 접촉이 부정적인 감정과 연관된 뇌 영역의 활동을 줄인다는 점이다. 신경과학자들로 구성된 한 국제 연구팀은 다양한 형태의 사회적 지지가 스트레스를 받는 사람의 뇌 활동에 어떻게 영향을 미치는지 궁금해했다.[14] 그들은 여성들에게 실험실로 친한 동성 친구를 데려오게 했고, 한 여성이 스캐너에 들어갈 준비를 하는 동안 친한 친구에게 지지 방법을 일러뒀다.

불안감을 유발하는 상황은 거절이었다. 스캐너 안에 있는 사람은 (구직 중인 배우자가 거절당하는 기분과 비슷하게) 마치 자신이 별로이거나 호감을 얻을 수 없는 것처럼 느끼게 되었다. 스캐너 바깥에 있는 친구 중 일부는 거절이 개인적으로 느껴지지 않도록 둘러대라는 지시를 받았다. 그들은 스캐너에 들어간 친구를 안심시키고 거절은 통제할 수 없는 일이라고 말했다. 다른 친구들은 친구의 손을 부드럽게 만지되 아무 말도 하지 말라는 지시를 받았다.

흥미롭고도 다소 놀라운 데이터가 나왔다. 첫째, 신체 접촉을 경험한 사람들은 안심하라는 말을 들은 사람들보다 기분이 더 좋다고 보고했다. 스트레스를 다룬 이전 장부터 지금까지 배운 내용을 생각하면 놀라운 결과가 아니지만, '정말' 놀라운 사실은 안심하라고 한 말이 역효과를 일으켰다는 것이다. 친구에게서 안심하라는 말을 들은 참가자들은 친구 없이 실험실에 온 사람들보다 기분이 '더 나빴다'. 안심하라는 말이 왜 역효과를 냈는지는 명확하지 않지만, 아마 그 말이 누구도 할 수 있는 일이 없다는 뜻으로 들렸을지도 모른다. 아무 말도 하지 않은 것보다 더 나쁘게 느껴진 것이다.

둘째, 연구진은 다양한 형태의 지지에 반응하여 뇌에서 무슨 일이 일어나는지 검토했다. 잠깐이나마 위로를 주는 손길을 경험한 사람들은 감정적 고통을 느낄 때 더 활성화되는 뇌 영역으로 8장에서 소개했던 전측 뇌섬엽의 활동이 줄었다. 짧은 접촉이 원래 안심시키는 말이 하려던 일을 대신해 주었다. 그것은 거절의 상처를 덜 아프게 만들었다. 반면, 안심하라는 말을 들은 사람들은 흥분한 전측 뇌섬엽의 활동에 어떤 변화도 보이지 않았다. 신체 접촉은 신경계를 진정시켰지만, 안심하라는 말은 그렇지 않았다.

나는 이 연구를 매우 좋아한다. 연구를 접하기 전만 해도 거절당한 이유를 둘러대며 친구를 위로하는 전략을 즐겨 썼기 때문이다. 이렇게 말하곤 했다. "있잖아, 답장을 못 받는 이유가 X 때문인 것 같아. 너하고는 아무 관련 없을 거야." 그간 구직 중인 친구들에게 토씨 하나 안 틀리고 이렇게 말했다고 확신한다. 당시에는 '너하고는 관련 없다'는 말이 통찰력 있고 도움이 되는 것 같았다. 그러나 연구를 통해 내가 통찰력이 있었을지는 몰라도, 그것이 도움이 된다는 것은 아니다. 12장에서 봤듯이, 긴장된 상황에 대처하려면 지각된 통제력이 중요한데, "너하고는 관련 없어"라는 말은 "네가 할 수 있는 일은 없다"라고 들린다.

따라서 배우자가 스트레스 받을 때, 여러분이 찾을 수 있는 간단한 해결책은 위안을 주는 신체 접촉일 수 있다. 배우자의 어깨에 머리를 댄 채 등을 문지르고 조용히 부드럽게 포옹해 주자.

중요한 주의 사항이 하나 있다. 배우자가 신체 접촉에 반응하는 방식을 존중해야 한다. 어쩌면 아직 다 치유하지 못한 과거 트라우마가 있어서, 예상치 못한 긴 포옹이 경보를 울릴 수도 있다. 배우자가 어떤 신체 접촉을 환영할지 잘 판단하도록 하자.

추천 실습

'배우자에게 힘이 되어주기' 위한 도구 모음 ──────✦

- **눈에 보이지 않게 지지하기.** 배우자가 오랫동안 스트레스에 시달리고 그 상황에서 거의 통제력이 없다고 느끼기 시작한다면, 눈에 훤히 보이는 것보다 눈에 보이지 않게 티 안 나는 지지에 더 고마워할 것이다. 인정받으려고 하지 말고 쓰레기를 대신 가지고 나가는 등 배우자가 조금 덜 고된 하루를 보낼 수 있는 일을 하자.

- **바로 반응하기.** 배우자의 필요에 반응하고 그에 맞춘다면 눈에 보이는 지지라도 고마워할 것이다. 배우자가 아무렇지 않거나 즐거워할 때, 이렇게 물어보자. "당신 생각에 어떤 게 지지인 것 같아? 당신 삶을 조금 더 쉽게 만들기 위해 내가 하거나 하지 말아야 할 일이 있을까?"

- **따스한 손길로 기적 일으키기.** 부드럽고 애정 어린 신체 접촉은 스트레스를 줄이고, 안심하라는 말보다 더 효과적일 수 있다. 배우자가 속상해할 때 포옹하거나 팔에 손을 얹어보자.

지혜로운 여러분에게 전하는
마지막 당부

축하한다! 여러분은 이 책을 집어 들었을 때보다 훨씬 더 총명해졌
다. 뇌에 관한 더 실용적인 노하우가 많아졌고, 원하는 모습에 더 가
까워질 수 있도록 신경계의 특정 부분을 미세하게 조정하는 법도
익혔다.

그러나 총명하다는 것은 읽는 데서 그치지 않는다. '행동'해야 한
다. 현재 이 책에 등장하는 어떤 문제에 직면하지 않았더라도, 두 가
지 전략을 선택하여 실천에 옮기자. 오늘부터 시작해야 한다. 이어
지는 부록을 보면 가장 빠른 전략들을 어디서 찾을 수 있는지 알게
될 것이다. 평일이고 시간이 없다면, '2분 이하' 전략을 시작하자. 주
말이라 시간이 조금 더 있다면, '5분 이하' 목록에서 전략을 고르자.

왜 지금 시작해야 할까? 이유는 간단하다. 어떤 전략이든 지금

연습하기 시작하면 유용한 도구 모음에 보관해 둘 수 있다. 기한을 앞두고 바짝 집중해야 할 때나 중요한 회의에 들어가야 할 때는 이미 필요한 전략을 익힌 후일 것이다. 도구로 쓸 전략이 절실할 때, 여기저기 찾으며 좌절하기보다는 손쉽게 전략을 꺼내 사용할 수 있게 된다.

내가 그 예이다. 이 책의 초안을 전부 끝낸 참이던 2023년 크리스마스였다. 오후 2시쯤, 나는 남편과 함께 시댁에 도착했는데, 몇 년간 그랬던 것처럼 몹시 불안해지는 것을 느꼈다. 집에 들어가고 싶지 않았고, 남편에게 싸움을 걸고 싶었고, 핑계를 댈 수 있게 아픈 척하고 싶었다.

그러나 이 책을 쓰는 동안 배운 내용 덕에 전보다 더 빠르고 쉽게 진정할 수 있었다. 나는 차 안에서도, 오후에도 이 책에서 소개한 급성 스트레스를 다루는 법과 호흡법을 사용했다.

그날 그런 도구가 필요할 것이라고 미리 기억하고 있었을까? 그렇지 않았다. 그러나 이미 꾸준히 연습하고 있었기 때문에 때가 되자 무엇을 해야 할지 정확히 알 수 있었다. 집 안으로 들어가서도 평정심을 유지했고, 멋진 크리스마스를 보냈다. 나는 이제 스트레스 상황을 (적어도 그에 대한 내 반응을) 조금 더 예측할 수 있다는 사실을 알게 되었고, 그 사실만으로도 예측할 수 없는 세상에서 놀랍게도 진정된다.

그러니 나처럼 전략이 필요하지 않은 지금부터 연습하기 시작하

자. 필요할 때 즉시 이용할 수 있을 것이다.

여러분을 돕기 위한 후속 방법

이 글을 읽고 있다면 이 책의 마지막 장까지 다다른 것이며, 총명하고 명민한 모습을 갖추기 위해 최대한 전념한 것이다. 여러분을 안아줄 수만 있다면 그러고 싶다. 이렇게나 오랜 시간 함께했기 때문에 나는 조금 더 이야기를 이어가고 싶다.

나는 여러분이 이 책만으로도 최고의 자신으로 거듭날 수 있기를 바란다. 책을 읽고 뇌가 향상된 것으로 모든 일이 끝난 것이다. 완벽하다.

그러나 신경과학은 계속 변화하고 있다. 최근 한 조사에 따르면, 매달 약 2000~3000건의 새로운 논문이 동료 심사를 거쳐 신경과학저널에 게재된다고 한다. 많은 정보가 새롭게 등장하는 것이다. 연구는 대부분 이미 있는 피라미드에 또 다른 층을 더하듯 우리가 이미 아는 것 위로 쌓인다. 이에 따라 새로운 전략이 등장하고 기존 전략이 개선된다.

그러나 때때로 판도를 바꿀 만한 연구 결과가 나오기도 한다. 가끔은 모든 것을 뒤집어 콘퍼런스에서 주요 화제가 되는 결과가 있다. 최신 연구를 소개하려고 노력했지만, 내 주장에 이의를 제기하는 새로운 발견이 있을 수밖에 없기 때문에 이런 점을 알아두는 것이 중요하다.

그러니 시간 날 때 내 웹사이트(theresehuston.com)에 방문하기 바란다. 중요한 새로운 발견과 전략 일부를 자세히 살펴볼 수 있을 것이다. 나는 계속 진화하는 연구들의 최신 동향을 파악하여, 여러분이 성장해 나가는 도구 모음에 더할 수 있는 가장 좋은 새로운 사례와 흥미로운 결과를 제공하고자 한다.

여러분과 여러분의 잠재력

이 책을 덮기 전에 오늘 어떤 실습을 시도할지 결정하자. 진심으로, 오늘 밤 잠자리에 들기 전에 무엇을 할 것인가? 집중력을 높이기 위해 헤드폰을 집어 들고 바이노럴 비트를 들을 수 있고, 아니면 스트레스를 줄이기 위해 20초간 자기를 껴안을 수도 있다. 어쩌면 의욕을 높이기 위해 전율이 이는 음악을 듣거나, 자기 연민 워크숍에 등록할 수도 있다.

나는 이 전략들을 이용하기 시작하면서 더 나은 삶을 살고 있다고 말할 수 있다. 매일 아침 컴퓨터 앞에 앉아 있을 때 허비하는 시간이 줄어들었고, 생산성이 높아져 4시 15분이나 30분 안으로 일을 더 일찍 마무리하기도 한다. 이상한 의사 대신 호감 가고 믿을 만한 의사를 찾았고, 매일 밤 수면 시간을 40분 정도 추가했으며, 심박변이도를 30% 높였다. 나는 특별한 사람도, 영웅도 아니고, 삶의 문제를 쉽게 만들어 줄 유모, 개인 요리사, 신탁 기금도 없다. 한 번에 한 가지 전략을 이용하며 더 총명해지고 있을 뿐이다. 이 책을 쓰기 위해 조사 활동을 시작했던 3년 전에도 괜찮은 삶을 살았지만, 지금은 정말 좋은 삶을 살고 있다.

이제 여러분 차례이다.

과감하게 이 책에서 소개한 전략 중 두 가지를 골라 하루가 저물기 전에 시도해 보자. 그리고 시도를 계기 삼아 계속해 나가며 삶이 변하는 모습을 지켜보도록 하자. 눈치챘는지 모르겠지만, 매일 5분에서 30분 정도 시간을 보내는 방식을 바꿔 잠재력을 최대한 발휘하는 방법을 이미 배웠다. 일단 실행에 옮겨야 하지만, 내 생각에 전략을 연습하는 것이 꽤 쉽게 느껴질 것이다. 여기서 그치지 않고 재밌게도 느껴졌으면 좋겠다! 그러니 자기 자신에게 놀라움을 선사하자. 가장 총명한 모습이 기다리고 있다.

감사의 말

어린 시절 작가를 꿈꿨을 때, 나는 커다란 목재 보석함에 훗날 등장 인물에게 붙일 이름을 적은 작은 종잇조각을 넣어놓곤 했다. 할아버지가 만들어 주신 것이라서 보석함을 내 방 가장 좋은 곳에 보관해 두었지만, 그 안에 목걸이보다 이름을 모으는 것이 더 좋았다. 마음에 드는 이름을 우연히 발견할 때마다 그 이름을 써서 언젠가 책에 쓰려고 꽁꽁 숨겨 놨다. 닉 카로시오. 재스민 싱클레어.

나는 내가 소설을 쓸 줄 알았다.

잘못된 생각이었다.

그러나 특히 잘못 생각했던 건, 허구 속 인물의 선율 같은 이름이 내 글을 돋보이게 해 줄 거라 믿은 것이었다. 어리석었다. 내 책을 읽을 가치가 있게 만드는 것은 바로 자기 이름을 가지고 이 세상을 사는 실제 인물들이다.

이 책을 쓰도록 도와준 멋진 사람들의 이름을 여기에 싣는다. 게다가 그들이 기여한 바도 간략히 적었다.

비전 ― 횡설수설한 초기 작업물에서 잠재력을 알아봐 주고, 나와 내 작업을 끊임없이 옹호해 준 문학 에이전트 린지 에지컴.

엄격 ― 신경과학자처럼 생각하는 법을 알려 준 젊은 시절의 멘토 말린 버먼, 캐머런 카터, 조너선 코헨, 제임스 맥클러랜드.

예리 ― 내 생각을 다듬고 누구나 접할 수 있는 뉴스를 기반으로 삼도록 방향을 잡아준 이 책의 편집자 대니엘라 랩.

열정 ― 이 원고를 들고 작업에 들어가 내가 쓴 말이 유려하게 이어질 수 있게 해 줘 내게 뿌듯함을 안겨 준 부편집자 애니 샤뇨.

끈기 ― 메이요 클리닉 프레스의 편집팀. 특히 내 요구 사항을 충족시키기 위해 나서 준 제니 크루거, 니나 위너, 다나 노블.

철저 ― '명확하고 포괄적인 것'이 초능력이 될 수 있다는 것을 보여 준 총괄 편집자 앨런 브래드쇼.

창의 — 이 책을 보기 좋게 만들어 준 책 디자이너 어맨다 넵과 조판사 앤디 베리.

주의 — 세심한 독자들을 거스르게 할 작은 실수를 끝까지 잡아낸 사본 편집자 제임스 브래드쇼와 교정자 리마 와인버그.

근면 — 이 책에 실린 과학 내용이 견실하다는 것을 아낌없이 검증해 준 의학 검수자 존 헨리.

격려 — 차 한 잔, 점심 식사, 산책, 긴 전화 통화를 통해 이 책에 관해 도움이 되는 말을 해 준 친구와 가족. 제이미 애더웨이, 마크 코핸, 이리나 드로즈오바, 데이비드 그린, 마리아 파머, 케이티 포스터, 재닐 힐하우스, 메건 라일과 채드 라일, 재클린 밀러, 캐서린 라이클, 린다 셀리그, 지아나나 실버먼.

통찰 — 이 책의 앞부분을 읽고 깊게 와닿은 재미있는 아이디어와 통찰을 준 내 친구 엘리자베스 하이든존스.

지지 — (내 형편으로는 살 수 없던 기술 서적을 사 주던) 대학원 시절부터 지금까지 줄곧 신경과학 분야에 있을 수 있도록 응원해 주는 우리 엄마 캐런 지.

사랑 — 내가 가장 좋아하는 글쓰기 장소로 데려다주려고 직장을 떠났고, 내가 요청할 때마다 브레인스토밍하고, (아마 미소 지으며 자주 그런다고 할 텐데) 무리하는 날이면 가서 안길 따뜻한 곳을 마련해 준 남편 조너선.

혹시라도 이 책을 쓰는 동안 도와줬는데 여기 소개되지 않은 사람들이 있다면, 그들에게도 감사한다. 여러 사람 덕에 올바른 방향으로 나아갈 수 있었다. 나는 또 다른 보석함이 될 다음 책에는 여러분의 이름을 적어둘 수 있기를 소망한다.

더 나은 내가 되기 위한
가장 빠른 전략

시간에 쫓긴다면(안 그런 사람이 없겠지만), 이 부록은 여러분을 위한 것이다. 나는 5분 이하 전략을 거의 30개 찾아냈고, 필요한 장으로 바로 이동할 수 있도록 정리했다.

그래도 참을성을 가져 보자. 전략 자체는 2분밖에 걸리지 않지만, 전략을 읽고 올바르게 행동에 옮길 수 있도록 충분히 이해하고 필요한 자료를 수집하는 데는 더 오래 걸릴 것이다. 특정 전략에 2분이 아니라 5~6분이 소요된다고 해도 잘못하고 있는 것은 아니다. 내 나름대로 추정치를 제시했지만, 우리는 모두 다르기 때문이다.

소요 시간: 2분 이하

전략	장 제목	쪽
차 마시기	1장 집중하자	36
헤드폰 집어 들기 (실행하는 데는 2분밖에 걸리지 않지만 일하는 중이라면 더 오래 들어보자.)	1장 집중하자	40
넋 놓고 있지 말고 응시하기	1장 집중하자	47
도파민으로 창의성 지키기	2장 창의성을 발휘하자	57
큰 컵에 커피 한 잔 마시기	3장 의욕을 끌어올리자	81
쉬기 전에 테스트하기	6장 더 많이, 더 빨리 배우자	139
나만의 동기 찾기	8장 더 많이 공감하자	171
숨을 천천히 내쉬기	10장 더 나은 결정을 내리지	218
'얻을 수 있는 것' 생각하기	12장 만성 스트레스를 관리하자	260
천천히 숨 내쉬기	12장 만성 스트레스를 관리하자	268
누군가와 포옹하기	13장 급성 스트레스를 관리하자	273
스스로 껴안기	13장 급성 스트레스를 관리하자	276
따스한 손길로 기적 일으키기	14장 배우자에게 힘이 되어주자	303

소요 시간: 5분 이하

전략	장 제목	쪽
산책하기	2장 창의성을 발휘하자	52
텔레비전 쇼로 창의성 지키기	2장 창의성을 발휘하자	62
더 큰 목표 찾기	3장 의욕을 끌어올리자	72
나를 움직이는 음악 듣기	3장 의욕을 끌어올리자	77
올바른 자기 확언하기	3장 의욕을 끌어올리자	83
과정을 상상하기	4장 더 많이 성취하자	93
똑똑하게 겁주기	6장 더 많이, 더 빨리 배우자	142
실천할 수 있는 작은 행동 알아내기	7장 실수를 줄이자	158
집단의 경계를 모호하게 만들기	9장 편견을 덜고 똑같은 잣대로 바라보자	203
운전석에 앉기	10장 더 나은 결정을 내리자	215
회상에 나서기	10장 더 나은 결정을 내리자	217
이름을 붙여 길들이기	12장 만성 스트레스를 관리하자	263
애정 비축하기	13장 급성 스트레스를 관리하자	276
스트레스 상황 재구성하기	13장 급성 스트레스를 관리하자	282
바로 반응하기	14장 배우자에게 힘이 되어주자	302

참고문헌

서문

1 Sasha J. Davies et al., "Cognitive Impairment During Pregnancy: A Meta-analysis," *Medical Journal of Australia* 208, no. 1 (2018): 35-40, https://pubmed.ncbi.nlm.nih.gov/29320671/.

2 Alexander Bystritsky et al., "Brain Circuitry Underlying the ABC Model of Anxiety," *Journal of Psychiatric Research* 138 (2021): 3-14, https://www.sciencedirect.com/science/article/abs/pii/S0022395621001801.

3 어디서부터 10%라는 속설이 시작되었을까? 많은 사람이 심리학의 아버지이자 저서(*The Energies of Men*)에서 우리가 '가능한 정신적, 신체적 자원의 극히 일부'만 사용한다고 말한 윌리엄 제임스(William James)를 꼽지만, 나는 대중문화가 장본인이라고 생각한다. 영화 〈리미트리스(Limitless)〉와 〈루시(Lucy)〉가 이 속설을 생생하게 보여준다. Kelly Macdonald et al., "Dispelling the Myth: Training in Education or Neuroscience Decreases but Does Not Eliminate Beliefs in Neuromyths," *Frontiers in Psychology* 8 (2017): 1314, https://www.frontiersin.org/articles/10.3389/fpsyg.2017.01314/full. William James, "The Energies of Men," first published in *Science*, N.S. 25, no. 635 (1907): 321-332, https://psychclassics.yorku.ca/James/energies.htm.

4 John Henley, quoted in Robynne Boyd, "Do People Only Use 10 Percent of Their Brains?" *Scientific American* 7 (2008), https://www.scientificamerican.com/article/do-people-only-use-10-percent-of-their-brains/.

1장

1 Richard Carciofo et al., "Chronotype and Time-of-Day Correlates of Mind Wandering and Related Phenomena," *Biological Rhythm Research* 45, no. 1 (2014): 37-49.

2 Marcel Adam Just, Timothy A. Keller, and Jacquelyn Cynkar, "A Decrease in Brain Activation Associated with Driving when Listening to Someone Speak," *Brain Research* 1205 (2008): 70-80. 이 연구는 다른 사람의 말을 주의 깊게 들으면서 운전하는 것이 어떻게 운전 능력을 저하시키는지를 다룬 유명한 연구이다. 오류율 증가는 논문의 72쪽에 제공된 데이터를 사용하여 계산되었다. 도로 유지 관리 오류는 주위가 산만하지 않은

상태에서 운전할 때 평균 8.7%에서, 경청하면서 운전할 때는 평균 12.8%로 증가하여 47%
증가했다.

3   Kevin P. Madore et al., "Memory Failure Predicted by Attention Lapsing and Media Multitasking," *Nature* 587, no. 7832 (2020): 87-91.

4   David M. Sanbonmatsu et al., "Who Multi-Tasks and Why? Multi-Tasking Ability, Perceived Multi-Tasking Ability, Impulsivity, and Sensation Seeking," *PLoS One* 8, no. 1 (2013): e54402.

5   Diane C. Mitchell et al., "Beverage Caffeine Intakes in the US," *Food and Chemical Toxicology* 63 (2014): 136-142.

6   녹차에서 카페인과 L-테아닌 조합의 주의력 증진 효과를 다룬 구체적인 연구는 다음과 같다. Christina Dietz and Matthijs Dekker, "Effect of Green Tea Phytochemicals on Mood and Cognition," *Current Pharmaceutical Design* 23, no. 19 (2017): 2876-2905. 카페인과 L-테아닌 조합을 더 일반적으로 분석한 연구는 다음과 같다. Chanaka N. Kahathuduwa et al., "Acute Effects of Theanine, Caffeine and Theanine–Caffeine Combination on Attention," *Nutritional Neuroscience* 20, no. 6 (2017): 369-377.

7   Jackson L. Williams et al., "The Effects of Green Tea Amino Acid L-theanine Consumption on the Ability to Manage Stress and Anxiety Levels: A Systematic Review," *Plant Foods for Human Nutrition* 75 (2020): 12-23.

8   Chanaka Kahathuduwa et al., "L-theanine and Caffeine Improve Sustained Attention, Impulsivity and Cognition in Children with Attention Deficit Hyperactivity Disorders by Decreasing Mind Wandering (OR29-04-19)," *Current Developments in Nutrition* 3, Suppl. 1 (2019): nzz031-OR29. 다음 문헌도 참고할 수 있다. Chanaka N. Kahathuduwa et al., "Effects of L-theanine–Caffeine Combination on Sustained Attention and Inhibitory Control Among Children with ADHD: A Proof-of-Concept Neuroimaging RCT," *Scientific Reports* 10, no. 1 (2020): 13072.

9   Ethan M. McCormick and Eva H. Telzer, "Contributions of Default Mode Network Stability and Deactivation to Adolescent Task Engagement," *Scientific Reports* 8, no. 1 (2018): 18049.

10 Emma K. Keenan et al., "How Much Theanine in a Cup of Tea? Effects of Tea Type and Method of Preparation," *Food Chemistry* 125, no. 2 (2011): 588-594.

11 아몬드 우유는 어떨까? 귀리 우유는? 이 책을 쓰던 당시에는 식물성 우유가 차에 함유된

L-테아닌 함량을 방해하는지에 관한 연구를 찾을 수 없었다. 동물성 우유는 L-테아닌과 결합하여 체내 흡수를 더 어렵게 만든다. 동물성 우유의 적정 섭취량에 관해서 연구자들은 약 180g이 담기는 찻잔에 3큰술 넘게 우유를 넣으면 L-테아닌 수치가 거의 0에 가까워진다는 사실을 발견했다.

12 Sarah Krull Abe and Manami Inoue, "Green Tea and Cancer and Cardiometabolic Diseases: A Review of the Current Epidemiological Evidence," *European Journal of Clinical Nutrition* 75, no. 6 (2021): 865-876.

13 James D. Lane et al., "Binaural Auditory Beats Affect Vigilance Performance and Mood," *Physiology & Behavior* 63, no. 2 (1998): 249-252.

14 바이노럴 비트가 주의력 집중을 향상시키는 방법을 다룬 문헌 검토는 다음과 같다. Sandhya Basu and Bidisha Banerjee, "Potential of Binaural Beats Intervention for Improving Memory and Attention: Insights from Meta-analysis and Systematic Review," *Psychological Research* (2022): 1-13. 바이노럴 비트가 딴생각을 줄여 주는 것을 다룬 연구는 다음과 같다. Ulrich Kirk et al., "On-the-Spot Binaural Beats and Mindfulness Reduces Behavioral Markers of Mind Wandering," *Journal of Cognitive Enhancement* 3 (2019): 186-192.

15 뇌파의 최대 주파수에 관해서는 일부 논란이 있다. 어떤 사람들은 감마파가 80Hz에서 정점을 찍는다고 보고하고, 일부 소수는 특정 개인의 경우 150Hz까지 도달할 수 있다고 주장한다.

16 Marie T. Banich and Rebecca J. Compton, *Cognitive Neuroscience* (Cambridge University Press, 2018).

17 Hessel Engelbregt et al., "Effects of Binaural and Monaural Beat Stimulation on Attention and EEG," *Experimental Brain Research* 239, no. 9 (2021): 2781-2791.

18 Matthew K. Robison et al., "The Effect of Binaural Beat Stimulation on Sustained Attention," *Psychological Research* 86, no. 3 (2022): 808-822.

19 Magda Jordão et al., "Meta-analysis of Aging Effects in Mind Wandering: Methodological and Sociodemographic Factors," *Psychology and Aging* 34, no. 4 (2019): 531, https://drive.google.com/file/d/10DBLJZBk0CY1p898Ck946bk-lLuo0otM/view.

20 연구자들은 집중력이 떨어지는 시점에 관해 서로 다른 견해를 가지고 있다. '집중력', '주의력' 그리고 집중하고 외부 소란을 무시하는 능력을 어떻게 측정하고 정의하느냐에 따라

달라지는 것 같다. 30대 초반에 집중력이 어떻게 정점에 도달하는지를 다룬 연구는 다음과 같다. Timothy A. Salthouse, "Selective Review of Cognitive Aging," *Journal of the International Neuropsychological Society* 16, no. 5 (2010): 754-760, https://www.ncbi.nlm.nih.gov/pmc/articles/PMC3637655/. 40대 초반에 집중력이 어떻게 정점에 도달하는지를 다룬 연구는 다음과 같다. Francesca C. Fortenbaugh et al., "Sustained Attention Across the Life Span in a Sample of 10,000: Dissociating Ability and Strategy," *Psychological Science* 26, no. 9 (2015): 1497-1510, https://journals.sagepub.com/doi/10.1177/0956797615594896. 60대에 어떻게 큰 감소가 발생하는지를 다룬 연구는 다음과 같다. Erika Borella, Barbara Carretti, and Rossana De Beni, "Working Memory and Inhibition Across the Adult Life-Span," *Acta Psychologica* 128, no. 1 (2008): 33-44, https://pubmed.ncbi.nlm.nih.gov/17983608/.

21 Lixia Yang, Kesaan Kandasamy, and Lynn Hasher, "Inhibition and Creativity in Aging: Does Distractibility Enhance Creativity?," *Annual Review of Developmental Psychology* 4 (2022): 353-375, https://www.annualreviews.org/doi/pdf/10.1146/annurev-devpsych-121020-030705.

22 Janice Colleen McMurray, "Binaural Beats Enhance Alpha Wave Activity, Memory, and Attention in Healthy-Aging Seniors" (PhD diss., University of Nevada, Las Vegas, 2006).

23 Annette Shamala Arokiaraj, Rozainee Khairudin, and WS Wan Sulaiman, "The Impact of a Computerized Cognitive Training on Healthy Older Adults: A Systematic Review Focused on Processing Speed and Attention," *International Journal of Academic Research in Business and Social Sciences* 10, no. 11 (2020): 645-685, https://www.semanticscholar.org/paper/The-Impact-of-a-Computerized-Cognitive-Training-on-Arokiaraj-Khairudin/b961776a80dbca37967d97d470fe23d1d81448e5?p2df.

24 Yi-Jung Lai and Kang-Ming Chang, "Improvement of Attention in Elementary School Students Through Fixation Focus Training Activity," *International Journal of Environmental Research and Public Health* 17, no. 13 (2020): 4780.

25 Barbara Franca Haverkamp et al., "Effects of Physical Activity Interventions on Cognitive Outcomes and Academic Performance in Adolescents and Young Adults: A Meta-analysis," *Journal of Sports Sciences* 38, no. 23 (2020): 2637-2660.

26 Emily Balcetis, *Clearer, Closer, Better: How Successful People See the World* (New York: Ballantine Books, 2021).

2장

1   Mark A. Runco and Garrett J. Jaeger, "The Standard Definition of Creativity," *Creativity Research Journal* 24, no. 1 (2012): 92-96.

2   Martin Meinel et al., "Designing Creativity-Enhancing Workspaces: A Critical Look at Empirical Evidence," *Journal of Technology and Innovation Management* 1, no. 1 (2017). 식물과 자연의 효과를 다룬 구체적인 연구는 다음과 같다. Kathryn J. H. Williams et al., "Conceptualising Creativity Benefits of Nature Experience: Attention Restoration and Mind Wandering as Complementary Processes," *Journal of Environmental Psychology* 59 (2018): 36-45.

3   Christian Rominger et al., "Acute and Chronic Physical Activity Increases Creative Ideation Performance: A Systematic Review and Multilevel Meta-analysis," *Sports Medicine-Open* 8, no. 1 (2022): 1-17.

4   Christian Rominger et al., "Step-by-Step to More Creativity: The Number of Steps in Everyday Life Is Related to Creative Ideation Performance," *American Psychologist* (2023), advance online publication, https://doi.org/10.1037/amp0001232.

5   Chun-Yu Kuo and Yei-Yu Yeh, "Sensorimotor-Conceptual Integration in Free Walking Enhances Divergent Thinking for Young and Older Adults," *Frontiers in Psychology* 7 (2016): 1580.

6   Supriya Murali and Barbara Händel, "Motor Restrictions Impair Divergent Thinking During Walking and During Sitting," *Psychological Research* 86, no. 7 (2022): 2144-2157.

7   Marily Oppezzo, "Want to Be More Creative? Go for a Walk," TED, April 2017, video, 5:15, https://www.ted.com/talks/marily_oppezzo_want_to_be_more_creative_go_for_a_walk?language=en.

8   Matthijs Baas, Carsten K. W. De Dreu, and Bernard A. Nijstad, "A Meta-analysis of 25 Years of Mood-Creativity Research: Hedonic Tone, Activation, or Regulatory Focus?," *Psychological Bulletin* 134, no. 6 (2008): 779.

9   Jihae Shin and Adam M. Grant, "When Putting Work Off Pays Off: The Curvilinear Relationship Between Procrastination and Creativity," *Academy of Management Journal* 64, no. 3 (2021): 772-798.

10   위의 책.

11 Lixia Yang, Kesaan Kandasamy, and Lynn Hasher, "Inhibition and Creativity in Aging: Does Distractibility Enhance Creativity?," *Annual Review of Developmental Psychology* 4 (2022): 353-375, https://www.annualreviews.org/doi/pdf/10.1146/annurev-devpsych-121020-030705.

12 Hikaru Takeuchi et al., "Regional Gray Matter Volume of Dopaminergic System Associate with Creativity: Evidence from Voxel-Based Morphometry," *Neuroimage* 51, no. 2 (2010): 578-585.

13 Lorenza S. Colzato, Annelies M. de Haan, and Bernhard Hommel, "Food for Creativity: Tyrosine Promotes Deep Thinking," *Psychological Research* 79 (2015): 709-714.

14 Soghra Akbari Chermahini and Bernhard Hommel, "The (B) Link Between Creativity and Dopamine: Spontaneous Eye Blink Rates Predict and Dissociate Divergent and Convergent Thinking," *Cognition* 115, no. 3 (2010): 458-465.

15 Bryant J. Jongkees et al., "Effect of Tyrosine Supplementation on Clinical and Healthy Populations Under Stress or Cognitive Demands—A Review," *Journal of Psychiatric Research* 70 (2015): 50-57.

16 도파민 수치 증가가 어떻게 충동 조절 문제로 이어지는지를 다룬 연구는 다음과 같다. Marie Grall-Bronnec et al., "Dopamine Agonists and Impulse Control Disorders: A Complex Association," *Drug Safety* 41 (2018): 19-75.

17 Kevin P. Madore et al., "Neural Mechanisms of Episodic Retrieval Support Divergent Creative Thinking," *Cerebral Cortex* 29, no. 1 (2019): 150-166. 이러한 일화 회상 활동이 어떻게 창의적 글쓰기를 향상시키는지를 탐구한 보다 최근 연구는 다음과 같다. Ruben D. I. van Genugten et al., "Does Episodic Retrieval Contribute to Creative Writing? An Exploratory Study," *Creativity Research Journal* 34, no. 2 (2022): 145-158.

18 Daniel L. Schacter, Daniel T. Gilbert, and Daniel M. Wegner, *Psychology* (New York: Macmillan, 2009).

19 Morris Moscovitch, "Episodic Memory and Beyond: The Hippocampus and Neocortex in Transformation," *Annual Review of Psychology* 67 (2016): 105-134.

20 한 전기 작가에 따르면, 이 말은 사실 마크 트웨인의 아내인 올리비아 랭던 클레먼스 (Olivia Langdon Clemens)가 기차 안에서 아이디어의 저작권 보호 가능성에 관해 토론하

던 중에 한 말이라고 한다. 하지만 아이러니하게도 종종 트웨인이 한 말로 알려져 있다. 다음 책 1343쪽에 등장하는 트웨인과 클레멘스 부인의 대화를 인용한 내용이다. Albert Bigelow Paine, Mark Twain: A Biography; the Personal and Literary Life of Samuel Langhorne Clemens, vol. 3. (New York: Harper & Brothers, 1912)

21 Madore et al., "Neural Mechanisms of Episodic Retrieval," and Van Genugten et al., "Episodic Retrieval and Creative Writing." 참고로 이 연구에서 연구자들은 모든 참가자들에게 똑같은 영상을 시청하게 한 후 그 영상의 세부 사항을 회상하라고 했다. 나는 여러분의 실생활에 맞게 이들의 절차를 약간 수정했다. 효과는 같을 것이다.

3장

1 Jürgen Wegge and S. Alexander Haslam, "Improving Work Motivation and Performance in Brainstorming Groups: The Effects of Three Group Goal-Setting Strategies," *European Journal of Work and Organizational Psychology* 14, no. 4 (2005): 400–430, https://www.tandfonline.com/doi/abs/10.1080/1359432050034996 1?role=button&needAccess=true&journalCode=pewo20.

2 Edwin A. Locke and Gary P. Latham, "Building a Practically Useful Theory of Goal Setting and Task Motivation: A 35-Year Odyssey," *American Psychologist* 57, no. 9 (2002): 705, https://psycnet.apa.org/doiLanding?doi=10.1037%2F0003-066X.57.9.705.

3 Dr. Anna Lembke, "Tools to Manage Dopamine and Improve Motivation & Drive," interview by Andrew Huberman, *The Huberman Lab*, October 6, 2022, https://hubermanlab.com/tools-to-manage-dopamine-and-improve-motivation-and-drive/#:~:text=%E2%80%9CDopamine%20is%20about%20wanting%2C%20 not,she%20is%20100%25%20correct.

4 Andrew Westbrook et al., "Dopamine Promotes Cognitive Effort by Biasing the Benefits Versus Costs of Cognitive Work," *Science* 367, no. 6484 (2020): 1362–1366, https://www.ncbi.nlm.nih.gov/pmc/articles/PMC7430502/.

5 Valorie N. Salimpoor et al., "Anatomically Distinct Dopamine Release During Anticipation and Experience of Peak Emotion to Music," *Nature Neuroscience* 14, no. 2 (2011): 257–262, http://audition.ens.fr/P2web/eval2011/BT_Salimpoor2011.pdf.

6 위의 책.

7   Petr Srámek et al., "Human Physiological Responses to Immersion into Water of Different Temperatures," *European Journal of Applied Physiology* 81 (2000): 436-442, https://wildaufleben.at/studien/Human%20physiological%20responses%20 to%20immersion%20into%20water%20of%20different%20temperatures_Sramek%20 1999.pdf.

8   내가 찾을 수 있는 가장 유사한 연구는 찬물 샤워를 30일 연속 매일 30초간 한 성인의 경우, 이후 90일간 질병으로 인한 결근이 줄어들었다는 연구이다. 그러나 혈액 검사가 실시되지 않았고, 30일 연속으로 시행했으며, 찬물 샤워를 이따금 한 것도 아니었다. 짧은 찬물 샤워를 다룬 연구 중 내가 찾을 수 있는 또 다른 것은 1964년에 발표된 것으로, 부신 카데콜아민(Adrenal catecholamine)에서 유의미한 변화를 발견하지 못했다(게다가 도파민을 테스트하지도 않았다). 병가가 감소한 것으로 나타난 연구는 다음과 같다. Geert A. Buijze et al., "The Effect of Cold Showering on Health and Work: A Randomized Controlled Trial," *PLoS One* 11, no. 9 (2016): e0161749.

9   N. D. Volkow et al., "Caffeine Increases Striatal Dopamine D2/D3 Receptor Availability in the Human Brain," *Translational Psychiatry* 5, no. 4 (2015): e549-e549, https://www.nature.com/articles/tp201546.

10 Caffeine levels were obtained from the following database (April 2023): https:// www.caffeineinformer .com/the-caffeine-database.

11 "Get Smart About Caffeine," National Consumers League (blog), March 1, 2016, https://nclnet.org/caffeine_facts/#:~:text=According%20to%20the%20Dietary%20 Guidelines,men%20ages%2051%2D70.

12 Christopher N. Cascio et al., "Self-Affirmation Activates Brain Systems Associated with Self-Related Processing and Reward and Is Reinforced by Future Orientation," *Social Cognitive and Affective Neuroscience* 11, no. 4 (2016): 621-629, https://www. ncbi.nlm.nih.gov/pmc/articles/PMC4814782/.

13 Geoffrey L. Cohen and David K. Sherman, "The Psychology of Change: Self-Affirmation and Social Psychological Intervention," *Annual Review of Psychology* 65 (2014): 333-371.

4장

1   Thomas L. Webb and Paschal Sheeran, "Does Changing Behavioral Intentions

Engender Behavior Change? A Meta-analysis of the Experimental Evidence," *Psychological Bulletin* 132, no. 2 (2006): 249, https://psycnet.apa.org/record/2006-03023-004.

2 Heather Barry Kappes and Gabriele Oettingen, "Positive Fantasies About Idealized Futures Sap Energy," *Journal of Experimental Social Psychology* 47, no. 4 (2011): 719-729, https://www.sciencedirect.com/science/article/abs/pii/S002210311100031X?casa_token=Rn_C9c53FzYAAAAA:UHyuGmmel6yHRfjMcixRz85pHf89KKMXKOpe9cmlWjIhvoU9XFvOtrCkElwe38VrU4iJa0OGDg.

3 Lien B. Pham and Shelley E. Taylor, "From Thought to Action: Effects of Process-Versus Outcome-Based Mental Simulations on Performance," *Personality and Social Psychology Bulletin* 25, no. 2 (1999): 250-260, https://journals.sagepub.com/doi/pdf/10.1177/0146167299025002010?casa_token=rIFs_iaQgdAAAAAA:4kQT7vXnbSdslw-BwUA0hDAtdkFH6a9gwXZG9aeKG_f9QLO36QZUZ6AYvW8sfEeqMdYIYNmV_asa.

4 Gabriele Oettingen, Doris Mayer, and Sam Portnow, "Pleasure Now, Pain Later: Positive Fantasies About the Future Predict Symptoms of Depression," *Psychological Science* 27, no. 3 (2016): 345-353, https://s18798.pcdn.co/motivationlab/wp-content/uploads/sites/6235/2019/02/oettingen-et-al-2016-pleasure-now-pain-later.pdf.

5 Kathy D. Gerlach et al., "Future Planning: Default Network Activity Couples with Frontoparietal Control Network and Reward-Processing Regions During Process and Outcome Simulations," *Social Cognitive and Affective Neuroscience* 9, no. 12 (2014): 1942-1951, https://academic.oup.com/scan/article/9/12/1942/1615827.

6 Pham and Taylor, "From Thought to Action."

7 Gerlach et al., "Future Planning."

8 Thomas Baumgartner et al., "Dorsolateral and Ventromedial Prefrontal Cortex Orchestrate Normative Choice," *Nature Neuroscience* 14, no. 11 (2011): 1468-1474, https://www.zora.uzh.ch/id/eprint/50019/1/plugin-Baumgartner_Fehr_HumanBrainMapping2011_Manuscript.pdf.

9 Pureheart Ogheneogaga Rikefe, "Effect of Objectives and Key Results (OKR) on Organisational Performance in the Hospitality Industry," *International Journal of Research Publications* 91, no. 1 (2021): 185-195, https://www.researchgate.net/profile/Pureheart-Irikefe/publication/357521938_Effect_of_Objectives_and_

Key_Results_OKR_on_Organisational_Performance_in_the_Hospitality_Industry/
links/61ef2a5b8d338833e392bbfc/Effect-of-Objectives-and-Key-Results-OKR-
on-Organisational-Performance-in-the-Hospitality-Industry.pdf.

10 Tracy Epton, Sinead Currie, and Christopher J. Armitage, "Unique Effects of Setting
Goals on Behavior Change: Systematic Review and Meta-analysis," *Journal of
Consulting and Clinical Psychology* 85, no. 12 (2017): 1182, https://psycnet.apa.
org/doiLanding?doi=10.1037%2Fccp0000260. 매우 존경받는 심리학자인 피터 골위
처(Peter Gollwitzer)가 동료들과 함께 금세기 들어 첫 10년간 진행한 연구에서 목표를 (남
과 공유하여) 공개적으로 설정하면 공유한 사람이 목표를 달성할 가능성을 낮춘다는 사실
이 밝혀졌다. 당시에는 확실한 발견이었으나, 후속 연구에서는 사람들이 남과 목표를 공
유하면 목표 달성 가능성이 더 높다는 사실이 밝혀졌다. 이러한 불일치를 어떻게 해결해
야 할지 잘 모르겠다. 개인적 목표 설정의 효과가 주로 독일에서 발견되었기 때문에 문화
적인 문제일 수도 있고, 어쩌면 SNS로 인해 형성된 세대 문제일 수도 있다. 2000년대 초
반에 시작된 SNS는 사람들이 공개적인 목표 공유에 더 편안함을 느끼고 의욕을 가지게
했을 수도 있다. 개인적 목표 설정이 어떻게 더 나은지를 다룬 초기 연구는 다음과 같다.
Peter M. Gollwitzer et al., "When Intentions Go Public: Does Social Reality Widen
the Intention-Behavior Gap?," *Psychological Science* 20, no. 5 (2009): 612-618.

11 Teresa Amabile and Steven Kramer, *The Progress Principle: Using Small Wins to
Ignite Joy, Engagement, and Creativity at Work* (Boston: Harvard Business Review Press,
2011).

12 Fiona H. McKay et al., "Using Health and Well-Being Apps for Behavior Change: A
Systematic Search and Rating of Apps," *JMIR mHealth and uHealth* 7, no. 7 (2019):
e11926, https://www.proquest.com/docview/2511246196/fulltextPDF/321EFD90E
FB043FFPQ/1?accountid=2859.

13 Sandra Wittleder et al., "Mental Contrasting with Implementation Intentions
Reduces Drinking When Drinking Is Hazardous: An Online Self-Regulation
Intervention," *Health Education & Behavior* 46, no. 4 (2019): 666-676, https://
journals.sagepub.com/doi/full/10.1177/1090198119826284.

14 Peter M. Gollwitzer and Paschal Sheeran, "Implementation Intentions and
Goal Achievement: A Meta-analysis of Effects and Processes," *Advances in
Experimental Social Psychology* 38 (2006): 69-119, https://www.researchgate.
net/profile/Peter-Gollwitzer2/publication/37367696_Implementation_
Intentions_and_Goal_Achievement_A_Meta-Analysis_of_Effects_and_

Processes/links/59d91a24a6fdcc2aad0d8c1f/Implementation-Intentions-and-Goal-Achievement-A-Meta-Analysis-of-Effects-and-Processes.pdf?_sg%5B0%5D=started_experiment_milestone&origin=journalDetail.

15 Benjamin Harkin et al., "Does Monitoring Goal Progress Promote Goal Attainment? A Meta-analysis of the Experimental Evidence," *Psychological Bulletin* 142, no. 2 (2016): 198, https://eprints.whiterose.ac.uk/91437/8/3_PDFsam_Does%20monitoring%20goal.pdf.

16 Minjung Koo and Ayelet Fishbach, "The Small-Area Hypothesis: Effects of Progress Monitoring on Goal Adherence," *Journal of Consumer Research* 39, no. 3 (2012): 493-509, https://www.jstor.org/stable/pdf/10.1086/663827.pdf?casa_token=M2juUmGCS5oAAAAA:-lJUd4SCH8CKWiPnJHzYqQUYE_D-6jWugJ8Q6bD5TdjhnkxvOFLwaph2XXgKLwWcsit8oXE5fqRLsJqbGx8YAjoCHJF5w_5RjzJ08r4QUQ3m0m_6Xi0.

5장

1 Sam J. Gilbert and Paul W. Burgess, "Executive Function," *Current Biology* 18, no. 3 (2008): R110-R114, https://www.cell.com/current-biology/pdf/S0960-9822(07)02367-6.pdf.

2 Grant S. Shields, Matthew A. Sazma, and Andrew P. Yonelinas, "The Effects of Acute Stress on Core Executive Functions: A Meta-analysis and Comparison with Cortisol," *Neuroscience & Biobehavioral Reviews* 68 (2016): 651-668, https://www.ncbi.nlm.nih.gov/pmc/articles/PMC5003767/.

3 위의 책.

4 Bassam Khoury et al., "Mindfulness-Based Stress Reduction for Healthy Individuals: A Meta-analysis," *Journal of Psychosomatic Research* 78, no. 6 (2015): 519-528, https://r.jordan.im/download/mindfulness/khoury2015.pdf.

5 Amit Mohan, Ratna Sharma, and Ramesh L. Bijlani, "Effect of Meditation on Stress-Induced Changes in Cognitive Functions," *Journal of Alternative and Complementary Medicine* 17, no. 3 (2011): 207-212, https://www.liebertpub.com/doi/abs/10.1089/acm.2010.0142.

6 Julia C. Basso and Wendy A. Suzuki, "The Effects of Acute Exercise on Mood,

Cognition, Neurophysiology, and Neurochemical Pathways: A Review," *Brain Plasticity* 2, no. 2 (2017): 127-152.

7   "Target Heart Rates Chart," American Heart Association, last reviewed March 9, 2021, https://www.heart.org/en/healthy-living/fitness/fitness-basics/target-heart-rates.

8   "Exercise Intensity: How to Measure It," Mayo Clinic, August 25, 2023, https://www.mayoclinic.org/healthy-lifestyle/fitness/in-depth/exercise-intensity/art-20046887.

9   David Moreau and Edward Chou, "The Acute Effect of High-Intensity Exercise on Executive Function: A Meta-analysis," *Perspectives on Psychological Science* 14, no. 5 (2019): 734-764.

10 Julia C. Basso et al., "Acute Exercise Improves Prefrontal Cortex but Not Hippocampal Function in Healthy Adults," *Journal of the International Neuropsychological Society* 21, no. 10 (2015): 791-801.

11 Moreau and Chou, "The Effect of Exercise."

12 P. Zimmer et al., "The Effects of Different Aerobic Exercise Intensities on Serum Serotonin Concentrations and Their Association with Stroop Task Performance: A Randomized Controlled Trial," *European Journal of Applied Physiology* 116, no. 10 (2016): 2025-2034.

13 R. Pagliari and L. Peyrin, "Norepinephrine Release in the Rat Frontal Cortex Under Treadmill Exercise: A Study with Microdialysis," *Journal of Applied Physiology* 78, no. 6 (1995): 2121–2130.

14 Sheree F. Logue and Thomas J. Gould, "The Neural and Genetic Basis of Executive Function: Attention, Cognitive Flexibility, and Response Inhibition," *Pharmacology Biochemistry and Behavior* 123 (2014): 45-54. 15.

15 Juan Arturo Ballester-Ferrer et al., "Effect of Acute Exercise Intensity on Cognitive Inhibition and Well-Being: Role of Lactate and BDNF Polymorphism in the Dose-Response Relationship," *Frontiers in Psychology* 13 (2022): 7635.

16 Tetsuo Ohkuwa et al., "The Relationship Between Exercise Intensity and Lactate Concentration on the Skin Surface," *International Journal of Biomedical Science* 5, no. 1 (2009): 23.

17 위의 책.

18 S. Ludyga et al., "Acute Effects of Moderate Aerobic Exercise on Specific Aspects of Executive Function in Different Age and Fitness Groups: A Meta-analysis," *Psychophysiology* 53, no. 11 (2016): 1611-1626.

19 F. T. Chen et al., "Effects of Exercise Training Interventions on Executive Function in Older Adults: A Systematic Review and Meta-analysis," *Sports Medicine* 50, no. 8 (2020): 1451-1467.

20 Adele Diamond and Daphne S. Ling, "Review of the Evidence on, and Fundamental Questions About, Efforts to Improve Executive Functions, Including Working Memory," *Cognitive and Working Memory Training: Perspectives from Psychology, Neuroscience, and Human Development* 143 (2019), https://www.researchgate.net/profile/Adele-Diamond/publication/337745861_Review_of_the_Evidence_on_and_Fundamental_Questions_About_Efforts_to_Improve_Executive_Functions_Including_Working_Memory/links/5e693268a6fdcc759502f1e0/Review-of-the-Evidence-on-and-Fundamental-Questions-About-Efforts-to-Improve-Executive-Functions-Including-Working-Memory.pdf.

21 Kimberley Luu and Peter A. Hall, "Examining the Acute Effects of Hatha Yoga and Mindfulness Meditation on Executive Function and Mood," *Mindfulness* 8, no. 4 (2017): 873-880.

6장

1 스탠퍼드대학교의 과학 작가 고디 슬랙(Gordy Slack)에게 경의를 표한다. 그는 해마에 대해 사서 비유를 만들어 낸 공로를 인정받아 마땅하다. 나는 그가 영화 〈메멘토(Memento)〉에 관해 블로그에 올린 게시물(Gordy Slack, "What's That Movie Called? Memory in Film," Brainstorm (blog), August 19, 2010. https://gordyslack.blogspot.com/2010/08/forgetting-memento.html)에서 비유를 처음 접했다. 그러나 모든 비유와 마찬가지로 이 비유에도 한계가 있다. 책은 시간이 지나도 변치 않기 때문에 기억력은 '도서관에 보관된 책'과 같지 않다. 물론, 제본이나 페이지가 조금 닳을 수 있고, 누군가 여백에 메모를 할 수도 있지만, 책에 실린 글과 그림은 새로운 글과 그림이 되지 않는다. 그러나 기억력은 시간에 따라 달라진다. 현재, 과학자들은 우리가 기억을 회상할 때 실제로 기억을 재구성하는 것이라서 저장할 때와 반드시 똑같지 않을 수도 있다는 가설을 세운다. 만약 가족 저녁 식사 자리에서 모두가 같은 사건을 다르게 기억한 적이 있다면, 단순히 다른 관점을 가지고 있었던 것뿐만 아니

라 그 자리에 있던 모두가 기억을 다르게 재구성하고 있는 것이다. 마치 무슨 일이 있었는지 영상을 재생하는 것 같이 느껴져서 자신의 기억이 맞는다고 확신할 수도 있지만, 저장한 그 '영상'은 아마도 편집되었을 것이고 그 사실을 인지하지 못하는 것이다.

2   세부 사항까지 확인할 수 있는 원본 연구는 다음과 같다. Nakul Yadav et al., "Prefrontal Feature Representations Drive Memory Recall," *Nature* 608, no. 7921 (2022): 153-160, https:// www.nature.com/articles/s41586-022-04936-2. 보다 쉬운 설명은 다음 사이트에서 확인할 수 있다. https://www.rockefeller.edu/news/32444-memory-fragments-stored-off-hippocampus-in-prefrontal-cortex/.

3   Mahmoud A. Alomari et al., "Forced and Voluntary Exercises Equally Improve Spatial Learning and Memory and Hippocampal BDNF Levels," *Behavioural Brain Research* 247 (2013): 34-39.

4   Cristen Brownlee, "Buff and Brainy," *Science News Online* 169, no. 8 (2006), http://www.entelia.com/members/Foundation%2011/F11.2%20www/Unit2%20Needing%20-%20Basic%20Reading/Food%20-%20Butt%20and%20Brainy.pdf.

5   뇌유래신경영양인자가 무엇인지, 운동이 어떻게 증가시키는지 그리고 혈액뇌장벽을 어떻게 통과하지 못하는지를 자세히 다룬 책은 다음과 같다. Gary Wenk, *Your Brain on Exercise* (Oxford: Oxford University Press, 2021).

6   N. Feter et al., "How Do Different Physical Exercise Parameters Modulate Brain-Derived Neurotrophic Factor in Healthy and Non-healthy Adults? A Systematic Review, Meta-analysis and Meta-regression," *Science & Sports* 34, no. 5 (2019): 293-304.

7   뇌유래신경영양인자 수치가 높을수록 알츠하이머병을 어떻게 막는지를 다룬 연구는 다음과 같다. Michal Schnaider Beeri and Joshua Sonnen, "Brain BDNF Expression as a Biomarker for Cognitive Reserve Against Alzheimer Disease Progression," *Neurology* 86, no. 8 (2016): 702-703. 뇌유래신경영양인자를 이용한 알츠하이머병을 치료 연구는 다음과 같다. Suzanne Gascon et al., "Peptides Derived from Growth Factors to Treat Alzheimer's Disease," *International Journal of Molecular Sciences* 22, no. 11 (2021): 6071. 우울증에서 뇌유래신경영양인자의 역할과 우울증 치료에 뇌유래신경영양인자를 이용하는 방법을 다룬 연구는 다음과 같다. Tao Yang et al., "The Role of BDNF on Neural Plasticity in Depression," *Frontiers in Cellular Neuroscience* 14 (2020): 82, https:// www.frontiersin.org/articles/10.3389/fncel.2020.00082/full.

8   Preeyam K. Parikh et al., "The Impact of Memory Change on Daily Life in Normal

Aging and Mild Cognitive Impairment," *The Gerontologist* 56, no. 5 (2016): 877-885, https://academic.oup.com/gerontologist/article/56/5/877/2605267.

9   Xiangfei Meng et al., "Effects of Dance Intervention on Global Cognition, Executive Function and Memory of Older Adults: A Meta-analysis and Systematic Review," *Aging Clinical and Experimental Research* 32 (2020): 7-19.

10   Marcelo de Maio Nascimento, "Dance, Aging, and Neuroplasticity: An Integrative Review," *Neurocase* 27, no. 4 (2021): 372-381.

11   위의 책. 다음 문헌도 참고할 수 있다. Agnieszka Z. Burzynska et al., "White Matter Integrity Declined over 6-Months, but Dance Intervention Improved Integrity of the Fornix of Older Adults," *Frontiers in Aging Neuroscience* 9 (2017), https://doi.org/10.3389/fnagi.2017.00059.

12   C.-J. Olsson, "Dancing Combines the Essence for Successful Aging," *Frontiers in Neuroscience* 6 (2012): 155.

13   Molly A. Youngs et al., "Mindfulness Meditation Improves Visual Short-Term Memory," *Psychological Reports* 124, no. 4 (2021): 1673-1686, https://journals.sagepub.com/doi/pdf/10.1177/0033294120926670.

14   Kirk Warren Brown et al., "Mindfulness Enhances Episodic Memory Performance: Evidence from a Multimethod Investigation," *PLoS One* 11, no. 4 (2016): e0153309, https://journals.plos.org/plosone/article?id=10.1371/journal.pone.0153309. 연구 3(Study 3)에서 기억력이 75% 향상되었으며, 대조군의 평균 기억 항목 수는 4.32개, 명상을 한 집단의 경우에는 7.58개였다. 그러나 모든 연구에서 마음 챙김 명상이 기억력을 향상시킨다는 결과가 나온 것은 아니며, 연구자들은 그 차이가 다양한 유형의 마음 챙김 명상 기법의 종류 때문이라고 생각한다. 마음 챙김 명상 기법은 매우 다양할 수 있으며, 일부 기법은 다른 유형보다 기억력을 더 강화할 수 있다.

15   Julia C. Basso et al., "Brief, Daily Meditation Enhances Attention, Memory, Mood, and Emotional Regulation in Non-Experienced Meditators," *Behavioural Brain Research* 356 (2019): 208-220, https://www.sciencedirect.com/science/article/pii/S016643281830322X?casa_token=_GT4Remhti8AAAAA:V74c0Pzdiufgy1XKNPxq2Y86qamvhhGqx_6Q9j4htvdUb8OrcL0GhRWzeugNOHnczOtvCxnB-g.

16   위의 책.

17   Susanna Feruglio et al., "The Impact of Mindfulness Meditation on the

Wandering Mind: A Systematic Review," *Neuroscience & Biobehavioral Reviews* 131 (2021): 313-330, https://www.sciencedirect.com/science/article/abs/pii/S0149763421004140?casa_token=yrXIpFhzV48AAAAA:62RR6WXE5TEfoSRDS5plfRXrWOaiPDJ3MgYRyjAICIU47rObqf_YdKFMdiiTsLMHFwnt2rkDXQ.

18   Kathleen A. Garrison et al., "Meditation Leads to Reduced Default Mode Network Activity Beyond an Active Task," *Cognitive, Affective, & Behavioral Neuroscience* 15 (2015): 712-720, https://link.springer.com/content/pdf/10.3758/s13415-015-0358-3.pdf.

19   Marco Sperduti, Pénélope Martinelli, and Pascale Piolino, "A Neurocognitive Model of Meditation Based on Activation Likelihood Estimation (ALE) Meta-analysis," *Consciousness and Cognition* 21, no. 1 (2012): 269-276, https://www.sciencedirect.com/science/article/pii/S1053810011002285.

20   위의 책.

21   Britta K. Hölzel et al., "Mindfulness Practice Leads to Increases in Regional Brain Gray Matter Density," *Psychiatry Research: Neuroimaging* 191, no. 1 (2011): 36-43, https://www.sciencedirect.com/science/article/pii/S092549271000288X?casa_token=OKV0iPqzaS8AAAAA:6MCOCJFZTI0L4tH-vk0d2s8mdGMCUcW4nWHTRsMS6WEHTBnUuYnZc5G7pasToKg0j4vrIQrNNw. 마음 챙김 명상의 결과로 뇌에 일어나는 많은 변화를 보여주는 일반적인 개요는 다음과 같다. Yi-Yuan Tang, Britta K. Hölzel, and Michael I. Posner, "The Neuroscience of Mindfulness Meditation," *Nature Reviews Neuroscience* 16, no. 4 (2015): 213-225, https://www.researchgate.net/profile/Britta-Holzel/publication/273774412_The_neuroscience_of_mindfulness_meditation/links/550ca4970cf27526109679f3/The-neuroscience-of-mindfulness-meditation.pdf.

22   Eileen Luders et al., "Meditation Effects Within the Hippocampal Complex Revealed by Voxel-Based Morphometry and Cytoarchitectonic Probabilistic Mapping," *Frontiers in Psychology* 4 (2013): 398, https://www.frontiersin.org/articles/10.3389/fpsyg.2013.00398/full.

23   Ruth Peters, "Ageing and the Brain," *Postgraduate Medical Journal* 82, no. 964 (2006): 84-88, https://www.ncbi.nlm.nih.gov/pmc/articles/PMC2596698/#:~:text=As%20we%20age%20our%20brains,more%20bilateral%20for%20memory%20tasks.

24   Kevin W. Chen et al., "Meditative Therapies for Reducing Anxiety: A Systematic Review and Meta-analysis of Randomized Controlled Trials," *Depression and Anxiety* 29, no. 7 (2012): 545-562, https://www.ncbi.nlm.nih.gov/pmc/articles/PMC3718554/?_escaped_fragment_=po=6 ,57895.

25   Getu Gamo Sagaro, Enea Traini, and Francesco Amenta, "Activity of Choline Alphoscerate on Adult-Onset Cognitive Dysfunctions: A Systematic Review and Meta-analysis," *Journal of Alzheimer's Disease* 92, no. 1 (2023): 59-70, https://content.iospress.com/articles/journal-of-alzheimers-disease/jad221189.

26   Adam G. Parker et al., "The Effects of Alpha-glycerylphosphorylcholine, Caffeine or Placebo on Markers of Mood, Cognitive Function, Power, Speed, and Agility," *Journal of the International Society of Sports Nutrition* 12, suppl.[1] (2015): 41.

27   테스트의 이점에 관해 인용한 고전 연구는 기억력 분야의 훌륭한 연구자 헨리 뢰디거 3세(Henry Roediger III)가 실시하였다. Henry L. Roediger III and Jeffrey D. Karpicke, "Test-Enhanced Learning: Taking Memory Tests Improves Long-Term Retention," *Psychological Science* 17, no. 3 (2006): 249-255, https://journals.sagepub.com/doi/abs/10.1111/j .1467-9280.2006.01693.x?url_ver=Z39.88-2003&rfr_id=ori:rid:crossref.org&rfr_dat=cr_pub%3dpubmed. 최신 분석에 따르면, 자기 자신을 테스트하는 것이 잊고 싶지 않은 정보를 보유하는 최고의 방법 중 하나라고 한다. Chunliang Yang et al., "Testing (Quizzing) Boosts Classroom Learning: A Systematic and Meta-analytic Review," *Psychological Bulletin* 147, no. 4 (2021): 399, https://pubmed.ncbi.nlm.nih.gov/33683913/.

28   Dorottya Bencze et al., "An Event-Related Potential Study of the Testing Effect: Electrophysiological Evidence for Context-Dependent Processes Changing Throughout Repeated Practice," *Biological Psychology* 171 (2022): 108341, https://www.sciencedirect.com/science/article/pii/S0301051122000837.

29   Gesa Van den Broek et al., "Neurocognitive Mechanisms of the 'Testing Effect': A Review," *Trends in Neuroscience and Education* 5, no. 2 (2016): 52-66, https://pure.mpg.de/rest/items/item_2300773_4/component/file_2351433/content.

30   Serge Brédart, "Strategies to Improve Name Learning," *European Psychologist* (2019), https://orbi.uliege.be/bitstream/2268/238248/1/NameLearning2019EPVersionOCR.pdf.

31   Christa K. McIntyre and Benno Roozendaal, "Adrenal Stress Hormones and

Enhanced Memory for Emotionally Arousing Experiences," in *Neural Plasticity and Memory: From Genes to Brain Imaging,* ed. Federico Bermúdez-Rattoni (Boca Raton, FL: CRC Press/Taylor & Francis, 2007), 265, https://www.ncbi.nlm.nih.gov/books/NBK3907/.

32 위의 책. 다음 문헌도 참고할 수 있다. Larry Cahill, Lukasz Gorski, and Kathryn Le, "Enhanced Human Memory Consolidation with Post-learning Stress: Interaction with the Degree of Arousal at Encoding," *Learning & Memory* 10, no. 4 (2003): 270-274, https://www.ncbi.nlm.nih.gov/pmc/articles/PMC202317/.

7장

1 Carol S. Dweck, Mindset: *The New Psychology of Success* (New York: Random House, 2006).

2 위의 책, p. 33.

3 David S. Yeager and Carol S. Dweck, "What Can Be Learned from Growth Mindset Controversies?," *American Psychologist* 75, no. 9 (2020): 1269, https://psycnet.apa.org/manuscript/2020-99903-019.pdf.

4 Robert C. Wilson et al., "The Eighty Five Percent Rule for Optimal Learning," *Nature Communications* 10, no. 1 (2019): 4646, https://www.nature.com/articles/s41467-019-12552-4.

5 보다 쉬운 설명은 다음과 같다. https://news.yale.edu/2018/07/19/arent-sure-brain-primed-learning. For the original scientific publication, see Bart Massi, Christopher H. Donahue, and Daeyeol Lee, "Volatility Facilitates Value Updating in the Prefrontal Cortex," *Neuron* 99, no. 3 (2018): 598-608, https://www.cell.com/neuron/fulltext/S0896-6273(18)30529-4.

6 Jason S. Moser et al., "Mind Your Errors: Evidence for a Neural Mechanism Linking Growth Mind-Set to Adaptive Posterror Adjustments," *Psychological Science* 22, no. 12 (2011): 1484-1489, https://cpl.psy.msu.edu/wp-content/uploads/2020/01/Moser-et-al.-2011.pdf.

7 위의 책.

8 Jennifer A. Mangels et al., "Why Do Beliefs About Intelligence Influence Learning

Success? A Social Cognitive Neuroscience Model," *Social Cognitive and Affective Neuroscience* 1, no. 2 (2006): 75-86, https://academic.oup.com/scan/article/1/2/75/2 362769?view=extract.

9   Yeager and Dweck, "What Can Be Learned from Growth Mindset Controversies?"

10   Moser et al., "Mind Your Errors."

11   Yeager and Dweck, "What Can Be Learned from Growth Mindset Controversies?"

12   Vyara Valkanova, Rocio Eguia Rodriguez, and Klaus P. Ebmeier, "Mind over Matter—What Do We Know About Neuroplasticity in Adults?," *International Psychogeriatrics* 26, no. 6 (2014): 891-909.

13   Hye Rin Lee et al., "Components of Engagement in Saying-Is-Believing Exercises," *Current Psychology* (2022): 1-16, https://link.springer.com/article/10.1007/s12144-022-02782-z.

14   직장에서 성장 마인드셋을 가지는 것과 연관된 이점 목록을 보여주는 문헌은 다음과 같다. Soo Jeoung Han and Vicki Stieha, "Growth Mindset for Human Resource Development: A Scoping Review of the Literature with Recommended Interventions," *Human Resource Development Review* 19, no. 3 (2020): 309-331, https://journals.sagepub.com/doi/pdf/10.1177/1534484320939739?casa_token=ItXohqk6kZMAAAAA:fTacb09dOBRQF_fe3ZKwJnG56PJE3JPMi9p-NSccw0KJhZl_TW30vfcJm1E2lpJQn95r_NiX5Qnk.

15   Aneeta Rattan and Carol S. Dweck, "Who Confronts Prejudice? The Role of Implicit Theories in the Motivation to Confront Prejudice," *Psychological Science* 21, no. 7 (2010): 952-959, https:// journals .sagepub .com /doi /full /1.117/0956797610374740?casa_token=ZVWUGy5u2VkAAAAA:bSI6 DtmY-wF8 dmrBczalIJo0UohtR7ffbUb08SeoHd08De8QGJENKjZzyd376 DJ7aFqR4aSzS.

8장

1   Benjamin M. P. Cuff et al., "Empathy: A Review of the Concept," *Emotion Review* 8, no. 2 (2016): 144-153, https://journals.sagepub.com/doi/full/10.1177/17540739 14558466?casa_token=ZcLWtWrztEoAAAAA:V28BFCQqmd6s_p2fUTxkQK6-sFJXg03q9ec8T9KoFbIW6QcUW9x_NJT9ZtPplHyPN-pCrcOChll.

2 Julia Stietz et al., "Dissociating Empathy from Perspective-Taking: Evidence from Intra-and Inter-individual Differences Research," *Frontiers in Psychiatry* 10 (2019): 126, https://www.frontiersin.org/journals/psychiatry/articles/10.3389/fpsyt.2019.00126/full. 다음 문헌도 참고할 수 있다. Christine L. Cox et al., "The Balance Between Feeling and Knowing: Affective and Cognitive Empathy Are Reflected in the Brain's Intrinsic Functional Dynamics," Social Cognitive and Affective Neuroscience 7, no. 6 (2012): 727-737, https://academic.oup.com/scan/articl e/7/6/727/1645655?login=false.

3 Tara Van Bommel, "The Power of Empathy in Times of Crisis and Beyond," Catalyst (2021), https://www.catalyst.org/reports/empathy-work-strategy-crisis.

4 Tracy Brower, "Empathy Is the Most Important Leadership Skill According to Research," *Forbes*, September 19, 2021, https://www.forbes.com/sites/tracybrower/2021/09/19/empathy-is-the-most-important-leadership-skill-according-to-research/?sh=68aade243dc5.

5 Jamil Zaki, "Empathy: A Motivated Account," *Psychological Bulletin* 140, no. 6 (2014): 1608, https://static1.squarespace.com/static/55917f64e4b0cd3b4705b68c/t/5c73203 0e4966b4ed5335902/1551048756386/zaki.2014.pdf.

6 Erika Weisz and Jamil Zaki, "Empathy Building Interventions: A Review of Existing Work and Suggestions for Future Directions," In *The Oxford Handbook of Compassion Science*, eds. E. M. Seppälä et al. (Oxford: Oxford University Press, 2017), 205-217.

7 위의 책. 동기가 공감에 영향을 미치는 방식을 다룬 최신 검토는 다음과 같다. Erika Weisz and Jamil Zaki, "Motivated Empathy: A Social Neuroscience Perspective," *Current Opinion in Psychology* 24 (2018): 67-71, https://www.sciencedirect.com/science/article/pii/S2352250X18300150?casa_token=5sEaZ-K6x7EAAAAA:bMWzydhCzp etukZE7IHpccLg_5jx7n6ZzwCu5p7BfNV02kw3zrm4Zq2QROPCIEVImudocR0o UA.

8 C. Daryl Cameron, Lasana T. Harris, and B. Keith Payne, "The Emotional Cost of Humanity: Anticipated Exhaustion Motivates Dehumanization of Stigmatized Targets," *Social Psychological and Personality Science* 7, no. 2 (2016): 105-112, https://journals.sagepub.com/doi/10.1177/1948550615604453.

9 María José Gutiérrez-Cobo et al., "Does Our Cognitive Empathy Diminish with

Age? The Moderator Role of Educational Level," *International Psychogeriatrics* 35, no. 4 (2023): 207-214, https://pubmed.ncbi.nlm.nih.gov/34078514/.

10 위의 책.

11 Binghai Sun et al., "Lack of Interaction Motivation in Older Adults Automatically Reduces Cognitive Empathy," *Experimental Aging Research* 50, no. 2 (2024): 225-247, https://www.tandfonline.com/doi/abs/10.1080/0361073X.2023.2168990.

12 Amy L. Jarvis et al., "Emotional Empathy Across Adulthood: A Meta-analytic Review," *Psychology and Aging* 39, no. 2 (2023): 126-138, https://psycnet.apa.org/record/2024-26378-001.

13 Katja Wiech et al., "Anterior Insula Integrates Information About Salience into Perceptual Decisions About Pain," *Journal of Neuroscience* 30, no. 48 (2010): 16324-16331, https://www.jneurosci.org/content/jneuro/30/48/16324.full.pdf.

14 Corrado Corradi-Dell'Acqua et al., "Cross-Modal Representations of First-Hand and Vicarious Pain, Disgust and Fairness in Insular and Cingulate Cortex," *Nature Communications* 7, no. 1 (2016): 10904, https://www.nature.com/articles/ncomms10904.

15 Gabriele Chierchia and Tania Singer, "The Neuroscience of Compassion and Empathy and Their Link to Prosocial Motivation and Behavior," in *Decision Neuroscience*, eds. Jean-Claude Dreher and Léon Tremblay (Cambridge, MA: Academic Press, 2017), 247-257, https://www.sciencedirect.com/science/article/abs/pii/B9780128053089000208.

16 C. Daryl Cameron et al., "Empathy Is Hard Work: People Choose to Avoid Empathy Because of Its Cognitive Costs," *Journal of Experimental Psychology: General* 148, no. 6 (2019): 962, https://psycnet.apa.org/manuscript/2019-20830-001.pdf.

17 Francis Stevens and Katherine Taber, "The Neuroscience of Empathy and Compassion in Pro-social Behavior," *Neuropsychologia* 159, no. 107925 (2021): 6, http://change-et-sois.org/wp-content/uploads/2023/01/The-neuroscience-of-empathy-and-compassion-in-pro-social-behavior-Stevens-F-Taber-K-2021.pdf.

18 Olga M. Klimecki et al., "Differential Pattern of Functional Brain Plasticity After Compassion and Empathy Training," *Social Cognitive and Affective Neuroscience* 9, no. 6 (2014): 873-879, https://academic.oup.com/scan/article/9/6/873/1669505?logi

n=false.

19 특히 복측 선조체의 작은 부분인 측좌핵(Nucleus accumbens)은 자선 기부를 하고, 돕는 대상에게 강력한 긍정적 감정을 느낄 때 활성화된다. Alexander Genevsky et al., "Neural Underpinnings of the Identifiable Victim Effect: Affect Shifts Preferences for Giving," *Journal of Neuroscience* 33, no. 43 (2013): 17188-17196, https://www.jneurosci.org/content/jneuro/33/43/17188.full.pdf. 다음 문헌도 참고할 수 있다. Alexander Genevsky and Brian Knutson, "Neural Affective Mechanisms Predict Market-Level Microlending," *Psychological Science* 26, no. 9 (2015): 1411-1422, https://journals.sagepub.com/doi/full/10.1177/0956797615588467.

20 연민 훈련이 도움(심리학계에서는 '친사회적 행동'이라고 함)을 향상시킨다는 사실을 발견한 연구 검토는 다음과 같다. Olga M. Klimecki and Tania Singer, "The Compassionate Brain," in Seppälä et al., *The Oxford Handbook of Compassion Science,* 109-120, https://www.unige.ch/fapse/e3lab/files/8215/4072/9893/Klimecki_2017_BC.pdf.

21 꾸준한 자기 연민 훈련을 통한 더 긍정적인 감정 경험을 다룬 연구는 다음과 같다. Kristin Neff and Christopher Germer, "Self-Compassion and Psychological Well-Being," in Seppälä et al., *The Oxford Handbook of Compassion Science,* 371-390. 자애 명상과 미주신경 활성도를 다룬 연구는 다음과 같다. Bethany E. Kok et al., "How Positive Emotions Build Physical Health: Perceived Positive Social Connections Account for the Upward Spiral Between Positive Emotions and Vagal Tone," *Psychological Science* 24, no. 7 (2013): 1123-1132, https://www.mentorcoach.com/wp-content/uploads/2017/05/Week-3-Reading-Kok-et-al-2013.pdf. 자애 명상을 통해 더 긴 텔로미어를 얻는 것에 대한 연구는 다음과 같다. Khoa D. Le Nguyen et al., "Loving-Kindness Meditation Slows Biological Aging in Novices: Evidence from a 12-Week Randomized Controlled Trial," *Psychoneuroendocrinology* 108 (2019): 20-27, https://www.sciencedirect.com/science/article/abs/pii/S0306453019300010.

22 환자를 향한 보다 연민 넘치는 돌봄에 관한 데이터를 보여주는 문헌은 다음과 같다. Shane Sinclair et al., "What Works for Whom in Compassion Training Programs Offered to Practicing Healthcare Providers: A Realist Review," *BMC Medical Education* 21, no. 1 (2021): 455, https://link.springer.com/content/pdf/10.1186/s12909-021-02863-w.pdf. 번아웃 및 감정 소진 감소에 관한 데이터를 보여주는 문헌은 다음과 같다. Ian M. Kratzke, "Self-Compassion Training to Improve Well-Being for Surgical Residents," *EXPLORE* 19, no. 1 (2023): 78-83, https://www.sciencedirect.com/science/article/abs/pii/S1550830722000714. 대인 갈등 감소에 관한 데이터를 보여

주는 문헌은 다음과 같다. Ciro Conversano et al., "Mindfulness, Compassion, and Self-Compassion Among Health Care Professionals: What's New? A Systematic Review," *Frontiers in Psychology* 11 (2020): 1683, https://www.frontiersin.org/articles/10.3389/fpsyg.2020.01683/full.

23 Jason Mills and Michael Chapman, "Compassion and Self-Compassion in Medicine: Self-Care for the Caregiver," *Australasian Medical Journal* 9, no. 5 (2016): 87-91, https://eprints.qut.edu.au/107931/1/2583-13266-1-PB-1.pdf.

9장

1 이 주제를 다룬 고전 연구는 다음과 같다. Marilynn B. Brewer, "The Psychology of Prejudice: Ingroup Love and Outgroup Hate?," *Journal of Social Issues* 55, no. 3 (1999): 429-444, http://courses.washington.edu/pbafhall/563/Readings/Brewer.pdf. 내집단 편애가 외집단 폄하보다 더 강하다는 사실을 확인한 최신 메타 분석은 다음과 같다. Daniel Balliet, Junhui Wu, and Carsten K. W. De Dreu, "Ingroup Favoritism in Cooperation: A Meta-analysis," *Psychological Bulletin* 140, no. 6 (2014): 1556, https://amsterdamcooperationlab.com/wp-content/uploads/2015/11/balliet-wu-de-dreu_advanced-online-2014.pdf.

2 Tiffany A. Ito and Geoffrey R. Urland, "Race and Gender on the Brain: Electrocortical Measures of Attention to the Race and Gender of Multiply Categorizable Individuals," *Journal of Personality and Social Psychology* 85, no. 4 (2003): 616, https://web.archive.org/web/20170829185112id_/http://psych.colorado.edu/~tito/Ito&Urland2003.pdf.

3 Eric J. Vanman, "The Role of Empathy in Intergroup Relations," *Current Opinion in Psychology* 11 (2016): 59-63, https://psycnet.apa.org/record/2016-48343-016. 또는 Shihui Han, "Neurocognitive Basis of Racial Ingroup Bias in Empathy," *Trends in Cognitive Sciences* 22, no. 5 (2018): 400-421, http://www.psy.pku.edu.cn/docs/20181226142849692633.pdf.

4 Tiffani J. Johnson et al., "Association of Race and Ethnicity with Management of Abdominal Pain in the Emergency Department," *Pediatrics* 132, no. 4 (2013): e851-e858, https://publications.aap.org/pediatrics/article-abstract/132/4/e851/64891/Association-of-Race-and-Ethnicity-With-Management?redirectedFrom=fulltext.

5   Wenxin Li and Shihui Han, "Behavioral and Electctrophysiological Evidence for Enhanced Sensitivity to Subtle Variations of Pain Expressions of Same-Race Than Other-Race Faces," *Neuropsychologia* 129 (2019): 302-309, https://www.sciencedirect.com/science/article/pii/S0028393219300818?casa_token=nPvOSlpBj4MAAAAA:NMKNic_HUuXibx5YWzQDrLQSH8sVOaq6dNLHyHFzphWu2bJy1sQez2dPDws1W-fs8zrLZuR_Ag.

6   Eva H. Telzer, Nicolas Ichien, and Yang Qu, "The Ties That Bind: Group Membership Shapes the Neural Correlates of In-Group Favoritism," *NeuroImage* 115 (2015): 42-51, https://bpb-us-e1.wpmucdn.com/sites.northwestern.edu/dist/7/6360/files/2022/03/Telzer-Ichien-Qu-2015-NeuroImage-In-group-favoritism.pdf.

7   Matt T. Richins et al., "Incidental Fear Reduces Empathy for an Out-Group's Pain," *Emotion* 21, no. 3 (2021): 536, https://ore.exeter.ac.uk/repository/bitstream/handle/10871/40355/Richins_Barreto_Fear_Intergroup_Empathy%20Emotion%202019.pdf?sequence=1.

8   Loren J. Martin et al., "Reducing Social Stress Elicits Emotional Contagion of Pain in Mouse and Human Strangers," *Current Biology* 25, no. 3 (2015): 326-332, https://www.cell.com/current-biology/pdf/S0960-9822(14)01489-4.pdf.

9   편견과 선입견을 줄이는 데 덜 효과적인 전략을 파악하기 위해, 나는 여러 연구 결과를 평균 내어 가장 효과적인 전략과 가장 효과적이지 않은 전략을 구분하는 메타 분석을 사용했다. 여러분도 통계를 좋아한다면, 이 책에 실린 두 가지 전략의 효과 범위가 0.10에서 0.28인 반면, 가장 효과적인 전략의 효과 범위는 0.37에서 0.43으로 훨씬 높다는 사실을 알고 싶을 것이다. Elizabeth Levy Paluck et al., "Prejudice Reduction: Progress and Challenges," *Annual Review of Psychology* 72 (2021): 533-560, https://www.annualreviews.org/doi/full/10.1146/annurev-psych-071620-030619.

10   Inga K. Rösler and David M. Amodio, "Neural Basis of Prejudice and Prejudice Reduction," *Biological Psychiatry: Cognitive Neuroscience and Neuroimaging* 7, no. 12 (2022): 1200-1208, https://amodiolab.org/wp-content/uploads/2023/03/Ro%CC%88sler-Amodio-2022.pdf.

11   David M. Amodio, Patricia G. Devine, and Eddie Harmon-Jones, "A Dynamic Model of Guilt: Implications for Motivation and Self-Regulation in the Context of Prejudice," *Psychological Science* 18, no. 6 (2007): 524-530, https://journals.sagepub.com/doi/10.1111/j.1467-9280.2007.01933.x.

12 Doyin Atewologun, Tinu Cornish, and Fatima Tresh, "Unconscious Bias: Training," *An Assessment of the Evidence for Effectiveness. Equality and Human Rights Commission Research Report* 113 (2018).

13 Toni Schmader, Tara C. Dennehy, and Andrew S. Baron, "Why Antibias Interventions (Need Not) Fail," *Perspectives on Psychological Science* 17, no. 5 (2022): 1381-1403, https://journals.sagepub.com/doi/pdf/10.1177/17456916211057565.

14 Natalie R. Hall, Richard J. Crisp, and Mein-woei Suen, "Reducing Implicit Prejudice by Blurring Intergroup Boundaries," *Basic and Applied Social Psychology* 31, no. 3 (2009): 244-254, https://www.tandfonline.com/doi/abs/10.1080/01973530903058474.

15 Sohad Murrar and Markus Brauer, "Entertainment -Education Effectively Reduces Prejudice," *Group Processes & Intergroup Relations* 21, no. 7 (2018): 1053-1077, https://journals.sagepub.com/doi/pdf/10.1177/1368430216682350?casa_token=YM hNvNVdxPUAAAAA:KnGmHbXpH0w0Is6zC1fb0YxC0EXoWsmowcZcswLKQ Qrl YKOxgcsbyOCQHC36jrAQ8vr4HLPL54-X.

16 위의 책.

17 Leor M. Hackel, Jamil Zaki, and Jay J. Van Bavel, "Social Identity Shapes Social Valuation: Evidence from Prosocial Behavior and Vicarious Reward," *Social Cognitive and Affective Neuroscience* 12, no. 8 (2017): 1219-1228, https://academic.oup.com/scan/article/12/8/1219/3574675.

10장

1 Amy Sinden, "Cost-Benefit Analysis, Ben Franklin, and the Supreme Court," *UC Irvine Law Review* 4, no. 4 (2014): 1175, https://scholarship.law.uci.edu/cgi/viewcontent.cgi?article=1178&context=ucilr.

2 엘리엇에 관한 이러한 이야기는 안토니오 다마지오의 대표 저서에 실려 있다. *Descartes Error: Emotion, Reason, and the Human Brain* (New York: Random House, 2006).

3 주식 시장 수익률과 날씨와의 관계를 다룬 연구는 다음과 같다. David Hirshleifer and Tyler Shumway, "Good Day Sunshine: Stock Returns and the Weather," *Journal of Finance* 58, no. 3 (2003): 1009-1032, https://onlinelibrary.wiley.com/doi/abs/10.1111/1540-6261.00556. 월드컵과 주식 시장 수익률의 관계를 다룬 연구는 다

음과 같다. Alex Edmans, Diego Garcia, and Øyvind Norli, "Sports Sentiment and Stock Returns," *Journal of Finance* 62, no. 4 (2007): 1967-1998, https://leeds-faculty. colorado.edu/garcia/paper91v32.pdf.

4   이렇게 질문을 "만약 또는 언젠가 ~하게 되면 나는 무엇을 할까?"라고 재구성하는 영리 한 방식은 잡지 《잉크.(Inc.)》에 실린 훌륭한 기사에서 발췌하였다. Sarah Peck, "4 Simple Strategies to Help You Make Decisions Faster," Inc.com, September 19, 2018, https:// www.inc.com/sarah-peck/4-simple-strategies-to-help-you-make-decisions-faster. html.

5   Norris Krueger Jr. and Peter R. Dickson, "How Believing in Ourselves Increases Risk Taking: Perceived Self-Efficacy and Opportunity Recognition," *Decision Sciences* 25, no. 3 (1994): 385-400, https://onlinelibrary.wiley.com/doi/abs/10.1111/j.1540- 5915.1994.tb00810.x.

6   Paul C. Nutt, "The Identification of Solution Ideas During Organizational Decision Making," *Management Science* 39, no. 9 (1993): 1071-1085, https://pubsonline. informs.org/doi/abs/10.1287/mnsc.39.9.1071.

7   의사 결정의 명확성을 높이기 위해 시간 관점을 변경하는 것을 다룬 연구는 다음과 같다. J. Edward Russo and Paul J. H. Schoemaker, *Winning Decisions: Getting It Right the First Time* (New York: Currency, 2002).

8   Julian F. Thayer et al., "A Meta-analysis of Heart Rate Variability and Neuroimaging Studies: Implications for Heart Rate Variability as a Marker of Stress and Health," *Neuroscience & Biobehavioral Reviews* 36, no. 2 (2012): 747-756, https://www. sciencedirect.com/science/article/abs/pii/S0149763411002077.

9   Coleman O. Martin et al., "The Effects of Vagus Nerve Stimulation on Decision-Making," *Cortex* 40, no. 4-5 (2004): 605-612, https://www.sciencedirect.com/ science/article/abs/pii/S0010945208701564. 다음 문헌도 참고할 수 있다. Thayer et al. in the previous note for a meta-analysis, reviewing normal populations.

10 James Douglas Bremner et al., "Application of Noninvasive Vagal Nerve Stimulation to Stress-Related Psychiatric Disorders," *Journal of Personalized Medicine* 10, no. 3 (2020): 119, https://www.mdpi.com/2075-4426/10/3/119.

11 Patricia H. Janak and Kay M. Tye, "From Circuits to Behaviour in the Amygdala," *Nature* 517, no. 7534 (2015): 284-292, https://www.ncbi.nlm.nih.gov/pmc/ articles/PMC4565157/. 다음 문헌도 참고할 수 있다. Anushka B. P. Fernando,

Jennifer E. Murray, and Amy L. Milton, "The Amygdala: Securing Pleasure and Avoiding Pain," *Frontiers in Behavioral Neuroscience* 7 (2013): 190, https://www.proquest.com/openview/f9f6e66abd5433154b8650fa7b2880a8/1?pq-origsite=gscholar&cbl=2046456.

12 사람들이 더 열심히 일할 수 있도록 활력을 불어넣는 것을 다룬 연구는 다음과 같다. Monja P. Neuser et al., "Vagus Nerve Stimulation Boosts the Drive to Work for Rewards," *Nature Communications* 11, no. 1 (2020): 3555, https://www.nature.com/articles/s41467-020-17344-9. 혼수상태에 빠진 사람들을 깨우는 것을 다룬 연구는 다음과 같다. Marie M. Vitello et al., "Transcutaneous Vagal Nerve Stimulation to Treat Disorders of Consciousness: Protocol for a Double-Blind Randomized Controlled Trial," *International Journal of Clinical and Health Psychology* 23, no. 2 (2023): 100360, https://www.sciencedirect.com/science/article/pii/S1697260022000680.

13 더 길게 숨을 내쉬는 것은 여러 연구에서 심박변이도로 측정된 바와 같이 미주신경 자극 개선과 관련되어 있다. Ilse Van Diest et al., "Inhalation/Exhalation Ratio Modulates the Effect of Slow Breathing on Heart Rate Variability and Relaxation," *Applied Psychophysiology and Biofeedback* 39 (2014): 171-180, https://link.springer.com/article/10.1007/s10484-014-9253-x.

14 Marijke De Couck et al., "How Breathing Can Help You Make Better Decisions: Two Studies on the Effects of Breathing Patterns on Heart Rate Variability and Decision-Making in Business Cases," *International Journal of Psychophysiology* 139 (2019): 1-9, https://www.sciencedirect.com/science/article/abs/pii/S0167876018303258.

15 심박변이도가 높을수록 모든 원인으로 인한 사망률과 심혈관 질환이 어떻게 줄어드는지를 다룬 연구는 다음과 같다. Su-Chen Fang, Yu-Lin Wu, and Pei-Shan Tsai, "Heart Rate Variability and Risk of All-Cause Death and Cardiovascular Events in Patients with Cardiovascular Disease: A Meta-analysis of Cohort Studies," *Biological Research for Nursing* 22, no. 1 (2020): 45-56, https://journals.sagepub.com/doi/10.1177/1099800419877442. 높은 심박변이도가 어떻게 더 낮은 불안감과 연관되는지를 다룬 연구는 다음과 같다. John A. Chalmers et al., "Anxiety Disorders Are Associated with Reduced Heart Rate Variability: A Meta-analysis," *Frontiers in Psychiatry* 5 (2014): 80, https://www.frontiersin.org/articles/10.3389/fpsyt.2014.00080/full. 높은 심박변이도가 알츠하이머병과 인지 장애 발생률 감소와 어떻게 연관되는지를 다룬 연구는 다음과 같다. Roberto Zulli et al., "QT Dispersion

and Heart Rate Variability Abnormalities in Alzheimer's Disease and in Mild Cognitive Impairment," *Journal of the American Geriatrics Society* 53, no. 12 (2005): 2135-2139, https://agsjournals.onlinelibrary.wiley.com/doi/abs/10.1111/j.1532-5415.2005.00508.x.

16 Katrina Hinde, Graham White, and Nicola Armstrong, "Wearable Devices Suitable for Monitoring Twenty Four Hour Heart Rate Variability in Military Populations," *Sensors* 21, no. 4 (2021): 1061, https://www.ncbi.nlm.nih.gov/pmc/articles/PMC7913967/.

11장

1 Robert Jütte, "The Early History of the Placebo," *Complementary Therapies in Medicine* 21, no. 2 (2013): 94-97, https://europepmc.org/article/med/23497809.

2 통증과 기타 증상 감소에 대한 연구는 이번 장의 나머지 부분을 읽으면 알 수 있다. 치료에 필요한 약물의 양을 50% 줄이는 방법에 대한 연구는 ADHD를 다룬 다음 연구를 참고하면 된다. Adrian D. Sandler et al., "Conditioned Placebo Dose Reduction: A New Teatment in ADHD," *Journal of Developmental and Behavioral Pediatrics* 31, no. 5 (2010): 369, https://www.ncbi.nlm.nih.gov/pmc/articles/PMC2902360/.

3 Fabrizio Benedetti, *Placebo Effects* (New York: Oxford University Press, 2020).

4 Matthias Zunhammer et al., "Meta-analysis of Neural Systems Underlying Placebo Analgesia from Individual Participant fMRI Data," *Nature Communications* 12, no. 1 (2021): 1391, https://www.nature.com/articles/s41467-021-21179-3.

5 Tor D. Wager, David J. Scott, and Jon-Kar Zubieta, "Placebo Effects on Human-Opioid Activity During Pain." *Proceedings of the National Academy of Sciences* 104, no. 26 (2007): 11056-11061, https://www.pnas.org/doi/full/10.1073/pnas.0702413104.

6 Fabrizio Benedetti et al., "The Specific Effects of Prior Opioid Exposure on Placebo Analgesia and Placebo Respiratory Depression," *Pain* 75, no. 2-3 (1998): 313-319, https://www.sciencedirect.com/science/article/pii/S0304395998000104.

7 Harvard Health Publishing, "The Power of the Placebo Effect" (December 13, 2021), https://www.health.harvard.edu/mental-health/the-power-of-the-placebo-effect.

8   감기 증상 완화에 대해 보여주는 문헌은 다음과 같다. David Rakel et al., "Perception of Empathy in the Therapeutic Encounter: Effects on the Common Cold," *Patient Education and Counseling* 85, no. 3 (2011): 390-397, https://www.ncbi.nlm.nih.gov/pmc/articles/PMC3107395/. 자폐 아동의 사회적 기능 및 소통 개선을 보여주는 문헌은 다음과 같다. A. A. Masi et al., "Predictors of Placebo Response in Pharmacological and Dietary Supplement Treatment Trials in Pediatric Autism Spectrum Disorder: A Meta-analysis," *Translational Psychiatry* 5, no. 9 (2015): e640, https://www.nature.com/articles/tp2015143. For treating a variety of diseases, see Benedetti, Placebo Effects.

9   Kevin M. McKay, Zac E. Imel, and Bruce E. Wampold, "Psychiatrist Effects in the Psychopharmacological Treatment of Depression," *Journal of Affective Disorders* 92, no. 2-3 (2006): 287-290, https://www.sciencedirect.com/science/article/abs/pii/S0165032706000395.

10 Lauren C. Howe, J. Parker Goyer, and Alia J. Crum, "Harnessing the Placebo Effect: Exploring the Influence of Physician Characteristics on Placebo Response," *Health Psychology* 36, no. 11 (2017): 1074, https://psycnet.apa.org/manuscript/2017-10534-001.pdf.

11 연인의 옥시토신 수치와 포옹을 다룬 연구는 다음과 같다. Kathleen C. Light, Karen M. Grewen, and Janet A. Amico, "More Frequent Partner Hugs and Higher Oxytocin Levels Are Linked to Lower Blood Pressure and Heart Rate in Premenopausal Women," *Biological Psychology* 69, no. 1 (2005): 5-21, https://www.mzellner.com/page4/files/2005-light.pdf. 부모의 옥시토신 수치와 그 수치가 아이와의 관계에 영향을 미치는 방식을 다룬 연구는 다음과 같다. Ruth Feldman, Ilanit Gordon, and Orna Zagoory-Sharon, "Maternal and Paternal Plasma, Salivary, and Urinary Oxytocin and Parent-Infant Synchrony: Considering Stress and Affiliation Components of Human Bonding," *Developmental Science* 14, no. 4 (2011): 752-761, https://onlinelibrary.wiley.com/doi/abs/10.1111/j.1467-7687.2010.0102.x.

12 Linda Handlin et al., "Short-Term Interaction Between Dogs and Their Owners: Effects on Oxytocin, Cortisol, Insulin and Heart Rate—an Exploratory Study," *Anthrozoös* 24, no. 3 (2011): 301-315, https://thehealthsciencesacademy.org/wp-content/uploads/2014/12/Dogs.Owners.Oxytocin.pdf.

13 Bonnie Auyeung et al., "Oxytocin Increases Eye Contact During a Real-Time, Naturalistic Social Interaction in Males with and Without Autism," *Translational*

Psychiatry 5, no. 2 (2015): e507, https://www.nature.com/articles/tp2014146.

14   Carolyn H. Declerck, Christophe Boone, and Toko Kiyonari, "Oxytocin and Cooperation Under Conditions of Uncertainty: The Modulating Role of Incentives and Social Information," *Hormones and Behavior* 57, no. 3 (2010): 368-374, https://www.sciencedirect.com/science/article/pii/S0018506X10000188?casa_token=B1Mn MTBpSGIAAAAA:7Bp9I7sDteb9S4qj7oA8wxz7uQS2raaXkNWRA9SwHiXbbn9 iOLmCuPeGvHYZTcdUh7cbyYx-PQ

15   왜 스프레이를 코에 사용했는지 궁금하지 않은가? 코는 뇌에 도달할 수 있는 가장 빠른 길이다. 연구자들은 주사나 코 스프레이를 통해 옥시토신을 전달할 수 있는데, 훨씬 덜 침습성이고 더 많은 호르몬이 뇌에 도달하기 때문에 코 스프레이를 선호한다. 알약은 소화관을 지날 때쯤이면 효능을 잃는다. 옥시토신이 어떻게 신뢰를 높이는지를 다룬 연구는 다음과 같다. Thomas Baumgartner et al., "Oxytocin Shapes the Neural Circuitry of Trust and Trust Adaptation in Humans," *Neuron* 58, no. 4 (2008): 639-650, https://www.cell.com/neuron/pdf/S0896-6273(08)00327-9.pdf. 옥시토신을 전달할 때 스프레이를 선호하는 이유에 대한 설명은 다음과 같다. Adam J. Guatella et al., "Recommendations for the Standardisation of Oxytocin Nasal Administration and Guidelines for Its Reporting in Human Research," *Psychoneuroendocrinology* 38, no. 5 (2013): 612-625, https://www.sciencedirect.com/science/article/pii/S0306453012004118?casa_token=4S2Qlh_z4x4AAAAA:Dp26WE20FTgjHLM4zuUo9MvnIcZX3HS-pqFOyH3IQAkq0AGpMhXV4TEnf-IG2hwgAh06UsuOdQ.

16   Elena Itskovich et al., "Oxytocin and the Social Facilitation of Placebo Effects," *Molecular Psychiatry* 27, no. 6 (2022): 2640-2649, https://www.ncbi.nlm.nih.gov/pmc/articles/PMC9167259/.

17   Howe et al., "Harnessing the Placebo Effect."

18   Marie P. Cross et al., "How and Why Could Smiling Influence Physical Health? A Conceptual Review," *Health Psychology Review* 17, no. 2 (2023): 321-343, https://www.tandfonline.com/doi/abs/10.1080/17437199.2022.2052740.

12장

1   Christian E. Waugh, Elaine Z. Shing, and R. Michael Furr, "Not All Disengagement Coping Strategies Are Created Equal: Positive Distraction, but Not Avoidance, Can Be an Adaptive Coping Strategy for Chronic Life Stressors," *Anxiety, Stress, and*

Coping 33, no. 5 (2020): 511–529, https://www.tandfonline.com/doi/abs/10.1080/106 15806.2020.1755820.

2   These items are adapted from Waugh, Shing, and Furr, "Not All Disengagement Coping Strategies Are Created Equal," above, from the questions used in their research to assess why someone was engaging in a distraction.

3   G. Manzanares, G. Brito-da-Silva, and P. G. Gandra, "Voluntary Wheel Running: Patterns and Physiological Effects in Mice," *Brazilian Journal of Medical and Biological Research* 52, no. 1 (2018), https://www.scielo.br/j/bjmbr/a/kCDDvjgLp5p 8gRN3PhJ3jKz/?lang=en.

4   Peng Huang et al., "Voluntary Wheel Running Ameliorates Depression-Like Behaviors and Brain Blood Oxygen Level-Dependent Signals in Chronic Unpredictable Mild Stress Mice," *Behavioural Brain Research* 330 (2017): 17–24, https://www.sciencedirect.com/science/article/pii/S0166432817305363?casa_ token=nEqoQfBdjFEAAAAA:zJMS05 https://pubmed.ncbi.nlm.nih.gov/28527694/.

5   Lloyd Demetrius, "Of Mice and Men: When It Comes to Studying Ageing and the Means to Slow It Down, Mice Are Not Just Small Humans," *EMBO Reports* 6, no. S1 (2005): S39–S44, https://www.embopress.org/doi/full/10.1038/sj.embor.7400422.

6   Marc D. Cook et al., "Forced Treadmill Exercise Training Exacerbates Inflammation and Causes Mortality While Voluntary Wheel Training Is Protective in a Mouse Model of Colitis," *Brain, Behavior, and Immunity* 33 (2013): 46–56, https://www. sciencedirect.com/science/article/pii/S0889159113001955?casa_token=6m2SH4Dqu CMAAAAA:ZFtgFRlW5Yu5i8m_SMZMm_6kC6m-xoqGtwAnshO4WVI9nl5eq2 72ilHgBZ9UQnQOYnvPGjglHw.

7   Carla M. Yuede et al., "Effects of Voluntary and Forced Exercise on Plaque Deposition, Hippocampal Volume, and Behavior in the Tg2576 Mouse Model of Alzheimer's Disease," *Neurobiology of Disease* 35, no. 3 (2009): 426–432, https:// www.sciencedirect.com/science/article/abs/pii/S0969996109001405?casa_token=Jm Ptm7Fi6L0AAAAA:XJnFFWgHzUNI5OiL7d5zJoLyBcew U8T5kB9oaEbRIs8KLJJa oxZrmiD92829ozKogMSCa9wUCw.
운동이 왜 이러한 건강 문제를 모두 유발하는지 궁금할 수 있다. 적어도 쥐의 경우, 스트레스 호르몬이 이유라고 일부나마 설명할 수 있을 것 같다. 쥐는 억지로 운동해야 할 때 스트레스 호르몬을 생성하고, 여유롭게 운동할 때는 생성하지 않는다. 한 가지 가설은 이러한 스트레스 호르몬이 질병을 악화시킨다는 것이다. Martina Svensson et al., "Forced

Treadmill Exercise Can Induce Stress and Increase Neuronal Damage in a Mouse Model of Global Cerebral Ischemia," *Neurobiology of Stress* 5 (2016): 8-18, https://www.sciencedirect.com/science/article/pii/S2352289516300200.

8 Yuede et al., "Effectts of Voluntary and Forced Exercise."

9 Lauren A. Leotti and Mauricio R. Delgado, "The Value of Exercising Control over Monetary Gains and Losses," *Psychological Science* 25, no. 2 (2014): 596-604, https://journals.sagepub.com/doi/full/10.1177/0956797613514589?casa_token=cNN9LJsTJroAAAAA:kw1GtAXGGrjodPOvR-o1B_khMJu_SRpb7jXqHbhpKarBnhfnBAHpOTKpsICAr6TbG4nqxyZSA1ld.

10 Frank J. Infurna et al., "Long-Term Antecedents and Outcomes of Perceived Control," *Psychology and Aging* 26, no. 3 (2011): 559, https://www.ncbi.nlm.nih.gov/pmc/articles/PMC3319760/.

11 Francesco Pagnini, Katherine Bercovitz, and Ellen Langer, "Perceived Control and Mindfulness: Implications for Clinical Practice," *Journal of Psychotherapy Integration* 26, no. 2 (2016): 91, https://www.apa.org/pubs/journals/features/int-int0000035.pdf.

12 위의 책.

13 Milagros Bárez, "Perceived Control and Psychological Distress in Women with Breast Cancer: A Longitudinal Study," *Journal of Behavioral Medicine* 32 (2009): 187-196, https://link.springer.com/article/10.1007/s10865-008-9180-5.

14 Maria T. M. Dijkstra and Astrid C. Homan, "Engaging in Rather Than Disengaging from Stress: Effective Coping and Perceived Control," *Frontiers in Psychology* 7 (2016), https://www.frontiersin.org/articles/10.3389/fpsyg.2016.01415/full.

15 Verena Ly et al., "A Reward-Based Framework of Perceived Control," *Frontiers in Neuroscience* 13 (2019): 65, https://www.frontiersin.org/articles/10.3389/fnins.2019.00065/full.

16 Kainan S. Wang and Mauricio R. Delgado, "Corticostriatal Circuits Encode the Subjective Value of Perceived Control," *Cerebral Cortex* 29, no. 12 (2019): 5049-5060, https://www.ncbi.nlm.nih.gov/pmc/articles/PMC7049308/.

17 Julian B. Rotter, "Generalized Expectancies for Internal Versus External Control of Reinforcement," *Psychological Monographs: General and Applied* 80, no. 1 (1966):

1-28, https://psycnet.apa.org/doiLanding?doi=10.1037%2Fh0092976.

18 Kainan S. Wang, Madhuri Kashyap, and Mauricio R. Delgado, "The Influence of Contextual Factors on the Subjective Value of Control," *Emotion* 21, no. 4 (2021): 881, https://psycnet.apa.org/manuscript/2020-31605-001.pdf.

19 Craig A. Taswell et al., "Ventral Striatum's Role in Learning from Gains and Losses," *Proceedings of the National Academy of Sciences* 115, no. 52 (2018): E12398-E12406, https://www.pnas.org/doi/full/10.1073/pnas.1809833115.

20 Johanna Drewelies et al., "Perceived Control Across the Second Half of Life: The Role of Physical Health and Social Integration," *Psychology and Aging* 32, no. 1 (2017): 76, https://bpb-us-e2.wpmucdn.com/faculty.sites.uci.edu/dist/4/562/files/2020/03/Drewelies-et-al.-Perc -Control-2017.pdf.

21 기억력과 지각된 통제력의 관계를 다룬 연구는 다음과 같다. Frank J. Infurna and Denis Gerstorf, "Linking Perceived Control, Physical Activity, and Biological Health to Memory Change," *Psychology and Aging* 28, no. 4 (2013): 1147. 향상된 건강 결과를 다룬 연구는 다음과 같다. Frank J. Infurna, Denis Gerstorf, and Steven H. Zarit, "Examining Dynamic Links Between Perceived Control and Health: Longitudinal Evidence for Differential Effects in Midlife and Old Age," *Developmental Psychology* 47, no. 1 (2011): 9. For research on longer life span, see Frank J. Infurna, Nilam Ram, and Denis Gerstorf, "Level and Change in Perceived Control Predict 19-Year Mortality: Findings from the Americans' Changing Lives Study," *Developmental Psychology* 49, no. 10 (2013): 1833.

22 Ute Kunzmann, Todd Little, and Jacqui Smith, "Perceiving Control: A Double-Edged Sword in Old Age," *The Journals of Gerontology Series B: Psychological Sciences and Social Sciences* 57, no. 6 (2002): P484-P491, https://academic.oup.com/psychsocgerontology/article/57/6/P484/669674.

23 Drewelies et al., "Perceived Control Across the Second Half of Life."

24 Suzanne C. Thompson, "Maintaining Perceptions of Control: Finding Perceived Control in Low-Control Circumstances," *Journal of Personality and Social Psychology* 64, no. 2 (1993): 293-304, https://psycnet.apa.org/record/1993-22306-001.

25 Yi-Yuan Tang, Rongxiang Tang, and Michael I. Posner, "Mindfulness Meditation Improves Emotion Regulation and Reduces Drug Abuse," *Drug and Alcohol*

Dependence 163 (2016): S13–S18, https://www.sciencedirect.com/science/article/pii/S0376871616001174.

26 Priyanka Malhotra, "Exercise and Its Impact on Anger Management," *Acta Scientific Medical Sciences* 3, no. 5 (2019): 132–137, https://www.researchgate.net/profile/Priyanka-Malhotra-4/publication/332902331_Exercise_and_its_Impact_on_Anger_Management_Mini_Review/links/5efc1432299bf18816f60950/Exercise-and-its-Impact-on-Anger-Management-Mini-Review.pdf.

27 Jared B. Torre and Matthew D. Lieberman, "Putting Feelings into Words: Affect Labeling as Implicit Emotion Regulation," *Emotion Review* 10, no. 2 (2018): 116–124, https://journals.sagepub.com/doi/full /10.1177/1754073917742706 ?utm_source=nationaltribune&utm_medium=nationaltribune&utm_campaign =news.

28 Kainan S. Wang and Mauricio R. Delgado, "The Protective Effects of Perceived Control During Repeated Exposure to Aversive Stimuli," *Frontiers in Neuroscience* 15 (2021), https://www.frontiersin.org/articles/10.3389/fnins.2021.625816/full.

29 Xi Yang et al., "vmPFC Activation During a Stressor Predicts Positive Emotions During Stress Recovery," *Social Cognitive and Affective Neuroscience* 13, no. 3 (2018): 256–268, https://academic.oup.com/scan/article/13/3/256/4867907.

30 Silvia U. Maier and Todd A. Hare, "Higher Heart-Rate Variability Is Associated with Ventromedial Prefrontal Cortex Activity and Increased Resistance to Temptation in Dietary Self-Control Challenges," *Journal of Neuroscience* 37, no. 2 (2017): 446–455, https://www.jneurosci.org/content/jneuro/37/2/446.full.pdf. 여기서 주목할 점은 연구자들이 심박변이도를 높이면 복내측 전전두피질의 활성도도 높아지는지를 테스트하지 않았다는 것이다. 그들은 심박변이도가 더 높은 사람들이 복내측 전전두피질의 활성도 역시 더 높다는 사실에만 주목했다. 어떤 것이 원인이고 결과인지, 또는 제3의 변수가 두 가지를 모두 유발하는지 불분명하지만, 편향 호흡을 하는 것은 나쁘지 않으며 다양한 측면에서 도움이 될 것이다.

31 Christina B. Young and Robin Nusslock, "Positive Mood Enhances Reward-Related Neural Activity," *Social Cognitive and Affective Neuroscience* 11, no. 6 (2016): 934–944, https://academic.oup.com/scan/article/11/6/934/2223532.

13장

1   Gesa Berretz et al., "Romantic Partner Embraces Reduce Cortisol Release After Acute Stress Induction in Women but Not in Men," *PLoS ONE* 17, no. 5 (2022): e0266887, https://doi.org/10.1371/journal.pone.0266887.

2   Marleen Van Eck et al., "The Effects of Perceived Stress, Traits, Mood States, and Stressful Daily Events on Salivary Cortisol," *Psychosomatic Medicine* 58, no. 5 (1996): 447-458, https://journals.lww .com/psychosomaticmedicine/abstract/1996/09000/ the_effects_of_perceived_stress,_traits,_mood.7.aspx. 그러나 스트레스 상황과 코르티솔 수치 사이에 완벽한 상관관계는 없다. 많은 요인이 스트레스 상황의 영향을 많게도, 적게도 만들 수 있다. 예를 들어 삶이 매우 의미 있다고 생각한다면, 삶이 무의미하다고 생각하는 사람에 비해 스트레스 상황은 코르티솔 수치에 영향을 미치지 않을 것이다. Matias M. Pulopulos and Malgorzata W. Kozusznik, "The Moderating Role of Meaning in Life in the Relationship Between Perceived Stress and Diurnal Cortisol," *Stress* 21, no. 3 (2018): 203-210.

3   Karen M. Grewen et al., "Warm Partner Contact Is Related to Lower Cardiovascular Reactivity," *Behavioral Medicine* 29, no. 3 (2003): 123-130. For more recent research, see Perry M. Pauley, Kory Floyd, and Colin Hesse, "The Stress-Buffering Effects of a Brief Dyadic Interaction Before an Acute Stressor," *Health Communication* 30, no. 7 (2015): 646-659.

4   Valentina Russo, Cristina Ottaviani, and Grazia Fernanda Spitoni, "Affective Touch: A Meta-analysis on Sex Differences," *Neuroscience & Biobehavioral Reviews* 108 (2020): 445-452, https://www.sciencedirect.com/science/article/pii/ S0149763418308480?casa_token=S-COle_K4e0AAAAA:u0khVuheveTm Jh6kliBtE U013rBSiNEel6zbm5E6NlTPLlYRdUHG-4iQNjnui2_Cqj-Rflx1cw.

5   Aljoscha Dreisoerner et al., "Self-Soothing Touch and Being Hugged Reduce Cortisol Responses to Stress: A Randomized Controlled Trial on Stress, Physical Touch, and Social Identity," *Comprehensive Psychoneuroendocrinology* 8 (2021): 100091, https://www.sciencedirect.com/science/article/pii/S2666497621000655#bib4.

6   Kory Floyd and Sarah Riforgiate, "Affectionate Communication Received from Spouses Predicts Stress Hormone Levels in Healthy Adults," *Communication Monographs* 75, no. 4 (2008): 351-368, https://www.tandfonline.com/doi/ full/10.1080/03637750802512371.

7   Tanya G. K. Bentley et al., "Breathing Practices for Stress and Anxiety Reduction: Conceptual Framework of Implementation Guidelines Based on a Systematic Review of the Published Literature," *Brain Sciences* 13, no. 12 (2023): 1612, https://www.mdpi.com/2076-3425/13/12/1612.

8   위의 책.

9   Melissa G. Hunt et al., "Positive Effects of Diaphragmatic Breathing on Physiological Stress Reactivity in Varsity Athletes," *Journal of Clinical Sport Psychology* 12, no. 1 (2018): 27-38, https://www.researchgate.net/profile/Melissa-Hunt-2/publication/323437393_Positive_Effects_of_Diaphragmatic_Breathing_on_Physiological_Stress_Reactivity_in_Varsity_Athletes/links/5aa162e5aca272d448b36dfe/Positive-Effects-of-Diaphragmatic-Breathing-on-Physiological-Stress-Reactivity-in-Varsity – Athletes.pdf?_sg%5B0%5D=started_experiment_milestone&origin=journalDetail&_rtd=e30%3D.

10 위의 책.

11 Olivia Rogerson et al., "Effectiveness of Stress Management Interventions to Change Cortisol Levels: A Systematic Review and Meta-analysis," *Psychoneuroendocrinology* 159 (2024): 106415, https://www.sciencedirect.com/science/article/pii/S0306453023003931.

12 Michaela C. Pascoe et al., "Mindfulness Mediates the Physiological Markers of Stress: Systematic Review and Meta-analysis," *Journal of Psychiatric Research* 95 (2017): 156-178, https://static1.squarespace.com/static/5dee59a02d0d3203aa1bbc13/t/5ec68bdb4de9665e0c581c61/1590070247683/Systematic+Review+%26+Meta+Analysis+of+Mindfulness .pdf.

13 Michaela C. Pascoe, David R. Thompson, and Chantal F. Ski, "Yoga, Mindfulness-Based Stress Reduction and Stress-Related Physiological Measures: A Meta-analysis," *Psychoneuroendocrinology* 86 (2017): 152-168, https://www.sciencedirect.com/science/article/pii/S0306453017300409.

14 Gandhar V. Mandlik et al., "Effect of a Single Session of Yoga and Meditation on Stress Reactivity: A Systematic Review," *Stress and Health* (2023), https://onlinelibrary.wiley.com/doi/pdfdirect/10.1002/smi.3324.

15 Jeremy P. Jamieson et al., "Optimizing Stress Responses with Reappraisal and Mindset Interventions: An Integrated Model," *Anxiety, Stress, and Coping* 31, no. 3

(2018): 245-261, https://files.eric.ed.gov/fulltext/ED585077.pdf.

16 Jeremy P. Jamieson, Wendy Berry Mendes, and Matthew K. Nock, "Improving Acute Stress Responses: The Power of Reappraisal," *Current Directions in Psychological Science* 22, no. 1 (2013): 51-56, https://www.psychologytoday.com/sites/default/files/attachments/126767/arousal-reappraisal-review .pdf.

17 This skier analogy comes from the Jamieson et al. "Optimizing Stress Responses" paper cited above.

18 Jenny J. W. Liu et al., "The Efficacy of Stress Reappraisal Interventions on Stress Responsivity: A Meta-analysis and Systematic Review of Existing Evidence," *PLoS One* 14, no. 2 (2019): e0212854, https://journals.plos.org/plosone/article/file?id=10.1371/journal.pone.0212854&type=printable.

19 시험 성취도 향상을 다룬 연구는 다음과 같다. Jeremy P. Jamieson et al., "Reappraising Stress Arousal Improves Affective, Neuroendocrine, and Academic Performance Outcomes in Community College Classrooms," *Journal of Experimental Psychology: General* 151, no. 1 (2022): 197, https://psycnet.apa.org/manuscript/2021-65684-001.pdf. 인지 유연성 향상을 다룬 연구는 다음과 같다. Alia J. Crum et al., "The Role of Stress Mindset in Shaping Cognitive, Emotional, and Physiological Responses to Challenging and Threatening Stress," *Anxiety, Stress, and Coping* 30, no. 4 (2017): 379-395, https://emotion.wisc.edu/wp-content/uploads/sites/1353/2022/04/Crum-et-al-2016-The-role-of-stress-mindset-in-shaping-cognitive-emotional-and-physiological-responses-to-challenging-and-threatening-stress.pdf.

20 Crum et al., "The Role of Stress Mindset."

21 Lisa Feldman Barrett, *How Emotions Are Made: The Secret Life of the Brain* (London: Pan Macmillan, 2017), p. 189. Barrett is quoting her daughter's karate teacher, Joe Esposito.

22 Barrett, *How Emotions Are Made.*

23 스트레스 재평가가 심박출량을 어떻게 향상시키는지를 다룬 원 연구는 다음과 같다. Jeremy P. Jamieson, Matthew K. Nock, and Wendy Berry Mendes, "Mind over Matter: Reappraising Arousal Improves Cardiovascular and Cognitive Responses to Stress," *Journal of Experimental Psychology: General* 141, no. 3 (2012): 417, https://www.ncbi.nlm.nih.gov/pmc/articles/PMC3410434/. 최신 연구는 다음과 같다.

Gavin P. Trotman et al., "Challenge and Threat States: Examining Cardiovascular, Cognitive and Affective Responses to Two Distinct Laboratory Stress Tasks," *International Journal of Psychophysiology* 126 (2018): 42-51, https://www.sciencedirect.com/science/article/pii/S0167876017305433.

24 Jason T. Buhle et al., "Cognitive Reappraisal of Emotion: A Meta-analysis of Human Neuroimaging Studies," *Cerebral Cortex* 24, no. 11 (2014): 2981-2990, https://academic.oup.com/cercor/article/24/11/2981/301871.

25 Chhaye Nene, "10 Extraordinary Uses for Yoghurt (Besides Eating It)," The Healthy, April 20, 2017, https://www.thehealthy.com/food/yogurt-uses/.

26 Marius Hoffmann et al., "Brain Activation to Briefly Presented Emotional Words: Effects of Stimulus Awareness," *Human Brain Mapping* 36, no. 2 (2015): 655-665, https://www.ncbi.nlm.nih.gov/pmc/articles/PMC6869641/.

27 Buhle et al., "Cognitive Reappraisal of Emotion," note on page xvi.

14장

1 Sheldon Cohen, "Social Relationships and Health," *American Psychologist* 59, no. 8 (2004): 676.

2 사회적 지지와 심장병의 관계를 다룬 문헌은 다음과 같다. Angelo Compare et al., "Social Support, Depression, and Heart Disease: A Ten Year Literature Review," *Frontiers in Psychology* 4 (2013): 384. 사회적 지지와 유방암의 관계를 다룬 문헌은 다음과 같다. Bina Nausheen et al., "Social Support and Cancer Progression: A Systematic Review," *Journal of Psychosomatic Research* 67, no. 5 (2009): 403-415. 외로운 사람들이 어떻게 요절하는지를 다룬 연구는 다음과 같다. Carla M. Perissinotto, Irena Stijacic Cenzer, and Kenneth E. Covinsky, "Loneliness in Older Persons: A Predictor of Functional Decline and Death," *Archives of Internal Medicine* 172, no. 14 (2012): 1078-1084.

3 Sheldon Cohen et al., "Social Ties and Susceptibility to the Common Cold," JAMA 277, no. 24 (1997): 1940-1944.

4 Erica Szkody et al., "Stress-Buffering Role of Social Support During COVID-19," *Family Process* 60, no. 3 (2021): 1002-1015.

5 Niall Bolger and David Amarel, "Effects of Social Support Visibility on Adjustment

to Stress: Experimental Evidence," *Journal of Personality and Social Psychology* 92, no. 3 (2007): 458-475.

6   Arie Nadler, Jeffrey D. Fisher, and Shulamit B. Itzhak, "With a Little Help from My Friend: Effect of Single or Multiple Act Aid as a Function of Donor and Task Characteristics," *Journal of Personality and Social Psychology* 44, no. 2 (1983): 310.

7   Emre Selcuk and Anthony D. Ong, "Perceived Partner Responsiveness Moderates the Association Between Received Emotional Support and All-Cause Mortality," *Health Psychology* 32, no. 2 (2013): 231.

8   Brett K. Jakubiak, Brooke C. Feeney, and Rebecca A. Ferrer, "Benefits of Daily Support Visibility Versus Invisibility Across the Adult Life Span," *Journal of Personality and Social Psychology* 118, no. 5 (2020): 1018-1043.

9   부부 중 한쪽이 스트레스에 시달릴 때 눈에 보이지 않는 지지가 눈에 보이는 지지를 어떻게 능가하는지를 다룬 대표적인 연구는 변호사 시험에 응시하려고 공부하는 사람들을 대상으로 한 다음 논문에 실려 있다. Niall Bolger, Adam Zuckerman, and Ronald C. Kessler, "Invisible Support and Adjustment to Stress," *Journal of Personality and Social Psychology* 79, no. 6 (2000): 953.

10   Jakubiak, Feeney, and Ferrer, "Benefits of Daily Support Visibility."

11   Selcuk and Ong, "Perceived Partner Responsiveness."

12   Brett K. Jakubiak and Brooke C. Feeney, "Affectionate Touch to Promote Relational, Psychological, and Physical Well-Being in Adulthood: A Theoretical Model and Review of the Research," *Personality and Social Psychology Review* 21, no. 3 (2017): 228-252.

13   Mary H. Burleson, Wenda R. Trevathan, and Michael Todd, "In the Mood for Love or Vice Versa? Exploring the Relations Among Sexual Activity, Physical Affection, Affect, and Stress in the Daily Lives of Mid-aged Women," *Archives of Sexual Behavior* 36, no. 3 (2007): 357-368.

14   Rosalba Morese et al., "Social Support Modulates the Neural Correlates Underlying Social Exclusion," *Social Cognitive and Affective Neuroscience* 14, no. 6 (2019): 633-643.

심플리어 009

SHARP 샤프

1판 1쇄 인쇄 2025년 9월 3일
1판 1쇄 발행 2025년 9월 11일

지은이 터리스 휴스턴
옮긴이 김시내
펴낸이 김영곤
펴낸곳 (주)북이십일 21세기북스

TF팀 팀장 김종민
기획편집 진상원 **마케팅** 정성은 김지선
편집 김화영 **표지디자인** 에스앤북 **본문디자인** 박숙희
영업팀 정지은 한충희 장철용 강경남 황성진 김도연 이민재
제작팀 이영민 권경민
해외기획팀 최연순 소은선 홍희정

출판등록 2000년 5월 6일 제406-2003-061호
주소 (10881) 경기도 파주시 회동길 201(문발동)
대표전화 031-955-2100 **팩스** 031-955-2151 **이메일** book21@book21.co.kr

© 터리스 휴스턴, 2025

ISBN 979-11-7357-462-7 (03190)

(주)북이십일 경계를 허무는 콘텐츠 리더

21세기북스 채널에서 도서 정보와 다양한 영상자료, 이벤트를 만나세요!
페이스북 facebook.com/21cbooks **포스트** post.naver.com/21c_editors
인스타그램 instagram.com/jiinpill21 **홈페이지** www.book21.com
유튜브 youtube.com/book21pub

독해력이 늘지 않는 진짜 원인

안다는 착각

더 깊이 읽고
더 정확히 이해하라!
깊이 있는 독해력의 기술

니시바야시 가츠히코 지음 | 박귀영 옮김
값 19,900원 | 218쪽

저절로 돈을 쌓는 상위 1퍼센트 부자들의 뇌 사용법

부자의 뇌

가난한 뇌는 기분에 돈을 쓰고
부자의 뇌는 기회에 돈을 쓴다!
부의 그릇을 키우는 뇌의 습관

모기 겐이치로 지음 | 오시연 옮김 | 양은우 감수
값 16,800원 | 272쪽